Receitas de guerrilha

DO MUNDO MARAVILHOSO DE LARICA TOTAL

Receitas de guerrilha

DO MUNDO MARAVILHOSO DE LARICA TOTAL

mapa.lab

2022

Um agradecimento especial a todas as pessoas que enviaram as receitas que estão neste livro.

PRODUÇÃO EDITORIAL:
mapa lab

CAPA, PROJETO GRÁFICO E DIAGRAMAÇÃO
Sérgio Campante

ILUSTRAÇÕES DE MIOLO E QUARTA CAPA:
Daniel Og

SELEÇÃO DAS RECEITAS E REDAÇÃO:
Adriana Nolasco, Caíto Mainier, Dom Lobo, Felipe Abrahão, Leandro Ramos, Paulo Tiefenthaler, Terêncio Porto e Zuza.

ILUSTRAÇÃO DE CAPA:
Composição digital sobre fotos de: Dom Lobo; Amirali Mirhashemian (Unsplash); Mockup Graphics (Unsplash); Charles Deluvio (Unsplash); Hari-krishnan (Unsplash); Hilde Demeester (Unsplash); K8 (Unsplash); Saikiran Kesari (Unsplash); Fernando Andrade (Unsplash); Yellow Cat (shutterstock); BortN66 (shutterstock); Ampcool (shutterstock).

REVISÃO:
Mateus Baldi

IMPRESSÃO E ACABAMENTO:
Graffito Gráfica

DADOS INTERNACIONAIS DE CATALOGAÇÃO NA PUBLICAÇÃO (CIP)

R295 Receitas de guerrilha do mundo maravilhoso de Larica Total. – Rio de Janeiro : Mapa Lab, 2022.
272 p. : il. ; 25 cm.

ISBN 978-65-86367-32-4

1. Culinária.

CDD 641.5
CDU 641.5.

Bibliotecária: Ana Paula Oliveira Jacques / CRB-7 6963

mapa.lab

contato@mapalab.com.br | www.mapalab.com.br

/amapalab @amapalab

Sumário

5. OVOS | 73

6. SANDUBECKS | 84

7. CARNES | 102

8. FRANGOS | 119

9. PEIXES | 131

10. FARINÁCEOS | 142

11. VEGETOTAIS | 163

12. MOLHADOS | 183

13. AS META-RECEITAS | 201

14. DOCE | 213

PARTE 3 — APROFUNDAMENTOS | 237

PARTE 4 — OS FINALMENTES | 253

DEDICATÓRIA

Dedicamos este livro:

Aos nossos pais e mães, irmãos e irmãs, filhos e filhas;

Aos nossos amores;

Aos nossos amigos, nossa eterna fonte de coragem e inspiração, em especial a Daniel Castanheira, Rodrigo Daudt, Mariozinho Richards, Luiz Alberto Gentile e Bruno Espírito-Santo, inseparáveis companheiros de Larica Total;

E a todos os guerrilheiros da culinária da verdade, que lutam pela liberdade, pela paz, pelo amor e pela fome de acreditar nos sonhos mais delirantes.
É para vocês que o Larica Total brilha intensamente.

PREFÁCIO

por Claude Troisgros

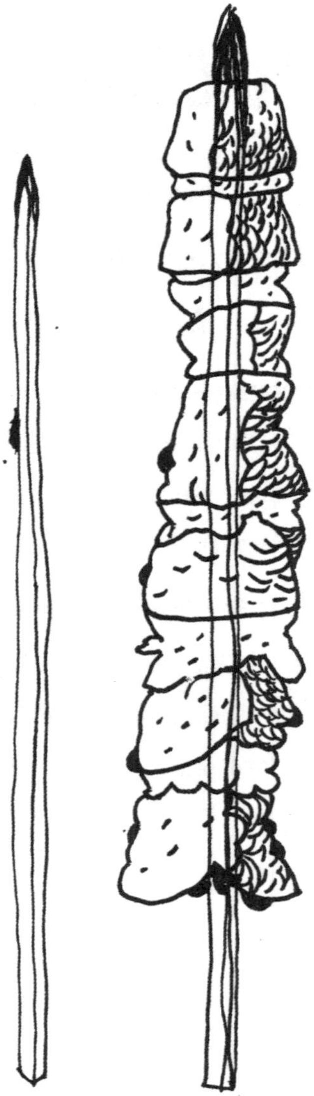

TERAPIA?

ARTE? CHATO?

COZINHAR É:

SÉRIO? TÉCNICO?

DIVERTIMENTO?

O QUE É COZINHAR?

Cozinhar é utilizar as técnicas de preparação dos alimentos e saber transformá-los para o consumo humano.

Na França, desde sempre, cozinhar é uma coisa levada muito a sério. O respeito ao classicismo e à tradição, aos produtos da terra e às técnicas culinárias, foi passado de geração em geração, sem mudanças muito radicais. Nos anos 1930, o senhor meu avô Jean Baptiste Troisgros, com sua esposa Marie, única cozinheira até hoje na família, decidiu revolucionar tudo isso. Aposentou o serviço à francesa (na bandeja) e criou o serviço empratado. Aboliu os talheres de peixe e criou uma colher rasa. Afirmou que o vinho tinto Gamay harmonizava muito melhor com peixe que o vinho branco (sacrilégio!) e empurrou os dois filhos, Pierre, meu pai, e Jean, meu tio, para fora da cozinha, pregando que o cozinheiro tem de ser responsável por suas receitas do fogão à mesa. Era o início da revolução culinária francesa. Fora com as ideias congeladas. Viva a liberdade! Viva a criatividade!

Cozinhar é utilizar a criatividade e savoir faire na preparação dos alimentos e saber transformá-los em alegria e felicidade para o ser humano.

O ano de 1960 foi o ano do nascimento da chamada nouvelle cuisine française. Os líderes: Pierre e Jean Troisgros, Paul Bocuse, Roger Vergé, Michel Guérard, entre outros. Era o início de um movimento que mudou a palavra cozinhar para sempre... liberdade, criatividade e igualdade. Eles abriram as portas para o mundo, valorizando os produtos frescos, os produtos de estação, os produtos do mercado. Abriram a mente não só dos profissionais, mas do público em geral, afirmando que a cozinha é para todos. Que todos criem e que todos se divirtam.

Cozinhar é utilizar sem limite a liberdade na preparação dos alimentos e saber transformá-los num momento inesquecível para o ser humano.

Receitas loucas, improvisos, paixão, amor, liberdade e sensibilidade. Criar, inventar, misturar, viajar sem medo de errar. Bolinho de miojo, sushi de feijoada, molho total flex, chocobacon, salada de maçã japa-gelo. É bem isso que este livro grita para gente. Que cozinhar não tem compromisso, que cozinhar é uma arte que se aprende no dia a dia, entre erros e acertos. O importante é tentar, tentar e tentar, sem medo de errar, e fazer de cada erro um aprendizado. Setenta receitas de guerrilha estão reunidas neste livro para a nossa alegria, humor e fome desesperada. Larica Total!

Cozinhar não tem compromisso, abuse e use da sua generosidade, do seu amor, da sua paixão... Que marrravilha!!!!!

A COZINHA DA VERDADE

A cozinha da verdade é a cozinha que você tem em casa. Você tem aquela cozinha de nave espacial capa de revista esterilizada de alumínio brilhante espelho de cristal? Não tem. Você tem aquela cozinha de mármore bege, machucado, aquela pia miúda de barco, filtro de parede conta-gotas com mangueirinha ferruginosa, escorredor de plástico balançante, micro-ondas-porta-livro-despensa-geladeira-seca-roupa, mesinha de boteco manca, cadeiras desconexas e outras sinceridades? Sim. Este livro leva em consideração esse último tipo de cozinha.

E isso muda tudo, né? Aquela receita exige precisão de 10 minutos no forno a 210 graus? Fudeu. No forno normal tudo bem, mas e no forno anormal? Aquele que pra acender tem que tirar o fundo? Pega o alicate. Temperatura 210 graus?! Pega o transferidor do seu filho. Vai complicando. É pra direita ou pra esquerda? Não sabe. Então calma.

Aqui na cozinha da verdade não tem precisão, tem necessidade. Não tem regra, tem experiência. Aqui é margem de erro de 100% para mais ou para menos. Interpretação de texto. Adaptação para performance. Sobrevivência como inspiração. Realidade sustentada na imaginação. E funciona! Isso é que impressiona. Dá certo, ajuda, desenvolve, treina, forma caráter, dá coragem, dá vontade de rir, dá vontade de chorar, dá vontade de rir pra não chorar, dá vontade de chorar de rir e de viver a vida intensamente. Viva!

As receitas deste livro representam a realidade da geladeira brasileira do trabalhador-limite: nós, os brasileiros guerrilheiros de todas as cores, de todas as arenas, desde os lutadores do audiovisual até os garimpeiros do sistema financeiro. Essa massa que começa nos explorados do magistério, faz uma pausa nos mágicos do mercado popular, passa pela dura vida dos procuradores de emprego e esbarra na arte dos hipnóticos das lojas de peruca. Esse creme que se realimenta dos sonhos dos sonhadores de faculdade e comporta os lamentos dos solitários dos bares de padaria. O espelho que realça os feios das festas de gente bonita e reflete a emoção dos poucos puxadores de samba. Uma cozinha para amadores.

Na cozinha da verdade, vamos com o que temos, somos o que sentimos. Vivemos com o mínimo possível, com o possível fundamentalmente. Devoramos aquelas receitas que surgem dos ingredientes da resistência, definitivamente. Nada de faisões, trufas ou fungos australianos; nada de limões vietnamitas, pat-psi-moritas ou carnes de planta; nenhum peixe-pedra de Bissau, nem outras raridades psico-sofisti-fútil-palhaçadas de bacanismo vip de pônei. Aqui é alho, amigo. Aqui é sal. Aqui é meia cebola, fruta da terra. Aqui é sobra. Aqui é resto. Aqui é ontem. Aqui é agora, porque amanhã já é outro dia. E se chegarmos lá, alimentados, foi porque vencemos mais uma.

Afinal, quem não tem uma receita de larica total? Aquela receita do desespero, da madrugada chovendo; aquela receita do sábado à tarde, pós-prancha; da segunda às seis da manhã, pré-atrasada; aquela combinação estranha, aquele prazer secreto, quem não tem? Todo mundo tem.

Quem não erra, não queima. Quem não chora, não ama. Errou, repete. Acertou, mostra. Tem confiança, convida. Quer melhorar, treina. Não tem, improvisa. Tem, aproveita. Atropelou, volta e chama a ambulância. Assume. No mínimo, responsabilidade com sua própria felicidade. No mínimo, alegria. No mínimo!

Por uma vida de experiências, amigo, para isso estamos aqui. Nós, a legião dos vivos, dos vivos de sentimentos. Reais, valiosos e únicos. Ansiosos, dispersos e famintos. Este é o livro das receitas improváveis, das histórias incríveis, das frases de triplo sentido e dos resultados possíveis. Porque, independentemente da expectativa, do padrão e da crítica, nós defendemos as receitas da única cozinha que conhecemos: a cozinha da verdade, a cozinha da guerrilha.

ESSE LIVRO É SEU

ESTE LIVRO PERTENCE A ______________________________ ,
QUE AS PESSOAS CONHECEM TAMBÉM POR ______________________ ,
QUE NASCEU EM ______ DE ____________ DE __________ .

COZINHO PORQUE ________________ E VIVO PORQUE ____________ .
GOSTO ENTRE OUTRAS COISAS DE ______________ , ______________
E ____________________ , SOU DO SIGNO DE ____________________
E A ÚLTIMA NUVEM QUE EU VI TINHA O FORMATO DE ____________ .
SE EU FOSSE CHAMADO PARA UMA BATALHA EM ______________ , VENCERIA
PORQUE ________________ E PERDERIA PORQUE ____________ .

PROMETO QUE VOU ______________________________ , MAS PODE SER
QUE ______________________________________ , E TUDO BEM,
PORQUE NO DIA SEGUINTE TENTAREI COMO SE FOSSE __________ SEM AMANHÃ,
POIS NÃO TENHO MEDO DE NADA, NEM DE LEÃO, NEM DE ____________ ,
A NÃO SER DE ____________________ , ÀS VEZES.

EM CASO DE ____________________ , FAVOR AVISAR A ______________ ,
QUE É ______________________ . ESSE SER HUMANO VAI ENTENDER PORQUE
TAMBÉM É ______________________________ . VOCÊ NUNCA VAI ME VER
FAZENDO ______________ OU ______________________ E, SENDO ASSIM,
SEMPRE ______________ , DE UMA FORMA OU DE OUTRA.

APRENDI COM ESTE LIVRO QUE ________________________________ ,
ALÉM DE ______________________ , E HOJE SOU MAIS ____________
E MENOS ________________________ POR CONTA DISSO. E NÃO PRECISO DE NADA
ALÉM DE ________________________ PARA SER FELIZ.

UM BEIJO PARA __________________ .

COMO USAR ESTE LIVRO?

Receitas de Guerrilha do Mundo Maravilhoso de Larica Total é um amigo pra ser completado, um "diário da cozinha" no qual você pode registrar o seu progresso dentro do incrível mundo da culinária. Um lugar pra você fixar suas vertigens, suas impressões e distensões depois de provar aquela nova experiência de vida, aquela ideia meio sem sal ou bem passada demais.

Nem eu nem este livro vamos ganhar batalha nenhuma pra você, mas, talvez, se conseguirmos nos unir numa compaixão de quem vive a mesma precariedade libertadora e admitir isso de mãos dadas, olhando no fundo de nossas almas cansadas e felizes numa dinâmica de grupo de risco, que se arrisca com ou sem medo, certamente evoluiremos numa acrobacia macia de um inédito i-mortal carpado sem rede de proteção para aterrissar num movimento perfeitamente sincronizado de aprendizado mútuo e cumplicidade cósmica. Ufa, lindo. E aí não teremos vencido uma batalha só, mas o número necessário de batalhas pra se declarar vencedor da doce guerra da vida real. Quem passa com média 5,0 vai pra mesma sala de quem passa com média 9,5, porque mais importante do que atravessar o rio é se molhar.

Viva este livro e viva intensamente. Anote no neném, acredite, duvide, verifique e sempre, sempre, sempre, mas sempre mesmo, divirta-se na vida.

É beijo.

O PORTUGUÊS LIVRE

Como é sempre interessante saber das sensações das outras pessoas que vivem neste mundo além de nós, todas as receitas deste livro vêm acompanhadas de suas histórias, contadas por aqueles que vivenciaram o momento de sua criação. Porque cozinhar é treino, e treino é experiência, e experiência é vida, e vida, quando compartilhada, faz sentido. E todas as receitas publicadas neste livro foram escritas no português livre, que é um novo estilo de português, uma mistura do street portuguese (português de rua) com a redação intuitiva (sensitive writing). O português livre é uma forma bonita e singela de escrever o português para se comunicar, exercendo, em cada palavra, a plena liberdade de errar deliberadamente. E a gente não só encoraja esse tipo de atitude, como se emociona com cada solução crio-comunicativa, afinal o erro é um estágio da poesia. Por isso as receitas publicadas neste livro estão do jeito que cada um escreveu, e assim permanecerão por muitos e muito milênios, caso você e as futuras gerações cuidem bem desse manual de sobrevivência.

Até porque, depois da nova reforma ortográfica, o que ficou claro e completamente evidente é que regra de escrita é uma questão de momento, de fase, de época. Se você não entender o que a rapaziada escreveu, interprete.

Acha que está escrito errado? Não fique revoltado xingando burro. Leia em voz alta que os erros de ortografia desaparecem. Todo mundo pode ajudar sem atrapalhar, apontar sem ferir, corrigir sem humilhar. Errar é natural, o resto é comercial de MBA.

E só um último toque: não pode publicar um livro com o português assim? Tanto pode que está aí na sua mão, escrito no mais puro e ingênuo português livre, independentemente de alguém achar incorreto, imoral ou impossível.

É isso, às vezes eu fico agressivo, mas é só figura de linguagem.

AS RECEITAS DE GUERRILHA

PETISCOS

O petisco é tão rápido que eu vou escrever num tiro só. PLAU! Petisco é belisco. Só come no dedinho, na pinça.

Um belisquinho. Um belisquinho de gosto pra tirar o gosto do gosto do que você comeu antes e pra preparar pro gosto que vem depois.

Onde tem petisco, tem álcool? Geralmente. Já comeu frango à passarinho com um Toddy bem batido? Não. Então prepara seu drink e vai!

Se não tiver idade, ou saúde, ou saudade pra tomar álcool, tudo bem. Bebe um suco. Um suco bem refrescante. Hortelã também dá onda!

O INCRÍVEL SUSHI DE FEIJOADA

AUTOR: CHEF MARIOZINHO RICHARD / RIO DE JANEIRO (RJ)
(RELATADO POR PAULO DE OLIVEIRA, SEU DISCÍPULO)

*"Porque nem tudo que é pequeno é grande
e nem tudo que é grande é pequeno"*

Começo esta receita fantástica e fabulosa do **Incrível Sushi de Feijoada** com a frase que pesquei num spam, pois ela é a síntese do que vamos vivenciar a partir de agora. É sabedoria. É arte. É comida.

A receita do **Incrível Sushi de Feijoada** foi criada pelo meu grande mestre chef Mariozinho Richards. Tanto que, por justiça, respeito e admiração, creditei a ele, acima, a autoria deste fabuloso quitute, que agora transcrevo em palavras escolhidas com carinho e saudade. Disse-me Mariozinho, naquele dia abrumalhado, que criou essa receita vendo o jogo Brasil e Japão da Copa de 2006 – se você aí em Tóquio teve a mesma ideia que Mariozinho, ótimo. De primeira, eu não acreditei. Será possível? Eu já tinha visto pastel de feijão, feijão de pastel, sushi de pastel, bolinho de sushi, feijoada de bolinho, mas sushi de feijoada, jamais. Contudo, analisando a receita, percebi que O Incrível Sushi de Feijoada é exatamente isso que você está pensando e que eu estava pensando sem acreditar. Sushi de Feijoada é um sushi... de feijoada, e acabou. Eu sei que o sushi, na verdade, é aquele bolinho de arroz com um peixe por cima, ou camarão, ou ovo, enfim. E **O Incrível Sushi de Feijoada** não é isso. Ele é um enrolado, conhecido nos cardápios ilustrados dos restaurantes de comida japonesa como maki. E pelo inexplicável empréstimo de palavras mais bonitas pra ir pra festa, comum entre irmãos, **O Incrível Sushi de Feijoada** pegou emprestado o nome do sushi pra ficar mais popular. Mas você verá que a gente vai fazer, na verdade, um maki de feijoada. E eu posso imaginar a cara que Mariozinho fez quando, em 2006, estalou na sua cabeça a ideia do sushi de feijoada. Porque quando você tem uma ideia, se ela é quente mesmo, você faz uma cara muito diferente. Só que você não vê a cara que você faz. A não ser que você tenha uma ideia na frente do espelho. Mas eu posso imaginar a cara que Mariozinho fez, porque eu posso imaginar o que eu quiser, inclusive **O Incrível Sushi de Feijoada**.

Ingredientes:

Couve – Não é a flor, é a folha. A folha da couve à mineira mesmo. Aquela tradicional. Se informe. E vamos usar a folha inteira. E é bom ter umas 5 folhas, pra ter uma margem de erro razoável.

Arroz – Tem que ser um arroz errado, uma espécie de "erroz". Agora, como existem infinitos jeitos de errar um arroz, vamos definir isso melhor. O erro do nosso arroz é ele ser meio empapado, meio grudento, sem estar queimado. Pra fazer um arroz errado assim, caso você não tenha dado a sorte de ter tido esse azar, você faz o seguinte: não lava o arroz. O amigo amido vai ajudar a empapá-lo. Também não precisa refogar essa criança, ele vai neutro. E pra cozinhá-lo, você usa mais água do que o normal. Coloca sal e deixa cozinhar bastante, qualquer coisa vai botando mais água. Empapa o garoto.

Feijoada – A feijoada sozinha já é um almoço pra três dias. Então não precisa fazer uma feijoada pra fazer o sushi de feijoada. É só ir num restaurante e comprar uma. Ou faz o sushi com a feijoada de ontem ou de anteontem, enfim, do dia que você tiver. Você pode fazer o sushi magro, só com o feijão, mas o bom mesmo é fazer um sushi gordo, com aquela feijoada carregada, que inclui linguicinha, paio, carne seca e tudo mais. Aí fica golden. E a saúde, meu amigo, a saúde é uma questão de perspectiva, porque morrer todo mundo vai. Aqui é viver.

Laranja — Essa você já conhece, é íntimo dela. E a laranja já vem pronta, basta cortar os pedaços entre os gnomos (não resisti à piada!) e separar em pedacinhos. E quanto mais doce for a laranja, melhor. Aquela laranja ácida, com a qual seu pai fazia suco pra você pela manhã e te enchia de afta, essa você guarda pra devolver pra ele.

Caipirinha — Caipirinha não é um ingrediente na receita de sushi de feijoada, mas também não é crime.

COUVE

Modo de preparo:

Vista seu melhor quimono, ou seu único quimono, aquele do judô, do caratê, do taekwondo, ou um avental, ou nada.

Vamos começar com a folha da couve. Como vamos enrolar a folha da couve, tipo um charuto, vamos precisar dar uma desbastada no seu caule, pra ele não quebrar quando a gente enrolar a folha. Agora, desbastar o caule, que porra é essa? Desbastar um caule é dar uma afinada nele. Não é uma afiada, é uma afinada. Como se você fosse afinar um cabo de vassoura pra ele passar embaixo da porta. Sacou? Ele vai ficar mais parecido com uma régua. Captou essa imagem? Se não captou, invente uma maneira de enrolar a folha da couve sem quebrar o caule, nem rasgar a folha.

Depois de treinar e acertar o desbaste do seu caule, mergulha rapidamente a folha da couve numa água fervente pra dar um susto nela. Encha uma panela com água e quando a água estiver fervendo, borbulhando, você vai colocando as folhas de couve já desbastadas na água. Papo de 10 segundos e foi.

Agora que a folha de couve está preparada, vamos transformá-la num rolinho, num rocambole. Pegue a folha de couve, desbastada e assustada na fervura, e coloque aberta sobre a mesa. Pegue o seu arroz errado e comece a colocar na metade da folha, como se fosse um lençol, uma camada. Forre com uma camada não muito grossa de arroz, porque a gente vai enrolar depois. Se a camada de arroz ficar muito grossa, a folha não vai dar nem uma volta. Tem que ser uma camada fina. Vai na mãozinha, toca na comida. E eu espero sinceramente que, ao lado destas palavras, a editora tenha tido a feliz ideia de incluir algumas imagens, porque explicar sushi de feijoada só na letra vai ser foda. Qualquer coisa, você adapta. Qualquer coisa mete sushi de feijoada no youtube, porque eu errei lá no programa e aí você já sabe como não fazer.

Agora, divida mentalmente a faixa de arroz da couve-caminha-tatame em quatro faixas, quatro autopistas. Nas duas primeiras pistas, aquelas dos veículos mais lentos, você vai colocar o feijão da feijoada maravilha, assim ao comprido. Vai asfaltar as pistas. Quanto mais chocolate estiver o feijão, melhor. Um feijão chocolate não é doce, um feijão chocolate é aquele feijão creme, aquele grosso. Bota ele. Agora, na terceira faixa, aquela de quem anda a 80, você vai colocar só as carnes da feijoada, caso você tenha optado por fazer com uma feijoada carregada. Cace as linguicinhas, os paios, as carnes-secas da sua feijoada, dê uma desfiada nelas, uma cortadinha, transforma elas em pedaços menores, e preencha essa pista. Coloca ao comprido também, faz uma pista de carninha. Colocou as carnes? Agora é hora do prime. É hora do toque de letra. É hora da laranjinha! A laranja você vai descascar, claro, e cortar em pedacinhos pequenos. E vai preencher a última pista com ela, faz uma pista só de laranjinha. Vai ficar lembrando um maki califórnia, aquele que vem com um pedacinho de manga. A laranja vai substituir a manga.

Outra coisa, você já reparou que esse prato dá um trabalhinho? É... É nós que rala, mandioca! É bonito, é gostoso, é cheiroso, mas dá um trabalho feroz. Então engole o choro, porque tudo que é bom na vida dá trabalho. E trabalho é bom, você só precisa encontrar um que você ature e seja bem remunerado. Aproveita a oportunidade, aproveita a inspiração e faz muitos sushis de feijoada. Depois, se sobrar, você congela pra próxima festinha.

Agora, se tudo deu certo até aqui, você deve ter chegado à seguinte etapa: uma folha de couve molinha na mesa, uma camada de arroz não muito grossa cobrindo metade da folha e sobre essa camada de arroz tem uma camada com 3 faixas separadas: uma faixa é de laranja, a outra é de carninhas e linguicinhas e a outra, mais larga, é de feijão. É isso? Tá todo mundo junto? Se não, começa de novo, ou vai assim mesmo, adaptando.

Agora tu vai enrolar esse charuto. Enrolar você conhece, não tem mistério. É treino. Você vai enrolar, que nem aquele cigarro, que nem aquela morra olímpica, encontro de estudantes. De qualquer forma, vai primeiro pelo lado onde começa a camada do arroz e vai enrolando devagarzinho. Vai enrolando e vai apertando pra ficar justinho e compacto. Eu adoro charutos compactos, são os melhores. No final, você vai usar aquela metade da folha de couve que não tinha nada pra fechar o rolo. Tu vai dar uma molhada nela, vai passar a goma, vai na água ou num caldinho de feijão, ou mesmo na saliva, e colar essa parte no corpo do rocambole, fechando o charuto. Deve ter algum truque pra ficar bem grudado, mas eu não descobri ainda. Tá enrolado o charuto? Agora vem o momento mais dramático, que é cortar os sushizinhos, ou makizinhos, em rodelas. Abre a gaveta, analisa as suas facas e pega a que for mais afiada. Não pode ser de serra, tem que ser de lâmina. Não tem faca afiada, vai se complicar. Melhor descer e afiar a faca nos amoladores de faca. Aliás, um abraço para os afiadores de faca, profissão praticamente extinta, sabe-se lá por quê, já que as facas cegas continuam por aí. Salvem os afiadores de faca! Você, em vez de ficar salvando mico-leão-dourado, que já está com a salvação praticamente encaminhada, deveria se preocupar agora com os afiadores de faca. Aquele hino do Flamengo na ponta da tesoura, hein? Quem não conhece? Aquele carinhoso na faca de cortar lombinho, hum? O artista brinca. Encontre um e afie a sua faca. E, como eu estava dizendo,

vamos aprender com o Oriente mais uma vez. Vamos a uma outra grande lição oriental: o corte do sushi e das coisas em geral. Todo mundo que viveu muito tempo na base da espada samurai entende muito bem de corte, há muito tempo. E a grande lição é a seguinte: o que corta é a faca. Atenção: o que corta é a faca! Isso parece uma coisa muito idiota de se dizer, mas faz muita diferença. O que corta é a faca, por isso até é bom ter uma faca que corte. Com isso em mente, você vai segurar o seu charuto ao comprido e vai concentrar na faca e cortar na transversal pra obter rodelas; rodelas não muito finas, rodelas de restaurante japonês, dedo e meio de largura. E vai deslizando a faca, pra frente e pra trás, pra ir cortando – o que corta é a faca. Vai cortando, cuidando pra não desmontar o sushi. Aí você vai tirando as rodelas e vai colocando elas deitadas no prato. Se tudo deu certo, já vai estar com cara de comida japonesa. A couve por fora, o arroz por dentro e, no miolo mole, uma mescla de feijão, carninhas e laranja. Este é **O Incrível** (e verdadeiro) **Sushi de Feijoada**.

Treina. Se der errado no meio, faz um cone e mete pra dentro. Tá na moda. Tem que tentar pra conseguir uma hora. Se der certo, você vai ficar tão feliz que tudo vai fazer sentido e você se iluminará.

A principal coisa desse sushi de feijoada, diferente dos amigos orientais, é que ele é pra ser comido quente. Encontro de cozinheiro brasileiro com a culinária japonesa é assim: quente. Aí, ou você prepara tudo quente ou prepara tudo frio e esquenta na hora com um micro-ondas. Você pode também colocar os charutinhos de sabor no congelador e deixar eles congelarem antes de cortá-los em rodelas. Pode facilitar muito a sua aparência e coerência espaço-visual. E você pode complementar este prato surreal com sacadas sensacionais. Por exemplo, o shoyu tradicional pode ser substituído por um caldinho de feijão, bem ralinho, bem quentinho. Molha o sushi nele e vai pra galera. Outra ideia quente é trocar o gergelim pela farofa. Molha no caldinho, depois passa na farofinha e chora de alegria. Coragem, amigo, e faça hoje mesmo **O Incrível Sushi de Feijoada**!

BURRITOS DE CARNE NOVA DE NOVO

AUTOR: ZERITO / SÃO PAULO (SP)

Apresentação:

Fez aquele rosbife que já virou rosa-escuro na geladeira? Ou quer curar a depressão daquela carne assada que ficou esquecida? Pode ser que tenha sobrado uns bifes feitos ou o material in natura já está entrando na terceira idade. Para tudo isso, existem los amiguitos: joga bastante tempero, pimenta, tomate, cebola e alho e a salvação chegará.

Ingredientes:

Quatro pedaços de carne, feita ou desfeita; uma cebola grande; um pimentão verde; quatro tomates bem maduros, bem picados, e um copo de polpa de tomate; ou uma lata de tomates inteiros, daquele tomate pelatti. Três dentes de alho (alho nunca é demais); duas pimentas vermelhas picadas e sem sementes. Claro que pode usar outra pimenta. Claro, seja feliz. Quatro sacudidas violentas de tabasco, ou qualquer outro molho de pimenta de verdade (tipo, eu prezo a liberdade, mas se você usa aqueles molhos de pimenta que só têm gosto de vinagre, você não merece a liberdade). Três galhos cheios de tomilho fresco. Pode ser orégano também. Se quiser usar tempero seco, exercite seu poder de abstração e imagine um punhado de orégano ou tomilho seco que seria como três galhos cheios (não, não precisa debulhar o tomilho). Cominho com coragem; pimenta-do-reino com coragem. Coentro semente com coragem também. Azeite com generosidade.

Quatro folhas daquele pão pra wrap ou outra massa para burritos. Ou quatro pães sírios.

Modo de preparo:

Pique a carne em tiras. Se o cominho e o coentro estiverem em grão, moa (urrú, tem pilão em casa? 10 pontos pra você). Pique o alho. Corte a cebola em fatias, e cada fatia na metade. Corte o pimentão do mesmo jeito. Não faça nada com o tomilho ou orégano.

Esquente o azeite no fogo médio e refogue as cebolas por uns 3 minutos. Junte o alho e refogue por mais um minuto, depois o pimentão até começar a amolecer. Junte a carne, depois a pimenta picadinha, o cominho, o coentro e a pimenta-do-reino. Refogue até tudo ficar bem quentinho. Junte a sua opção de tomate, e o molho de pimenta e o tomilho ou orégano. Quanto tudo tiver fervendo, abaixe o fogo, tampe a panela, vá preparar um drink e volte depois de 10 minutos. Quando o molho estiver bem seco, bem envolvente e sedutor, livre de água, aí está pronto. Esquente então o wrap ou o pão sírio na frigideira, fogo baixinho pra não torrar. Ponha uma fileira da carne no centro do círculo, tipo no diâmetro, lembra das aulas de geometria, dobre as abas do seu wrap e voilá.

DIFICULDADE	**FÁCIL**
PORÇÕES	**4**
HORA IDEAL	**HORA DO "QUERO SER FELIZ, MAS NÃO QUERO CRIAR".**

• Comentário de Paulo de Oliveira •

Meu amigo Zerito, teu **Burritos de Carne Nova de Novo** é a receita dos superamigos! É aquela velha história do "vamos resgatar fulano que ele está mal!?" Pra dar aquele help pro amigo, conhecido, vizinho, aquela pessoa que já esteve na pole position (ou não), mas no momento amarga a última posição no grid de largada. Carne é foda, é sempre cadáver, não tem por que não reciclar. Será que passaríamos por este planeta sem comermos carne??? Hein? Matéria pra reflexão. Cebola, não, nunca viveríamos sem cebola! Cebola é a bola da vida! Mete bronca. E o resto da receita é picar e cortar o que tem! No entanto, você deu um mapa impressionante de ingredientes, mostrando a malemolência do guerreiro já marinado na arte da Larica Total, tá de parabéns, temos apreço pelo trivial, mas não temos receio das ilimitadas possibilidades que a Cozinha Verdade nos oferece. Medo do desconhecido? Jamé! É tomilho, é coentro em grãos, é pimentinha com semente, é wrap de hip-hop. É isso tudo, sunny boy. Quem quer cozinhar tem que dominar a arte de cortar, de picar qualquer parada, sem medo. Como é mesmo o nome da arte de manusear as facas??? Google! Mete um Google e parte pra cima do estudo, se aprimora pra tu voltar pra pole, ou pro teu amigo resgatado voltar contigo, ou tudo junto. Vocês podem até furar a largada, porque quem faz as regras da vida é você, irmão guerreiro. Abraço pra tu, Zerito, de zero tu não tem nada. Um, dois, três, salve todos!

PERGUNTAS INTERATIVAS

Tem moedor em casa? Por quê? Nos conte essa história, nunca conheci ninguém que tivesse.

Já pensou em carne nova de novo?

Qual tua posição atual no grid de largada? Já saiu do box e ganhou a corrida?

Já viu coentro em grãos? Onde? Fala tudo!

Pra você, a coragem é generosa? E temperar? Por quê?

Em caso de ausência de pilão, você pila com:

QUITUTE FINO

AUTOR: LU TEIXEIRAS / SÃO PAULO (SP)

Apresentação:

O Quitute Fino é fruto de uma revista fina de socialites, mas que foi adaptado ao lar humilde de uma família que mora na zona leste de SP. Com ingredientes nada finos, como batata-doce, ervas legais, leite de coco e atum, essa iguaria encanta o paladar de qualquer cidadão, independente de sua classe social.

Ingredientes:

1/2 kg de batata-doce cozida, 3 colheres de sopa de ervas frescas (salsa, cebolinha verde e coentro) picadas, 2 xícaras de atum em conserva ralado, 2 colheres de sopa de leite de coco, 1 colher de chá de sal, 1 ovo levemente batido, 1 xícara de farinha de rosca, 1 colher de sopa de salsa desidratada, 2 xícaras de óleo. O resto (ingredientes de bacana, usados para enfeitar e dar o toque final no prato) foi suprimido por questões monetárias e também porque a ideia é o prato dar o mínimo de trabalho possível, embora dê um trabalho da porra pra fazer.

Modo de preparo:

Amasse a batata no espremedor. Misture a ela as ervas frescas, o atum, o leite de coco e o sal. Modele os bolinhos no formato de croquete. Passe pelo ovo e empane na farinha de rosca misturada com a salsa desidratada. Frite numa panela com óleo bem quente até dourar. Parece simples, mas cansa.

DIFICULDADE	**DIFÍCIL**
PORÇÕES	**+ DE 5**
HORA IDEAL	**A HORA EM QUE VOCÊ QUER IMPRESSIONAR ALGUÉM, FAZENDO UM PRATO SOFISTICADO**

• Comentário de Paulo de Oliveira •

Lu, curti muito tua receita pelo espírito de adaptação que ela traz. Essa é uma das grandes virtudes da culinária de guerrilha. Veja os dinossauros, não se adaptaram, morreram. Não pode. Só discordo quando você diz que a batata-doce não é um ingrediente fino. É um ingrediente fino, sim, e de alto nível, estilo e luxo e design. Batata normal, tudo bem, é mais normal. Agora, uma batata-doce? É luxo, é bênção. Um luxo possível, o que a deixa ainda mais luxuosa e interessante. Gostei também da sua iniciativa de agregar ervas legais ao prato. Tem muita erva gente boa por aí precisando de apoio. Um leite de coco já achei mais complicado, tem que batalhar. Coco dá em árvore, mas o leite vende em garrafinha. Agora, é ingrediente pra caraca, hein? Melhor fazer este prato no início do mês, assim que chegar do banco com a merreca. Porque tem que ter muita coisa. Veja, o problema não é nem a quantidade de ingredientes, a questão é ter todos eles ao mesmo tempo. Essa matriz que é difícil, mas com a receita na mão, boa vontade, um cascalhinho a mais no bolso, aquela peteca, a gente brinca. E também é importante ter um incentivo pra sair de casa, ir ao mercado, bater papo, conhecer gente nova. E realmente — bem que você falou com sinceridade, isso foi bonito demais da sua parte —, dá um trabalho fudido fazer essa criança. E dá mesmo, eu levei um sábado. Mas valeu. Valeu uma dormência na perna e uma lombrose no pescoço. Mas valeu. Beijos luxuriosos, Lu!

PERGUNTAS INTERATIVAS

Teve alguma experiência problemática com esta receita? Qual?

Chegou até o final da receita? Quando?

Está com alguma parte do corpo doendo? Quem?

Ligou pro médico? O que ele disse?

BATATINHAS SHEKIMBLAU!

AUTOR: PAULO DE OLIVEIRA
RIO DE JANEIRO (RJ)

Apresentação:

Batatinhas Shekimblau, a batatinha do Brasil, é uma receita muito linda e muito simples de fazer. Tu pega uma batata e a princípio não é nada, não vai dar nem pra saída; mas tu corta ela no palito, ali de fininho, e você vai ver que é batata à beça, que é muita batata. Batatinha Shekimblau vem daí. É um passe de mágica e a batata se multiplica. E a Batatinha Shekimblau pode servir como acompanhamento, caso você tenha algum prato principal, ou ela pode ser o prato principal, caso você não tenha nenhum tipo de acompanhamento. A Batatinha Shekimblau é rápida e não envolve nenhum tipo de fritura. E tudo que não envolve fritura é melhor. Não que a fritura seja ruim, mas uma coisa assada dá menos trabalho. Vamos ao que interessa? Vamos.

Ingredientes:

1 ou 2 batatas: 1 batata só já rende legal; 1/2 batata também dá pra assustar a fome; e 2 batatas é almoço completo. Cuidado só pra não usar aquela batata que está há muito tempo morrendo na sua geladeira, esquecida. Tem que avaliar se a batata está boa, porque batata fermenta e vira vodca. Só que entre a batata e a vodca existem uns 50 graus de envenenamento, então se liga. Vai só na batata boa. Cuidado pra não morrer se alimentando, seria uma contradição fatal.

Sal: sem sal você nem levanta da cama.

Azeite: pra batata deslizar no tabuleiro com sabor.

Modo de preparo:

Dividir é multiplicar, já ensinou Cristo Rei, então o grande barato das Batatinhas Shekimblau é a divisão pra ela se multiplicar. É muito fácil. E não precisa descascar a garota, você vai comê-la com casca e tudo. Vale a pena só dar uma lavada nela, claro, porque a batata é fruta da terra, não dá em árvore. Ela é uma raiz e fica embaixo da terra. E você não sabe que terra era essa, porque quando você compra uma batata no supermercado, ela está sem o solo que a cercava. Você não viu o que aconteceu com ela, de onde ela veio. Então você vai lavar a criança. Lavou a batata? Agora vamos dividir a batata. Pega a batata na sua longitude e vai cortar ela no meio, no comprido. Porque batata geralmente é mais comprida do que redonda. Aliás, é difícil achar uma batata realmente redonda, batata redonda é aquela calabresa, aquela menorzinha. A batata mesmo, aquela que alimenta, aquela tipo batata da perna, da perna de alpinista, ela é mais comprida. É gordinha, mas é mais comprida. Corta ela no meio. Aí olha, você que tinha uma batata só, agora já está com duas: duas meias batatas. E você corta cada uma das metades ao meio também. Você vai ficar com quatro batatas. É exponencial o milagre. É aula de matemática, Malba Tahan, a história do tabuleiro de xadrez. Agora você vai pegar cada pedacinho, cada 1/quartinho. Pessoal que gosta de dividir doce: meiota, 1/quarto, quartinho, meio quartinho, sabe do que eu tô falando. Você vai pegar cada 1/quartinho e cortar ao meio. E você vai ficar com oito batatas. Dois elevado à terceira potência. Tá comigo? Então vamos em frente. Se tua batata for daquela gigante, aquela batata da perna de atleta de arremesso de bola de boliche, aquela prova olímpica, aí você pode cortar ainda mais uma vez ao meio, cada 1/oitavo de batata. Mas só recomendo se a sua batata for aquela gigante, batata da perna de atleta de arremesso de bola de boliche. Porque essa prova de arremesso de bola de boliche não é o braço que faz a diferença. É a batata da perna. Porque todo mundo tem braço forte nesse esporte, por isso quem vai dar aqueles últimos 10cm, aquela esticada da medalha de ouro, é a batata da perna, naquele giro. Então, se a tua batata for esse tipo de batata, aquela bem gorda, você pode pegar os últimos oitavos e dividir cada um deles ao meio de novo. Vai ficar com 16 classificados de cada grupo. Tanto que, esse método da divisão ao meio, eu costumo chamar de procedimento de divisão de Copa do Mundo Invertida. Copa do Mundo normal classifica 16 melhores de cada grupo, passam oito, passam quatro, passam dois e um é campeão. Aqui você começa invertido. Batata campeã, divide em duas na final, quatro nas semi, oito nas quartas e dezesseis nas oitavas. Lindo, né? Lindo. E se você for aquele cara chato, que não se contenta com pouco e quiser dividir mais ainda,

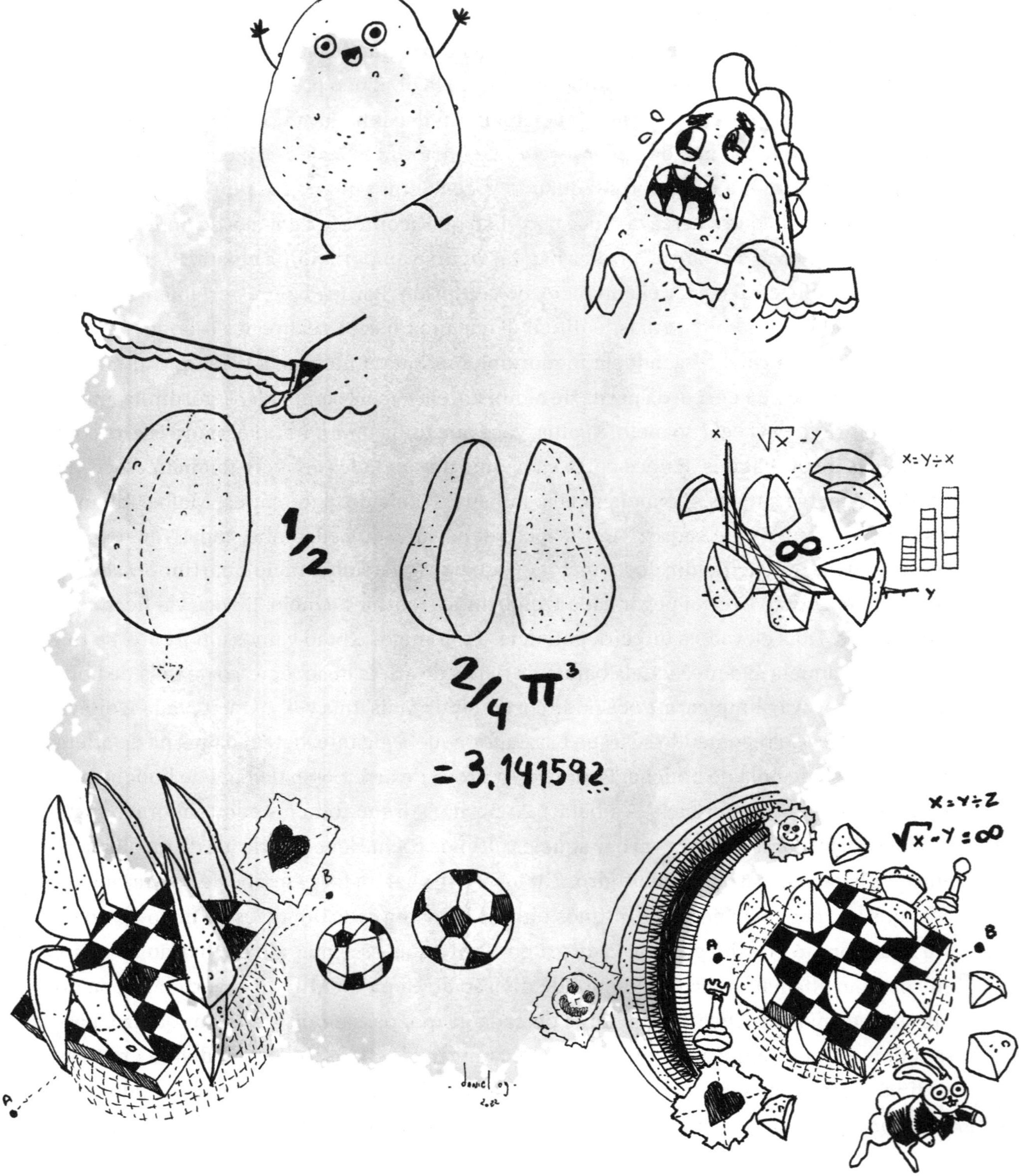

1/2
2/4 π³
= 3.141592
x = y ÷ x
√x - y
x = y ÷ z
√x - y = ∞
A
B
daniel og.
2022

fazer uma coisa quase Ruffles, quase Pringles, meio Elma, você vai na fé. É uma questão de faca, de paciência, de reflexo e de coordenação motora fina. Agora, se você estiver sem faca, sem nada, e não tem coordenação motora nenhuma, tu vai dividir a batata em dois e está ótimo. Usa a testa ou a quina da mesa. Aí o que você conseguir, tá bom. Três pedaços desiguais, quatro lascas e uns fragmentos, ok. Cata no chão e segue. Qualquer coisa dá um pisão na batata, inventa. Só não pode usar uma pedra esfarelativa, que pode confundir na hora de recolher os detritos, e depois de assar, na hora de comer, você pode se machucar mordendo uma pedra. Igual caroço de azeitona na empada, péssima experiência, proibido pela Convenção de Genebra. Mas enfim, me empolguei demais. Tu dividiu a batata toda? Tá satisfeito? Agora olhe a quantidade de batata que está na sua frente e me diga: não é um milagre? É, é milagroso. Multiplicação das batatas. Bom, agora é botar todo mundo na arca e levar pro forno. O forno é quente, então escolhe bem o recipiente que vai junto com as batatas. Escolhe um tabuleiro de alumínio, vai naqueles elementos da tabela periódica que a gente sabe que suportam um calor forte. Vai naquele pirex reforçado. Vai na boa pra evitar uma tragédia. Faça sempre essa reflexão, evitando tragédias. Vou lançar este livro: *Evitando tragédias – um guia pra você pensar seis vezes antes de cometer uma loucura*. Achou um tabuleirinho? Bota elas ali, com as casquinhas viradas pra baixo. Se você cortou muito fino a batata, passou do limite, você vai ter dificuldade nesse equilíbrio de colocar a casca pra baixo, mas aí você assume a sua trajetória. Pegou o caminho mais estreito? Se segura na beirada. Qualquer coisa, desce de bunda. Botou a batata no tabuleiro? Agora vem o sal. Porque batata sem sal é amor sem sexo. É gostoso, mas tu sente que está faltando alguma coisa. Então bota o sal. Depois bota um azeite por cima das batatas pra regar esse jardim. Só um fio, pra batata escorregar, pra não ficar tão seca. E agora não tem mais papo, é forno direto. Papai forno nelas. Já deixa um pré-aquecimento rolando antes, pra tu não perder tempo com isso. Muita atenção pra não esquecer e perder a batata pro forno, hein, pra ela não ficar queimada. Forno é foda. Acompanhe a batata, divirta-se com ela, que no final você será recompensado pelo sabor insuperável das maravilhosas Batatinhas Shekimblau!

Quando você achar que está bom, abra o forno e espete a batata com um garfo pra ter certeza. Se o garfo penetrar macio na parte mais gorda da batata é porque ela está pronta. E se ela estiver pronta, amigo, é alegria geral na sua pança esfomeada! É o milagre da alimentação.

ARROZES

Arroz é base.
Arroz é básico.
Arroz é começo, e é fim.
Arroz é meio.

O arroz sempre tem. E quase sempre tá de fundo de cena, no canto do armário, no fim da despensa, naquele potinho perdido na geladeira, na travessa mais longe, menos importante do rango. O arroz impera como acompanhamento. E isso é a maior qualidade dessa entidade: a humildade pra atender a todos.

Quando se fala o arroz, geralmente o correto seria dizer os arrozes, porque o arroz mesmo é o único grão de arroz, aquela pulga pequena, aquele detalhe na gola, aquela gota, aquele perdido no canto da boca. Um bolinho de arroz é arrozes. Arrozes, beijo para Rose. E há Roses de todos os tipos: arrozes à grega, arrozes malucos, arrozes coloridos, arrozes de brócolis. Arrozes de sushi, arrozes de temaki, arrozes de tekamaki. Arrozes integrais, arrozes agrestes, arrozes rupestres, arrozes jurássicos, arrozes dezessete grãos e arrozes cento e quarenta e sete mil e novecentos e cinquenta e sete grãos.

Arroz também é usado em casamentos – ou melhor dizendo, é desperdiçado em casamentos – numa crença que ninguém questiona, porque simboliza a prosperidade, e quem vai questionar ou desdenhar da prosperidade, ainda mais na hora em que duas pessoas apostam em se casar?

ARROZ DO SURF

AUTOR: CHULAPA / SÃO PAULO (SP)

Apresentação:

Este é o prato perfeito para ser devorado naquele almoço no final da tarde, depois de um longo dia de surf. É só pegar aquele arroz que sobrou do almoço da família e mandar ver na larica. Eu e meu primo inventamos este magnífico prato exatamente num final de tarde após um dia inteiro de surf.

Ingredientes:

Arroz (infalível feito na hora, ou resto); 1 calabresa picada, o menor que conseguir, com qualquer faca; 1 lata/caixa de creme de leite; cebola (eu gosto com bastante); 1 lata de milho e sal a gosto.

Modo de preparo:

Pegue o arroz sobra ou se vira e faz na hora. Frite 1 calabresa sem óleo, em fogo médio. Acrescente a cebola picada como quiser, quando achar que a calabresa está ficando boa ou quando sentir aquela pontada no coração é porque já está ficando bom. Abra a lata de milho e jogue na panela só pra dar uma fervida. Desligue o fogo e acrescente creme de leite, mexe até achar que está bom. Misture o arroz por partes, aí vai no olho quem gosta mais cremoso, com menos arroz, mais rozzotado, vai do gosto. Ah, o sal, esqueço dele até escrevendo a receita, sempre coloco no final, a gosto. E surfe, surfe bastante pra poder comer essas coisas.

DIFICULDADE	**FÁCIL**
PORÇÕES	**4**
HORA IDEAL	**DEPOIS DE UMA TARDE DE SURF**

• Comentário de Paulo de Oliveira •

Colé, Chulapa, grande artilheiro! Praia dá uma fome danada mesmo, é fogo. Acho que essa combinação sol, areia, sal, cervejinha, amigos, rodinha, nado, surf, jacaré e tantas coisas bonitas provoca uma troca tão intensa de energias positivas que o corpo sente falta de mais matéria-prima. E o **Arroz do Surf** representa essa reposição. É aquela onda da série que todo mundo sempre espera no swell. A rainha da série. A última dropada, aquela que lava a alma e prepara pra soneca de fim de tarde, pra que, de noite, corados de sol e perfumados pelo cheiro do protetor solar, a gente possa ir pra night buscar ser feliz mais uma vez. Jah Rastafari Haile Selassie The Conquer! Grande receita, grande momento. Aliás, em relação à receita, achei tudo ótimo. Coisas que dão pra levar na mochila e que devemos trazer de volta, né, principalmente as latas e os lixos que a natureza avisa todo dia pra gente dispensar. Arroz guerreiro, cebola companheira de todas as horas e a calabresa, que é um toque de classe. É aquela ilha de sabor, aquele porto seguro: se ficar meio sem sal, ou com um gosto um tanto duvidoso, tu vai na calabresa e resolve. Ela contagia o resto do prato. Ótimo. Modo de preparo também tranquilo, bem exposto, com bastante brecha pra gente entrar com a nossa experiência, participar, indo no olho, indo na mãozada. Assim fica difícil errar. Só faço uma ressalva, quando você diz que se esqueceu do sal até escrevendo, porque não é verdade. Você se lembrou do sal até escrevendo. Porque esse papo de esquecer é complicado. Muitas vezes é tão somente um julgamento apressado. Porque se você lembrou que esqueceu de botar o sal, é porque você não esqueceu, você lembrou. Esquecer é quando não dá mais tempo de remediar, depois que você já comeu, dias depois que você já comeu, aí sim é um esquecimento. Porém, se você se lembrou a tempo, é porque não esqueceu, ok? Entendeu? E já que estamos falando em lembrar e esquecer, nunca se esqueça disso que eu vou dizer, ou lembre-se disso sempre que esquecer alguma coisa: nunca é tarde para se colocar o sal, nunca. Abraços e boas ondas, Chulapa!

PERGUNTAS INTERATIVAS

Como é que estava o mar?

O que não pode faltar na tua praia?

E a sonequinha depois de tudo? Foi boa? Sonhou o quê?

Complete: se não fosse arroz, seria...

RISOTO DE HAMBÚRGUER

AUTOR: DENISE MULLER / RIO DE JANEIRO (RJ)

Apresentação:

Bom, eu morava sozinha na Tijuca e só tinha legumes enlatados, hambúrguer de frango, ovo e arroz pronto. Aí o gás de rua acabou (na madruga). Eu peguei uma caixa de charutos, uma lata de Nescau e um vidro de desodorante: já imaginou? Fiz um fogareiro na cozinha do apartamento. Fritei o hambúrguer, e aí fiz a mistura salvadora!!!

Ingredientes:

4 hambúrgueres de frango; 2 ovos; 1 lata de milho; 1 lata de ervilha com cenoura; molho de tomate; alho; um pouco de óleo; aquele arroz que sobrou no almoço.

Modo de preparo:

Frite os hambúrgueres (descongele, deixe mole e esfarele com um garfo na hora da fritura), temperados com alho e óleo e ovos mexidos[1]. Misture molho de tomate e sal. Misture os legumes enlatados e o arroz naquela gororoba toda. Fica muito bom!

DIFICULDADE	**MUITO FÁCIL**
PORÇÕES	**3**
HORA IDEAL	**NA LARICA**

1 Os mesmos dois ovos dos ingredientes, por favor, não vá mexer outra coisa.

• Comentário de Paulo de Oliveira •

Denise, eu fiquei até emocionado com a sua história, isso sim que é espírito de guerrilha. Uma maravilha de exemplo para quem está na guerrilha espalhada pelo mundo. Esbanjou versatilidade na receita e no modo de conseguir fogo, isso pode ser muito importante e pode salvar você de morrer de fome. Técnicas como essa demonstrada pela Denise são técnicas avançadíssimas de guerrilha, mas estão ao alcance de todos que têm disposição e sagacidade. Fritar um ovo no ferro de passar roupa, cozinhar uma azeitona com uma lupa ou fazer um miojo no chuveiro elétrico não é problema, é solução.

PERGUNTAS INTERATIVAS

Como é a embalagem do teu desodorante?

Se você fosse a Denise nesta situação, você:

E se não fosse, você:

Que situação desesperadora já te obrigou a criar sua própria técnica de sobrevivência?

Você é ninja?

PAELLA NORDESTINA GRATINADA

AUTOR: TELEFONE / SÃO PAULO (SP)

Apresentação:

Fome. Larica, como minha mãe diz. Só isso para forçar a gente a sair da frente do computador e encarar a real beleza da vida, da fome sendo extinta. A Paella Nordestina é um lembrete e um agradecimento aos tempos de vacas magras de nossos irmãos lá do alto do Brasil. Ela não tem carne, porque assim todos podem comer sem serem taxados de canibais. Essa conexão hispânico-nordestina, maracas com sanfona, é a cara da total larica.

Ingredientes:

Mandioquinha, cenoura, tomate, pimentão, lascas de queijo prato, e outros sabores. Em casa, cebola, alho, condimentos, azeite e mussarela em fatias grossas já nos esperavam ansiosos pela festa na cozinha.

Modo de preparo:

Em casa, cortamos cebolas, alhos e tomates bem picadinhos, finas tiras de pimentão, cubinhos de cenoura e as rodelas de mandioquinha. Duas panelas refogam cebola e alho simultaneamente. Em uma*, tomates e pimentões caem na festa, umedecidos pelo azeite barato. Na outra**, a cenoura e a mandioquinha entram na dança da refoga. Como semideuses da culinária, instantes antes de a cebola dourar na panela*, promovemos a cachoeira de arrrrrrroz (3 copos americanos pra 4 niños hambrientos). Refoga de leve, água, sal e fogo médio. Na panela registrada como "a outra**", água, sal, condimento preparado de coentro, louro e cominho, e fogo alto. Agora dá uma misturada no arroz, assim a alegria e a magia dos vegetais poderão colorir nosso risoto. Coloca um par de folhas de louro. Não podem ser duas folhas separadas, tem que ser as que estão juntas. Elas se amam, e é isso que a gente quer numa refeição.

Quando o arroz estiver no ponto, a mandioquinha deverá estar se desmanchando de sabor e sensualidade nos seus lábios carnudos. Separe o caldo nordestino que saiu da mandioquinha e sirva com fatias de pão como entrada. Metade da nossa quase-paella se esparrama por uma travessa grande e é coberta por queijo mussarela. Deita a outra metade de risoto sobre o queijo, que já derrete com o calor do arrrrrroz. On the top, homenageando e selando a produção, lascas de queijo prato e orégano. Forno pré-aquecido no máximo, até que o queijo prato derreta e comece o processo de fusão com o orégano. E é isso mesmo, não sei a temperatura nem o tempo. Aqui é slow food pride! Cozinha contemporânea com ciência decuérola. Escute seu coração, e chegada a hora, bate no peito e diz: "Tá pronto". Vai estar. Não conseguimos definir o vinho que melhor acompanharia tal prato, sem desmerecer o suco de tangerina de pózinho. Qual vocês acham?

DIFICULDADE	**MAIS OU MENOS**
PORÇÕES	**5+**[2]
HORA IDEAL	**HORA DO "VOU ALMOÇAR DIRETO"**

• Comentário de Paulo de Oliveira •

A fome sendo extinta é o verdadeiro download da felicidade total acontecendo na sua frente. Esta receita é um momento de habilidade e coordenação motora e mental de alta performance que gostaríamos de ter em nossos lares, coisa de semideuses da culinária cujas mamães já diziam "Quem não tem colírio, come larica!" desde o berço. Pilotar duas panelas e três asteriscos ao mesmo tempo requer velocidade e cadência de percussionista profissional, com pegada rítmica do som universal da Terra. Aquela coisa linda! No refogue de leve, até hoje eu fico olhando pra cebola e esperando o momento que vai começar a dourar, fico estudando essa passagem dela, e ainda vou chegar à perfeição. Quando mete o alho junto, aí, meu querido, a coisa decola rápido! E o caldo de mandioquinha pra entrada, o charme de pegar os extratos da receita e aproveitá-los como pura delícia, isso é gênio. Improviso, reciclagem, espetáculo, os alicerces da culinária verdade. Eu amo mandioqui-

2 Anteriormente a receita diz 4 com fome, aqui virou mais de 5. Sigam conosco para mais receitas com a direta interferência de Jesus: não mais o único a multiplicar pão, peixe, etc. pra não deixar ninguém com fome.

nha, mandioca e todos os derivados dessas raízes maravilhosas, e o resto dos ingredientes não vou nem comentar, vou só resumir: tenha em casa, sempre, sempre, sempre! Todos eles esperam, ansiosos, a festa de arromba na tua cozinha. A verdadeira festa colorida dos vegetais desfilando toda sua malemolência anticanibal na slow food pride parade! Na minha última viagem à Amazônia, trouxe cinco tipos de farinha de mandioca, uma pra cada tipo de refeição: peixe, carne de boi, carne de frango e até uma específica pra salada, que usei quando fui preparar essa paella e ficou show, recomendo como complemento pros mais esfomeados. É a farinha vegana, parece pedra moída, mas não é, graças ao bom velhinho. Abraço pros antigos, abraços pros irmãos nordestinos, abraço pra tanajura. Tá na hora de reinaugurar a horta! Avante, jardineiros! Telefone, me escreve mais uma vez, brother, pra gente arrebentar uma **Paella Nordestina Gratinada**!

PERGUNTAS INTERATIVAS

Tua mãe sabe o que é Larica? Você sabe o que é Larica?

A Paella Nordestina poderia ser transmutada num Vatapá Espanhol?

Tua mãe já te chamou de Telefone? Você já se ligou e se chamou por telefone? Você já se ligou que teu nome é Telefone?

O PODER DAS MASSAS

A massa manda. Não tem como. Sinto muito, dona, mas é a leeeeei do oeste. A massa, quando vai pra batalha, vence. E vence pela força, pelo volume, pela consistência. E a massa tem um líder, um guia, um rei: o macarrão. Salve! Salve o rei guerrilheiro heróico, revolucionário e implacável, capaz de levantar, sozinho, uma nação. Salve o macarrão, o rei das massas! Nos momentos mais difíceis, na hora em que a tristeza encher o ambiente e a fome esvaziar seu coração, e você só encontrar um macarrão, agradeça aos muito mais antigos que você, pois eu te digo, meu amigo, caso você ainda não saiba: o macarrão, sozinho, salva. E salva bonito. Macarrão, o verdadeiro representante das massas.

Tenha sempre em casa uma massa, tenha sempre em casa um macarrão. Sempre, sempre, sempre. Nem que seja um miojo, pra quem, aliás, fiz um capítulo especial — essa boia salva-vidas da alimentação-limite recebeu o espaço que merece. Voltando, o macarrão é um dos poucos alimentos que é campeão nas três ligas da cozinha da verdade, tendo unificado todos os cinturões. Macarrão é barato, macarrão é rápido e macarrão é fácil. E macarrão acompanha qualquer coisa. E qualquer coisa é geralmente o que você mais tem em casa. Uma ponta de repolho, um risco de cebola, uma lasca de alho, um fio de azeitona, um susto de ricota acompanham bem um macarrão. E se você ainda tiver um queijinho parmesão perdido naquele sachê mordido, quase vencido, já sai sorrindo.

Macarrão é tão barato que é mais fácil comprar no supermercado do que pedir emprestado na vizinhança. Produzir em casa é sonho, mas nem pensar. Só se for pra fazer dinheiro, porque dá um trabalho desgraçado. Se você quiser ganhar dinheiro, tudo bem, se você quiser conhecer sua vizinhança, tudo bem também. E se você quiser fazer os dois, pega emprestado e vende. Mas se você quiser só se alimentar sem se envolver muito, nem gastar mais energia produzindo algo que depois você não vai conseguir repor comendo, tu só compra o macarrão. É barato. É campeão.

Do pastel de brisa à lasanha lisa, do nhoque da fortuna à panqueca da falência, da pizza de sal à coxinha de galinha com catupiry por cima, é tudo massa. É tudo show. Todas com a mesma propriedade locupletadora e amenizadora do macarrão, porque toda massa é uniforme e coerente entre si.

A massa tá presente? Então tem salvação. Conte com a massa, sempre.

MACARRONADA À LINGUIÇA NA CERVEJA

AUTOR: SARARÁ / (POR MOTIVOS MISTERIOSOS A CIDADE NÃO FOI INFORMADA)

Apresentação:

A única macarronada capaz de fazer os amigos e namoradas baterem palmas e pedirem a receita, mas diga, é claro, que é segredo, ou peça para ler esse livro para aprender como se faz!

Ingredientes:

1 kg de linguiça (boa, heinnnn); 500 g de macarrão spaghetti; 1 lata de cerveja (boa, heinnnn); 1 lata de extrato de tomate (aprox 340 g); 1 tomate (picado); 1 copo de requeijão; 1 copo de 300 ml de água; 1 maço de cebolinha. Acompanhamento: pães e cerveja.

Modo de preparo:

Coloque 1 litro de água para ferver com 2 colheres de óleo e uma colher de café (aquela colher pequena que não serve pra nada) de sal; após levantar fervura adicione o macarrão.

Pegue a linguiça e retire a pele que envolve ela. Jogue a pele fora, tá? Pegue a linguiça e despedace com as mãos o máximo que puder e jogue em uma outra panela (não é a que está fervendo o macarrão, viu). Acrescente a cerveja e deixe refogar, mexa sempre que possível para ficar com o aspecto solto (fogo alto). Após 15 minutos de refogado acrescente o extrato de tomate, o tomate picado e o copo de requeijão. Mexa bem por mais 5 minutos e acrescente os 300 ml de água no processo. Escorra a água do macarrão fervido e coloque em uma travessa ou deixe na mesma panela sem água.

Pegue o molho e jogue por cima do macarrão, misturando um pouco. Jogue a cebolinha cortada bem fina em cima e está pronto.

DIFICULDADE	**MAIS OU MENOS**
HORA IDEAL	**COM AMIGOS E NAMORADAS**

• Comentário de Paulo de Oliveira •

Sarará, gostei do blend. Cerveja sempre, sempre, sempre. Macarrão salva sozinho, acompanhado então é quase uma equipe do Samu. E a linguiça vem pra dar aquele sabor que só ela dá. Perfeito. Sobre não ensinar a receita na hora, discordo. Ensine, sim. Esse papo de segredo não é bom, pode fabricar suspeitos à sua volta e envenenar as relações. Jogue franco. Sobre sua recomendação de usar bons ingredientes, é o seguinte: bom é o ingrediente que temos. Tem? Então é bom. Sobre o modo de preparo, gostei da parte de tirar a pele da linguiça e esfarelar ela na mão. Bonito isso. Toca na comida. Toca na linguiça. Entende a linguiça. Aprende como é uma linguiça por dentro, do que ela é feita. E não se assuste, tá? Aceita. Trabalhar com duas panelas pode ser dificultante, mas a gente se vira. E a hora ideal, com amigos e namoradas? Gostei.

PERGUNTAS INTERATIVAS

Por que você não informou a sua cidade?

Alguém, entre namoradas e amizades, reconheceu alguma linguiça de vidas passadas?

Descobriu o segredo da receita? Contou pra alguém? Quem?

O SUGO DO AMOR OU A MOQUECA VEGGITALIANA[3]

AUTOR: CANDIL / SANTO ANDRÉ (SP)

Apresentação:

Passado metade do feriado, domingo, dia de macarronada, me encontro sozinho e com a despensa se esvaindo... nem as cervejas e resto de traquitanas me acompanharam nesta epopeia de sete de setembro. Inebriado pela chuva que chegara após um período de seca terrível em São Paulo, recobrei minhas capacidades intelectuais, motoras e psíquicas e parti rumo à memória de quarta, o dia que havia ido à feira. Lembro do barulho de carro indo e vindo... o *plac-plac* das havaianas dos meninos correndo, o rádio alto frente a uma banca de chão e, de repente, um aroma inconfundível que me fez conectar ao mundo mágico da natureza com seus frutos e especiarias. Lembro-me de ter levado um "chimy-churry" pronto e noz-moscada... lembro-me de um maço de erva verde, fresca, com brilhos causados pelas gotículas de água em suas folhas de comer. Comprei 2 ou 3 tangerinas que viraram muros em uma caipirinha de última hora, pequenas abóboras que viraram sopa e alguns tomates semiverdes. Lembro-me de ter um pacote de macarrão e um pão de ontem, que me serviria de café da manhã... até então. Na porta da geladeira vejo meus tomates lindos em um vermelho de paixão, o ácido e o doce juntos, como seu suco de prazer prestes a se soltar, à espreita de uma faísca. Há tempos guardei as caçarolas festivas e faço uso de pequenas ferramentas para cozinhar para poucos, neste caso uma antiaderente, uma pequena leiteira e de vez em quando uma wok. Comecei lentamente recobrando a cada encontro onde estava guardado o que eu precisava. No armário de madeira à minha frente, as especiarias, um punhado de "chimy-churry" e umas raspas de noz-moscada, guardadas para o toque do apogeu. Aquele maço ora verde brilhante, picado e congelado, havia perdido o brilho de sua cor, mas ainda restava algo de bom em sua escuridão.

3 O vegetal em destaque nessa receita é o tomate, que na verdade é uma fruta. Mas o autor acertou na escolha do país representante das massas e merece o nosso reconhecimento e admiração.

Os tomates lá picados em rodelas rechonchudas começavam a deitar naquela que seria sua cama de amor final. Após a primeira camada, sobre ela, beijos espalhados de "chimy--churry", carícias salgadas, finos fios de azeite, tapas de talos de cebolinha, arranhões de salsa e discretos suspiros de açúcar. Sobre esta cama de fome e desejo, os derradeiros pequenos pedaços de tomate, como o cobertor dos apaixonados, a serem enxaguados pelo calor das águas que viriam com o vinho encontrado numa garrafa de ontem ao canto. Após 20 minutos de curtição e sensações inexplicáveis, toques e retoques... o sugo do prazer aos pedaços encontra seu apogeu nas raspas místicas a serem adicionadas!! Assim como a massa ou o arroz que podem acompanhar!

Deste capítulo, nesta epopeia de sete de setembro, levo apenas duas certezas comigo...

— Assim como os aventureiros e guerreiros de terras fantásticas de ficções científicas, que hora ou outra vão a vilas, tabernas e feiras... também deve ir o guerreiro moderno, afinal, além de produtos frescos e saudáveis, tem a barraca de pastel.

— Não importa o que você tem, sejam temperos ou tomates, o que importa é aquilo que você faz ou coloca no sugo do amor! Amor, você é quem faz.

Ingredientes:

Lista de compras da última feira: Tomates, temperos ("chimy-churry" e noz-moscada), cheiro-verde, pastel de palmito e carne. Estoque preliminar: açúcar, sal, azeite, resto de vinho, massa e água quente.

Modo de preparo:

Corte 4 tomates em rodelas de 1cm. Monte uma camada de tomates maiores numa antiaderente pequena, cubra com temperos, azeite e uma colher rasa de açúcar. Faça outra camada com tomate, usando os pedaços menores. Leve ao fogo e deixe fritar por uns 3 minutos, em seguida, acrescente a água aquecida e o resto de vinho e tampe. Mantenha em fogo baixo por uns 15 a 20 minutos ou o tempo da massa cozinhar. Acompanha também arroz, pães, carnes, etc, etc, etc.

DIFICULDADE	**FÁCIL**
PORÇÕES	**2**
HORA IDEAL	**DOMINGOS EM GERAL OU PARA ACOMPANHAR UM VINHO COM UMA GATA SORRATEIRA!!**

• Comentário de Paulo de Oliveira •

Pirata! Porra, isto aqui é receita de pirata, só faltou o papagaio! Ou, se você preferir uma abordagem mais fofa, pode chamar de: a cesta básica do amor! Chama com o coração que ela responde. Ou então, melhor ainda: cesta básica do pirata do amor! A base você compra (ou mete, se tiver bem piratão mesmo, ou então estoca preliminarmente, enterra na ilha). O amor você! Bunitu isso, my boy! E você tem jeito pra escrever bem! Lance o teu livro de receitas que eu faço o prefácio! Não cobro nada, talvez uma participação simbólica adiantada apenas, é café pequeno... Eu também sou apaixonado por tomates, massa, cheiro-verde, *chimy-churry* e noz-moscada, pastel de palmito, delírios literários e devaneios poéticos, enfim, essa base toda. Não tem erro, só tem acerto aqui, porque uma massa guerrilheira pode ficar excelente até com nada, e se colocar só uma manteiguinha, aí fica show. Tudo questão de coração, sempre, sempre, sempre. Coração e mente, mas mente com verdade, valeu? Fiquei intrigado só que você colocou vários ingredientes na sua receita e praticamente só usou o tomate e o vinho! Isso é tática de guerrilha, pra confundir o mercado! Adorei. E se a receita é só tomate e vinho, você só erra se os ingredientes estiverem estragados! Candil, meu querido! Amei tua receita e essa tua verve literária de escritor! Abraços sísmicos!

PERGUNTAS INTERATIVAS

Você já desconfiou alguma vez que talvez tivesse jeito pra escrever bem? Então escreva a respeito pra ver se o jeito procede.

O amor já te salvou?

E os sugos veggitalianos?

Memória mais importante da sua feira:

Jeito preferido de amar:

Se você tivesse a oportunidade de enterrar alguma coisa, o que você não enterraria? Confundiu?

LASANHA DA REVOLUCIÓN

AUTOR: FERNANDO MAIA / BELO HORIZONTE (MG)

Apresentação:

Quem vive anos na guerrilha sabe que se deve sempre ter em casa apetrechos para fazer um misto-quente, um rápido macarrão e, claro, massa de pastel. Mas como não podemos só viver dessas três coisas, recebi uma dica da minha sogra, de fazer uma lasanha usando a massa de pastel, o presunto e o queijo do misto-quente e o molho que sempre uso no macarrão. Fica muito boa a lasanha! Lasanha da guerrilha, lasanha do homem-bomba.

Ingredientes:

Ingrediente é facil demais: a massa de pastel (de preferência aquela de rolo), molho de tomate, presunto, queijo... pode usar carne moída da geladeira se tiver, pode usar o creme de leite substituindo o molho branco... pode colocar umas cebolas cortadas pra dar um reforço no molho... aí vai da sua criatividade, né... se tiver um oreganozim pra pôr por cima também vai bem...

Modo de preparo:

Preparação? moleza... a dica é a seguinte: sempre coloque a massa de pastel com um pouco de molho por cima e por baixo pra ela não secar... daí você forra a vasilha com um pouco de molho (não muito... POUCO), coloca uma camada de massa, uma camada de molho, uma camada de presunto, uma camada de queijo, uma camada de creme de leite, uma camada de molho vermelho, E AÍ RECOMEÇA: camada de massa, camada de molho, camada de presunto, camada de queijo, camada de creme de leite, camada de molho... Faz umas três ou quatro camadas aí e termina cobrindo tudo com o queijo, joga o orégano por cima e pronto. Leve ao forno até derreter o queijo e tals... e COMA! Detalhe: antes de colocar o molho vermelho, quando falo molho vermelho é aquele molho de pizza ou qualquer um, né, você pode cortar uns tomates com cebola, jogar na panela e dar uma fritadinha e depois jogar o molho e temperar a gosto.

DIFICULDADE	**MUITO FÁCIL**
PORÇÕES	**+ DE 5**
HORA IDEAL	**FOME**

• Comentário de Paulo de Oliveira •

Grande Fernando, é disso que o povo gosta, criatividade, jogo de cintura, ousadia. Essa substituição das massas foi uma dica quente, não tem lasanha, mas tem pastel, então vamos de Lasanhel ou Pastelanha! Pura cozinha da guerrilha. Só achei que faltou uma observação sobre a dificuldade de tirar a unidade massa de pastel quando ela não é de rolo (?). Sempre vêm duas juntas, bem coladinhas, tem que prestar atenção. Eu mesmo já fritei pastel camada tripla, com plástico e tudo, sacou? E ficou gostoso, isso que foi o perigo. Mas o resto é moleza, como você mesmo já apontou, depende somente da criatividade individual na montagem do seu edifício, cada camada trazendo uma história, que nem os fatos na vida. Outro detalhe místico do seu Lasanhel é a transposição da etapa de cozinhar a massa. Não tem! E isso sim é revolução. Atenção, guerreiros e guerreiras, nós NÃO precisamos mais cozinhar a massa antes porque a umidificação das camadas permite que ela cozinhe junto com os outros amiguinhos ingredientes, todo mundo integrado, uma festa sem vips nem especiais ou premiuns, uma celebração em que entra todo tipo de sabor. Vai facilitar um processo? Já sabe, já sabia há muito tempo: umidifica, molha, hidrata, besunta e integra. Não seja ingênuo, não desperdice seu tempo. Molha e vai. E que bom que você incluiu no modo de preparo a instrução de “comer”, porque às vezes a gente esquece. E manda um beijo pra sua sogra que ela merece. E abraço forte pra você, Fernandão, guerrilheiro-bomba da melhor estirpe. Revolução é o que a gente faz!

PERGUNTAS INTERATIVAS

A tua massa deu rolo? Como?

Se suas camadas fossem históricas, elas seriam:

Tema da sua revolução:

Resultado em termos mundiais:

ENROLADO DE MACARRONADA XABLABLAU MINEIRIM... DA GIZELDA

AUTOR: GISA / BELO HORIZONTE (MG) UAI!!!!

Apresentação:

Esse prato, né, receita de família, ceia de natal, mas dei uma incrementada nele porque a gente precisa de mais sustância na hora da Katia (cachaça). Ele veio desabrochando na mente depois de um dia inteiro de "tchuras" no sítio, todos precisando de algo forte pra recuperar... rápido, prático e delicioso, a receita da tia virou uma deliciosa Larica Total nos encontros da moçada em um sítio ou na casa de alguém.

Ingredientes:

Armas: 500 g de boi moído (o que você achar que tem menos nervo); massditumati (mineirim...); aio (alho); cebola (picadim); 2 cubim de caldo de carne; noz (tarda mas não falha) moscada; presunto fatiado; queijo minas ralado ou mussarela fatiada; macarrão tipo espaguete (mais finim...); azeite (ou ói se não tiver o azeite); parmesão ralado pra gratinar. Orégano (orégano da culinária).

Modo de preparo:

Modocêfazê: cozinha o macarrão e deixa o rapaz queto num canto (uma dica, depois de cozi-lô-lô, dá uma xablablada de manteiga e azeite nele que ele fica aveludado e suculento); refoga o aio, a cebola no azeite, sem deixar queimar, senão amarga; refoga o boi moído com esse pessoal, depois da carne fritinha cê põe a masstumati, um cheiro de noz e acerta o sal com carinho....

Deixa esfriar um tiquim, mistura o macarrão no moi e vamu monta o indivíduo:

Coloca num pratim uma fatia de presunto, uma de queijo (faz uma caminha), pega uma colher de sopa de macarrão com moi e coloca na caminha (não pode ser muito, senão o trem desanda), enrola todo mundo junto (esconde o macarrão) e põe num pirex ou num tabuleiro (o que tiver). Vai fazendo um tanto de rolim, dependendo da sua Larica (fome)... Depois de todo mundo enrolado, esconde com uma nuvem bem carregada com o parmesão e o orégano. Leva no forno só pra dar aquela derretida fatal no parmesão uns 30 minutinhos, dependendo se seu forno é bom, torto ou uma m...

Esse prato serve de rango com um arrozim branco ou de "tira" como dizemos aqui em BH, com a Brahma gelada.

Aprecie sem moderação!!!!!

Grande beijo!!!!!

DIFICULDADE	**MAIS OU MENOS**
PORÇÕES	**5+**
HORA IDEAL	**DEPOIS DE TOMAR TODAS NUM TCHURAS OU REUNIÃO COM A GALERA EM CASA**

• Comentário de Paulo de Oliveira •

Gisa, a cultura mineira contribuiu muito para enriquecer minha vida. Saudades do carnaval em Ouro Preto, da cachacinha de Milho Verde, das noites escuras em Carangola, da Marilanda de Santa Rita do Sapucaí, do cafuné da Geovanna de Juiz... muita coisa boa já vivi sob os céus de Minas. Só de ler esse mineirismo em forma de texto já deu vontade de arrumar a mochila e fugir pra Serra do Cipó — êta lugar gostoso, sô. Fogueirim, violão, cachú, peteca, linguiça, cafezim, passarim, vaquim, papim à toa e a maravilhosa comidim que só Minas tem. A tua receita revela estilo próprio, Gi, e quando vem de família fica aquela coisa íntima, quase um segredo que você generosamente compartilhou conosco, tipo pé do ouvido, assim como o truque de enrolar a macarronada, espetacular, uma tacada, um lance que só a Katia seria capaz de inspirar. E olha, minha querida Gisa, que eu já enrolei muita coisa na minha vida... E chamar cachaça de Katia é de uma intimidade que, se eu não conhecesse bem a malvada, ficaria com ciúme. Obrigado, gata mineira. Te amo por tudo, mas mais ainda por esse toque, esse brilho da loucura no seu olhar. Beijo pro povo de BH.

PERGUNTAS INTERATIVAS

Contribuições de Minas na tua vida:

Você conhece a Katia? E se lembra de onde?

Chegou ao fim do preparo desse prato? Como assim?

Além de macarrão, você curte enrolar:

Mensagem boa pra Gisa:

PÂTES AUX HARICOTS OU PASTA AO FAGIOLO OU MACARRÃO COM FEIJÃO

AUTOR: @SEUAMORA / DO POMAR VIRTUAL

Apresentação:

Imagine que você é uma nadadora de nado sincronizado, daquelas belíssimas que nunca se esquecem de colocar a maquiagem. A classe e a poética a acompanham até ao comprar pão no domingo de manhã. Agora, imagine esta figura no meio do oceano, ou na praia de Boa Viagem, em Recife, se deparando com aquele tubarão faminto vindo para o seu lado? Você acha que ela vai nadar golfinho para ser uma presa fácil? Lógico que não, é crawl! Já dizia o nosso mestre Paulo. A diferença é que não precisa perder a classe para nadar crawl e sobreviver. E depois de comer essa massa, a dica é a mesma da feijoada, passa no espelho e dá aquela checada pra ver se não ficou nenhuma casquinha no lateral direito. Até porque: unha encardida e dente com comida, só a bailarina não tem.

Ingredientes:

Espaguete integral, meio pacote; feijão de ontem, quanto sobrou. Aquele tomatinho-cereja da promoção, você comprou porque estava barato e agora ele já está avisando que não dá mais para segurar a natureza demolidora dos fungos. Manjericão fresco. Queijo parmesão.

Modo de preparo:

Cozinhe o macarrão com muita água e um pouco de sal, indispensável muita água porque aí nem precisa de óleo. Depois, misture o feijão e os tomates, e pronto.

DIFICULDADE	**MUITO FÁCIL**
HORA IDEAL	**NA HORA DO DESESPERO**

• Comentário de Paulo de Oliveira •

Fala, Amora! Esta receita podia ser ensinada no pré-escolar de todas as escolas: macarrão com feijão, um clássico, a sustância, o encontro do Brasil com a Itália. Essa laje no fundo do estômago é o peso certo de toda fome no mundo. Reparem que consta sempre na comida de todos os trabalhadores cujo ofício demanda esforço físico: macarrão e feijão, sempre, sempre, sempre. Algumas vêm com frango, outras vêm com carne, com ovo, com salada e um peixe-galo pra fechar a tampa da marmita. Alguns itens são variáveis, mas o macarrão e o feijão estão sempre lá pra garantir o famoso forro no estômago. O que eu achei mais bonito na tua receita foi o toque do tomate cereja. Poderia ser qualquer tomate, mas você escolheu o cereja pra humanizar, trazer o colorido delicado, a sofisticação da *nouvelle cuisine*, porque sabemos também que, apesar de admirada pelas pessoas felizes, a receita do macarrão com feijão ainda sofre preconceito dos que acham que a culinária é uma arte maior, como se existisse tamanho pra arte, com a aura, o dogma e as demais palhaçadinhas. Tudo é arte nesta vida, tirar capim entre paralelepípedos nas ruas de pedra de Ouro Preto pode ser uma arte também. A arte é viver! Beijo pros amoras. Beijo pra Geninho, o Amoraaaaaaaaaal! Amora essa.

PERGUNTAS INTERATIVAS

Existe crawl sincronizado? Quando?

Pode pôr farinha como complemento não-obrigatório?

Esta receita é requentável? Quantas vezes?

Você considera a natureza dos fungos demolidora? Explique sinceramente.

Casquinha na lateral direita? Escala esse time.

MIOJOS

Você deve estar se perguntando por que uma seção pro miojo, já que acabei de falar do macarrão. Quê? Ah, você não tá se perguntando isso? Beleza então, melhor ainda. Mas o que sucede é que o miojo não é só um tipo de macarrão, com todo o respeito que o macarrão merece. O miojo é uma tentativa de salvar o mundo, quase deu certo. É difícil. Mas no meio desse caos de energias, o nosso generoso mestre Momofuku Ando teve, executou e botou pra venda essa ideia maravilhosa. Comparável à penicilina para a medicina, à televisão para a família, ao ovinho para o futebol, Momofuko inventou um alimento de bolso, o miraculoso MIOJO! Eu ouvi palmas.

Aí você vai dizer que ninguém pode viver só de miojo, e eu vou dizer que Momofuku Ando viveu e viveu bem. Sabor galinha caipira, carne, camarão, tudo na forma milagrosa de um pozinho. Como negar o avanço da humanidade, o passo adiante que demos, quando vemos uma galinha caipira inteira sintetizada num saquinho de alumínio?

O modo de preparo do miojo é tão simples que cabe num texto de cinco centímetros no verso da embalagem. Por isso, defendo o miojo pra além de todo egoísmo dos difamadores da comida barata: gente sem imaginação, incapazes de apreciar a beleza profunda de um Bolinho de Miojo, de um Yakisobra ou de uma Peruca de Aquiles gratinada.

E aos que estão comigo nessa religião sem dogma, finalizo com a oração dos devotos do miojo:

“Salve, ó grande mestre.
Dai-me forças para seguir vencendo
a serpente faminta que nasce dentro de mim todo dia.
Não morrerei, pois criaste a estrela da salvação.
Da água, o vapor.
Da chama, o calor.
Do pó, o sabor que nos sustentará.
Salve, ó grande mestre.
Todo dia, mais um dia,
e nossa missão na Terra não se encerrará.
Carne, legumes, galinha caipira.
Os três anjos que sustentam teu altar.
Não permita que eu me entregue nem um dia
à tentação de não cozinhar.
Salve, ó grande mestre.
Todo dia, mais um dia,
Não morrerei, pois criaste a estrela da salvação.
Que teu gesto seja lembrado,
Que teu espírito seja louvado,
Pois sei que um dia voltará
Numa imensa panela preta.
E num fio dourado, único e infinito,
teu gesto, tua fé e teu grito
haverão de cessar a fome de toda humanidade
num caldo de brilho bendito
com sabor artificial de verdade.
Salve, ó grande mestre.
Todo dia, mais um dia,
Não morrerei, pois criaste a estrela da salvação.
Lamém.”

FRANGO
CROC
ATUM
MOLHO TOMATE
AZEITE
ALHO & CEBOLA
- daniel og -
2022

MACARRÃO INSTANTÂNEO À CAFETEIRA

AUTOR: CASTELA / RIO DE JANEIRO (RJ)

Apresentação:

Acabou o gás? Não tem mais dinheiro? Basta uma cafeteira e um grill ou forninho elétrico! Após 4 anos morando sozinha e sem fogão, desenvolvi inúmeras técnicas para fazer de um tudo com o 3 em 1 que tenho. Consiste em um forno elétrico com um grill em cima e uma cafeteira ao lado, a invenção do século. IMPORTANTE: só dá certo porque nunca fiz café na cafeteira (tem de graça no trabalho 2x ao dia).

Ingredientes:

1 pacote de macarrão instantâneo (escolha o sabor — sugiro legumes); 3 colheres (qualquer tipo — sobremesa, sopa, desde que limpas) de molho pronto de cebola e alho (líquido); azeite (o suficiente para besuntar um prato); 1 lata de atum com molho de tomate (revolução na vida de qualquer pessoa); 1 pacote de queijo ralado (que você guardou da última vez que pediu massa em casa); 1/2 litro de água potável (se não tiver, peça ao vizinho. Nenhum negou até hoje).

Modo de preparo:

Abra e entube o macarrão na jarrinha da cafeteira até que ele caiba todo. Parece fácil, mas tente quebrar o mínimo possível, observando a principal regra da boa culinária italiana. Coloque parte da água potável na parte da cafeteira destinada à água, ligue a cafeteira e esqueça (mesmo que seja difícil esquecer com aquele barulho irritante de alguém chupando até a última gota de milk-shake que a cafeteira faz). Esquente o grill/forninho com um pouco de azeite. Junte o molho de cebola e alho e mexa até cheirar bem. Tempere com o pozinho que vem com o macarrão ao invés do sal e "taque" a lata de atum com molho de tomate (abrir antes). Veja se o macarrão parece mole o suficiente (cerca de 3 minutos de molho na água quente tá ok). Escorra a água e jogue o macarrão num prato previamente lambuzado de azeite e queijo ralado. Despeje o atum quentinho e pronto! Dê adeus ao caminhão do gás e seja feliz com qualquer restinho de vinho que estiver fazendo aniversário na porta da geladeira.

DIFICULDADE	**MUITO FÁCIL**
PORÇÕES	**1**
HORA IDEAL	**QUANDO ESTIVER DURO E SEM GÁS DE COZINHA (DESDE QUE TENHA UMA CAFETEIRA)**

• Comentário de Paulo de Oliveira •

Minha querida Castela, você é uma Indiana Jones da culinária, uma revolucionária da causa falimentar, minha querida! Se todos fossem iguais a você, Castela, ai, ai... O seu **Macarrão Instantâneo à Cafeteira** é genial do tipo autêntico. Como é que eu não pensei nisso antes, porra?! Me fez pensar sobre o sentido estético-filosófico da coisa, uma ideia que transfigura o objeto cafeteira num fazedor de macarrão, a transubstanciação da matéria em oposição à transitoriedade da vida, esse tipo de bagulho. Isso é um avanço pra além do horizonte, é poesia pura. E você ainda tira de letra o quesito gás, excluindo ele da brincadeira diária que é a culinária guerrilheira cotidiana. E aí o pessoal pergunta: "Mas dá pra fazer comida sem fogão?" Dá sim, senhoras e senhores e mais novos, olha a prova aí, é a criatividade dando a volta na escassez. Observação: se liga na conta de luz, cuidado, grill direto come o orçamento também. Olha a sustentabilidade do seu bolso. É na corda bamba que a gente se entende e reinventa a roda. Um beijo, Castela, você é a verdadeira revolução na vida de uma pessoa! Me lembrou Che, Zumbi, John, D'Arc, Bob e Indiana, beijos pra eles também, que eles merecem. Axé!

PERGUNTAS INTERATIVAS

O macarrão entubou sua cafeteira? Descreva sua técnica e os resultados.

Em termos de sabor, fala a verdade, ficou mesmo igual ao macarrão de fogão?

Quantidade aproximada de cafés grátis/dia que você precisa ganhar pra abrir mão da sua cafeteira:

Fale sobre a polêmica do gás:

Cite três coisas que podem ser feitas com um 3 em 1:

1.
2.
3.

LASANHA DE MIOJO

AUTOR: CHEF ADRIANO VASCONCELOS / BRASÍLIA (DF)

Apresentação:

Domingão, chama a família toda que o prato vai ser especial. Churrasco? Não, claro que não. Churrasco já era, é coisa ultrapassada. O lance agora é fusion cuisine, uma fusão maravilhosa das duas mais fantásticas culinárias da Terra, a italiana e a japonesa, e o toque do jeitinho brasileiro. Você fará o maior sucesso com sua família ou namorada com a Lasanha de Miojo.

Ingredientes:

Para duas pessoas (porção carregada): Dois pacotinhos de miojo. Uma bandeja de presunto. Uma bandeja de queijo mussarela. Uma lata de molho de tomate.

Modo de preparo:

Aquecer numa panela o molho com mais o mesmo conteúdo da lata de água. Cortar ao meio o miojo, de modo a separar as duas "folhas" do miojo. Dispor numa forma de lasanha, que pode ser de vidro, ou alumínio ou qualquer outra, uma concha de molho, duas folhas de miojo colocadas lado a lado, mais uma concha de molho, queijo, presunto, queijo, presunto, queijo, molho, mais duas folhas de miojo, molho, queijo. Manda pro forno por 20 minutos na potência máxima. Pronto, é só alegria.

DIFICULDADE	MUITO FÁCIL
PORÇÕES	3
HORA IDEAL	DOMINGÃO, ANTES DO FAUSTÃO[4] E DEPOIS DA CORRIDA!

4 Na edição do livro, Faustão já não era a voz que aos domingos iniciava o processo deprê antes das segundas, mas talvez os domingos sintam saudades desse ritual.

• Comentário de Paulo de Oliveira •

Chef Adriano, eu me amarro num churrasco, mas também aaaamo miojo, então vamos fundir tudo e aceitar a todos, sozinhos ou acompanhados. Sua receita é uma grande sacada que poucos tiveram e, além disso, ajuda a elevar o miojo a novos patamares de significado, o que ele sempre mereceu, mas ninguém divulgou. Só achei difícil cortar o miojo ao meio e separar as "duas folhas". Primeiro que eu nunca tinha reparado isso, que miojo são duas folhas entrelaçadas. Comendo e aprendendo. E segundo que, na hora de separar as identificadas folhas, voou miojo pra tudo quanto é lado, meu chef, embora eu tenha usado a Faca Total-Flex. Tive que voltar devagar, no estilo fuga de presídio. Ric, ric, ric, ric, ric, na precisão da habilidade limite. Atrasou legal o prato, mas o resultado ficou campeão. Sua receita também me conquistou por combinar dois grandes clássicos mundiais: miojo e lasanha são primos, mas nunca se encontraram, e foi você, querido guerreiro, quem promoveu isso. O encontro entre os parentes que nunca se viram, mas sempre se amaram. E comer antes do Faustão aparecer é uma precaução e tanto. Que bom que você lembrou. E depois da corrida também é classe A+. É importante repor a barriga perdida, senão prejudica o trabalho árduo de manter o shape arredondado como manda o design veloz dos dias de hoje. Esse miojo tem a particularidade de não ficar pronto em 5 minutos, mas, em compensação, os minutos a mais vêm em forma de sabor. Outra coisa muito importante é a versatilidade: você pode mudar os ingredientes do Adriano e continua tudo bem. Esse é da guerrilha. Esse é chef.

PERGUNTAS INTERATIVAS

Seu miojo combina com quem?

Toque pro Adriano:

Tempo do seu preparo:

E o Faustão? Manda um recado pra ele também!

BOLINHO DE MIOJO

AUTOR: PAULO DE OLIVEIRA / RIO DE JANEIRO (RJ)

Apresentação:

Esta receita nasceu de um erro, o que a torna especial e maravilhosa. Uma receita que estava escondida num atalho da estrada errada, no truque da moita disfarçada, que esconde uma bela lagoa de água límpida e azulada. Nossa, escrevi bonito agora, hein? Bolinho de Miojo é isso, um caminho sem placa, um bosque fora do mapa, um segredo. E que foi descoberto, inventado, criado pela Fátima, moça fina que trabalha pesado na casa de Zá Gaia. Fátima, rainha da resistência e discípula mental de Momofuku Ando.

Conta a lenda do Monte Alegre que Fátima, no meio da faxina do Palácio da Fundação Clara Linhart, vendo a fome machucar os dois nobres fidalgos, interrompeu seu serviço para preparar algo que pudessem comer. Como há muito não se fazia compras no castelo, que vivia basicamente de doações maternais, e tampouco tinham a motivação para apropriações indébitas, Fátima se deparou com um, e apenas um, pacote de miojo, embalagem da salvação. Lamém. E Fátima colocou o miojo para ferver numa panela com bastante água para, na hora de comer, aproveitar e hidratar legal. E Fátima voltou pra faxina deixando o miojo cozinhar, mas como tinha muito pó acumulado sobre a mesa do nosso amigo Art News, não viu o relógio passar e, quando voltou pra cozinha, o miojo tinha se transformado numa massa molenga e grudenta, tal qual um purê. Muitos teriam desistido e amargado o dissabor da fome e carregado a culpa pelo erro imperdoável, mas Fátima perseverou, e o dom da culinária de guerrilha manifestou-se. Assim, Fátima criou uma das mais belas histórias do cancioneiro da sobrevivência: O Bolinho de Miojo.

Bom, vou continuar a história agora em forma de receita, ok? Senão a gente não come.

Ingredientes:

2 pacotes de miojo: qualquer marca, qualquer sabor, é miojo; água: sempre em casa; queijo parmesão: pra dar a liga, dar o primeiro tapa na massa; óleo: malha, porque tem que ter óleo pra fritar o bolinho; sal: extremamente importante pra tudo; aquele pacotinho venenoso do miojo é opcional, você coloca se tiver coragem; versatilismos variados: linguicinha calabresa, cebola, salsinha, ovo de codorna, azeitona, queijo prato, presuntinho cortado em cubo, enfim, coisas pra se colocar dentro do bolinho de miojo, se você quiser fazer recheado.

Modo de preparo:

Pra fazer o Bolinho de Miojo, primeiro de tudo, faça igual à Fátima e erre o miojo. Erre muito. Eu sei que é praticamente impossível errar um miojo, mas eu sei também que você consegue errar qualquer coisa. Porque errar pra nós é mole. É só colocar bastante água e deixar o miojo cozinhando direto, uns 20 minutos. O miojo vai virar um creme. Escorre a água toda e deixe essa massa, com um aspecto apenas um pouco assustador, esfriar um tempo, porque você vai modelar o bolinho com a mão, e se queimar os dedos de bobeira, você vai ficar triste. Pra esfriar, é só deixar a massa parada. Se você estiver com pressa, mete um ar condicionado em cima. Botar na geladeira ou no freezer por 15 minutos, eu não testei, se você quiser arriscar, arrisca. E se esquecer a massa no freezer, fica de olho porque picolé de miojo eu ainda não vi por aí, de repente é o que tá faltando. Bom, independente da técnica do resfriamento, vamos pular direto pra manipulação do creme miojal, que será unido e temperado, virando uma massa homogênea e com sabor, o que é fundamental. Se você quiser testar o fim da vida, pode começar entornando aquele pó que vem nos pacotes de miojo em cima da massa. Você escolhe. Ou pode atacar de queijo ralado. Ou os dois. Esse primeiro toque de tempero já vai dar vida ao miojo mole. E mete a mão na massa. Tem que meter a mão, acreditar. Mexe, mexe, mexe, mexe, veeeem mexer! Porque a arte de mexer vem desde os tempos da pedra lascaaaaada! Abraço pra Jorge Ben, abraço pra Fred 04! Aperta, deixa sair o purê entre os dedos tipo pasta de dente. Coragem! Experimenta pra ver se tá precisando de sal. Se estiver, coloca. E vai apertando a fera. Vai mexendo na massa. Se tiver cebola e salsinha, pica elas do seu jeito, mas bem miúdo, e mistura também. Vai criando. O bom é que a salsa é verde e isso dá uma vida pro bolinho. Ele fica com mais aparência de comida.

Depois da massa bem homogênea e temperada, comece a fazer os bolinhos de miojo propriamente ditos. Faça bolinhas com a mão. Escolhe o tamanho. Bolinhas menores rendem mais. Bolinhas maiores ficam estranhas. Se você quiser fazer bolinho recheado, é só meter o recheio dentro do bolinho, na meiuca dele, ou fazer o bolinho em volta do recheio, que dá no mesmo.

Depois é só fritar. Mete um dedo deitado de óleo na panela que já tá bom, o bolinho não precisa nadar no óleo. Pode ser que o bolinho agarre no fundo da panela, principalmente se a tua for daquelas mais sentimentais, que se apegam às coisas e não querem largá-las de jeito nenhum. Lute contra a panela e não deixe seu bolinho pra trás. Pode ser que ele sofra algum tipo de mutilação na batalha, mas tudo bem. Luta é assim mesmo, a gente sempre perde alguma coisa. Frita tudo. Depois, se você quiser e/ou tiver em casa, pode usar um papel-toalha pra aliviar o óleo do bolinho e diminuir a pressão no seu sangue. Dá uma secada nele. Ele fica mais bonito. Se você estiver com receio de ser discriminado pelos seus amigos na hora de apresentar sua criação, troque de amigos, porque isso é um absurdo. Ou omita a origem da receita, até que o primeiro diga: "Nossa, que coisa deliciosa, o que é?" Aí você revela e choca geral. Ou, se você for da guerrilha, como eu imagino que é, e teus amigos forem aquela rapaziada nervosa pronta pra tudo, já chega anunciando logo alto: "Atenção, artistas da fome, chegou o magistral Bolinho de Miojo!". E é o que tem, cumpádi!

OVOS

O ovo é uma metáfora da vida, a metáfora do todo, o representante da sua alma, o perfeito invólucro da existência latente em tudo. O ovo em si é completo, um ser completo, uma alma completa, uma célula completa e uma refeição completa – na verdade, vários tipos de refeições completas diferentes que, por sua vez, completam você e ainda te dão chance de variar todo dia, dependendo de como você preparar. Ovo, de trás pra frente, também é ovo. Ele é, ao mesmo tempo, caminho e fim, ingrediente e receita, porta pra várias receitas em diferentes posições, samba de uma nota só, a estrela solidária, o macro e o micro, o momento em que tudo começou.

Por isso e muito mais, podemos colocar o ovo no hall dos itens INDISPENSÁVEIS na cozinha de guerrilha. Joga em qualquer posição, completa qualquer prato, salva qualquer dia, dá liga. Fiz um poema, de tanta emoção que o ovo me traz:

Da omelete à gemada,
do quindim à pincelada da empada,
ovo transforma x-salada em egg-x-salada.
Na moqueca, na pizza portuguesa, na fritada.
Cozido, fervido, estrelado, estalado, cru,
mexido, misturado, despedaçado,
sozinho, nu. O ovo é vida.
Ovo é novo.
Ovo

Gostaram do meu poeminha? *Ovo é Vida*. Se você quiser fazer uma música com esse poema, fique à vontade.

BOLOVO 50"

AUTOR: CODEWALKER_ / BELÉM DO PARÁ

Apresentação:

Um bolo muito especial. Prático para fazer sanduíches, ou comer ao natural mesmo.

Ingredientes

1 ovo; 1 xícara; 1 microondas; 1 garfo.

Modo de preparo:

Quebre o ovo dentro da xícara e em seguida, com o garfo, misture bem o ovo na xícara senão explode. Coloque no microondas por 50". Pronto! Tá feito. Se quiser uma gema mais mole, coloque menos segundos. Sirva quente. Pode colocar no pão, no prato pra acompanhar o feijão, etc...

DIFICULDADE	**MUITO FÁCIL**
PORÇÕES	**1**
HORA IDEAL	**TODA HORA, TODO DIA!**

• Comentário de Paulo de Oliveira •

Demorei mais tempo pra escrever o comentário do que pra preparar a receita do amigo Codewalker, e olha que me esforcei pra ser sucinto e veloz à altura. O **Bolovo 50”** é um *haikai* culinário, um pequeno gesto que pode salvar uma vida, porque mata a fome. É quase geração espontânea de comida, é magia, é alimento: você põe o ovo no micro-ondas e a natureza faz o resto. Aliás, cortaram a onda do micro-ondas na reforma ortográfica, e agora o certo é micro-ondas, fica a dica. Variando só na questão da potência, 50 é no micro do Code, meu micro é outro, o seu também, então pode ser 20, 40 ou 60. Verifica. Acredita! Abraço, Codewalker, lembranças em Luke Sky!

PERGUNTAS INTERATIVAS

Bolovo 50”, na sua opinião, substituiria uma gemada?

Qual foi a jogadinha do Cristóvão Colombo?

Defina codewalker:

Deixe aqui o seu haikai para o ovo:

PIRÃO COM OVO COM UMA COCA-COLA BEM GELADA

AUTOR: MARQUINHO / (NÃO DISSE DE ONDE VEIO, CLARO, SENÃO O PESSOAL ACHA)

Apresentação:

Esse prato é depois da pedra, quando você tá na madruga fumando aquela pedra e de repente começa a ficar frio porque esses meses chegou até a nevar... Daí você vai pra casa, chega em casa e fala "puts que fome do capeta o que eu vou comer?" Solução: na mesma panela de feijão que sobrou do almoço, bote um pouco d'água e ponha no fogo baixo, espere ferver... depois disso, pegue a farinha e bote ali mesmo dentro da panela, comece a mexer, desligue o fogo, frite um ovo e ponha 2 fatias daqueles queijos que custa 30 reais o quilo, deixe ele derreter na panela... pegue o ovo e ponha dentro... depois disso, tire do freezer uma Coca-Cola bem gelada para acompanhar com o pirão.

OBS: na primeira colherada sua larica já vai embora.

Ingredientes:

Feijão (do almoço); meia xícara de farinha de mandioca; 1 ou 2 ovos, dependendo de sua larica; 2 fatias de queijo (que custa 30 pila).

Modo de preparo:

já falei lá em cima como fazer.

DIFICULDADE	**FÁCIL**
PORÇÕES	**(O AMIGO NÃO SOUBE MEDIR)**
HORA IDEAL	**DEPOIS DE FUMAR UMA PEDRA**

• Comentário de Paulo de Oliveira •

Marquinho, cuidado com isso, hein? Enlouqueça, mas não morra. Bom, foi só um toque, vamos nessa, passarinho que fuma pedra sabe o pirão que tem. Esta receita é muito útil, porque quase sempre sobra na geladeira um arroz de antes de anteontem ou aquele feijãozinho raspa de panela, marotossauro. O destaque foi o mérito de usar ingredientes básicos da cozinha guerrilheira. A solução com ovo e farinha ajuda na simplicidade e eficácia do prato e mostra que você dá uma importância fundamental ao quesito sustância, que na madruga é o que realmente interessa. Porra, olha a potência da jogada: uma colherada e a larica se esvai. Cheguei até a duvidar, mas fiz o teste e compreendi a força do teu **Pirão com Ovo com uma Coca-Cola Bem Gelada**. E a necessidade da Coca-Cola como acompanhamento, trincando de tão gelada, gelada pra caralho, do jeito que dói a garganta, pra ela vir de Roto Rooter e descer lavando tudo como naquelas enchentes que vêm e destroem as cidadezinhas inteiras. Marquinho, segura a pedra. Enlouqueça, mas não morra.

PERGUNTAS INTERATIVAS

Nota de 1 a 5 para o quesito satisfação garantida:

____

____

____

____

____

Não tem queijo de 30 reais, mas tem...

____

____

____

____

____

OVO COM SHOYU

AUTOR: BAYTTA / MOGI DAS CRUZES (SP)

Apresentação:

Ele é um prato meio oriental meio ocidental, porque pode ser feito de maneira adocicada (colocando um pouco de açúcar) ou só o shoyu, que fica um pouco salgado, mas é um prato rápido, digestivo e fácil de fazer, meu sobrinho de 11 anos faz sempre, é uma receita da madrugadona, enche e faz bem.

Ingredientes:

4 ovos, açúcar (um pouco), meia cebola picada (pedaços pequenos), óleo, shoyu, uma frigideira Teflon, se não tiver pode ser qualquer uma.

Modo de preparo:

Bata os ovos, junte a cebola e o açúcar (a medida é uma colher de chá, mas pode ser a gosto, tem gente que gosta mais adocicado), coloque o shoyu com cuidado senão você estraga tudo (ele pode ficar muito salgado), misture bem todos ingredientes e coloque na frigideira com pouco óleo (se for teflon), espere descolar embaixo, aí você vira com cuidado, depois é só mandar ver, se quiser pode ser colocado no meio do pão, o pão pode ser "dormido", aí ele agarra melhor o omeletão.

DIFICULDADE	**FÁCIL**
PORÇÕES	**2**
HORA IDEAL	**MADRUGADONA**

• Comentário de Paulo de Oliveira •

Baita ideia a sua, Baytta. Teu sobrinho de 11 anos deve estar amarradão. Pra mim, tudo que mistura ocidente com oriente é sublime. Ovo com shoyu, nome quase que autoexplicativo pra quem já tem o mínimo de conhecimento. O shoyu sempre pode dominar tudo, todo mundo já sabe disso, mas tem quem goste de se entregar a uma dominação, a gente também tá careca de saber isso. Mas eu preferi colocar um açucarzinho pra relaxar na marmota, teu sobrinho também deve ser dessa linha, eu suponho. Omeletes de responsa como esse ainda são o grande babado pros lariqueiros de bolso estreito que demandam muita proteína, como eu. Valeu, guerrilheiro, salve o shoyu e salve os ovos!

PERGUNTAS INTERATIVAS

Quantas vezes o shoyu fudeu seu prato?

Pensou em se entregar a uma dominação?

Já errou também no açúcar? Ovo com açúcar pode fazer muito mal?

Conhece alguém menor de 18 anos que gostou desse prato?

A MOQUECA DE OVO

AUTOR: PAULO DE OLIVEIRA / RIO DE JANEIRO (RJ)

Apresentação:

Esta receita maravilhosa da Moqueca de Ovo eu aprendi com o grande Baba Rasta Gúru de Dom Lobo, mas conhecido como Lobo, baiano que torce pro Vitória, meu mestre na arte da improvisação zen-regionalista. Eu tava deprimido, tinha sido derrotado numa partida de financiamento do Estado, 3 a 0 comissão — sem nada consta, com a certidão positiva de débito, uma ficha reconhecida fácil na praça, um cheque espacial na dívida astronômica. Enfim, afundou o barco. Mas, claro, como robalo não morre afogado, meti no crawl pro raso e sacudi na arrebentação. Des-deprimido, decidi deixar o desabafo pra de noite e parti pra matar a fome da tarde. Fiquei com essa ideia fixa na moqueca, mas, sem a grana do peixe, parti pra versatilidade da receita que aprendi com Rasta Gúru de Dom Lobo, a maravilhosa Moqueca de Ovo!

Porque peixe é barato pra quem sabe pescar, pra quem só sabe comprar, como eu, é caro. E produto caro, lá em casa, é raro. Peixe, portanto, está em falta na minha despensa. E moqueca nada mais é que uma cama de cebola, tomate e coentro para você deitar o que quiser. Dá pra fazer moqueca de tudo. A de ovo é com ovo, a de peixe é com peixe, a de ostra é com ostra, e por aí vai. Não tem mistério.

Ingredientes:

A receita original de Baba Gúru de Dom Lobo é baiana, e por conseguinte leva azeite de dendê e leite de coco, mas tá difícil, então eu adaptei pra capixaba, que é tão gostosa quanto e leva menos coisa. Ou seja, cabe melhor em mim, se adapta ao meu estilo de vida.

2 cebolas: fruto da terra. Você conhece. Você confia.

3 tomates: fruta salgada. Coisa divina. Barata e vermelha.

1 (ramo, molho, maço, punhado, montinho) de coentro: o resumo do mar.

2 a 3 ovos: de galinha, de pata, de ganso ou de marreca. Se for de avestruz, um ovo só já dá. Se os ovos forem de cordona, tem que ser uns 10.

1 fio de azeite: pra deslizar o creme.

1 cabeça[*5] de alho: atrapalhar não vai.

Modo de preparo:

Como tudo na vida culinárica, comece cortando os ingredientes. E como cozinha é treino, e você já sabe disso, parta pro treino do corte da cebola e das outras coisas. Corte tudo. A cebola e o tomate tu vai cortar em rodelas. Tá na dúvida? Observe a cebola e observe o tomate e busque mentalmente a posição do corte, que vai te dar como resultado uma forma mais rodela. E cuidado com as micropartículas da cebola, elas te atacam e você não deve lutar contra, né? Deixa, aceita, aproveita e chora aquelas mágoas antigas, se elas vierem, vai, chora, chora sem medo, vai, vai e aproveita a química da cebola pro teu emocional.

Depois corte o coentro. Cortar coentro é igual cortar qualquer coisa. Deve, óbvio, ter um jeito de cortar o coentro que é melhor do que todos os outros jeitos, mas como nem eu, nem você estamos disputando nenhum campeonato de corte de coentro, você pode cortar do jeito que quiser. Repare que o coentro é muito parecido com a salsa, assim no visual verde e na forma geral. Se informe, para na hora do mercado não levar salsa por coentro ou vice-versa, caso você esteja fazendo outra receita.

O ideal pra se fazer a moqueca de ovo ou de peixe é a famosa panela de barro, mas como eu não tenho nem cinzeiro de barro, eu vou na famosa, fabulosa e insuperável Panela Preta, a panela usada, velha, gasta e com sabor de história! Use a sua.

Depois do corte das coisas, prepare o estrado da cama da moqueca, onde o ovo vai deitar esparramando. Cama king size. Soque um alho no fundo da panela ou jogue ele picadinho, sem machucar. Cada um no seu estilo. Depois manda um fio de azeite, acende um fogo baixo e dá uma corada na fera. Só um bronze. Desliga o fogo. Isso é importante. Deu a chamuscada no mosquito? Apaga o fogo pra montar o resto da cama. E vá botando os ingredientes pra fazer o colchão. Alternando, rodelas de cebola, pli, pli, pli, depois rodelas de tomate, pli, pli, pli, depois rodelas de cebola, pli, pli, pli, depois rodelas de tomate, pli,

5 Se você gosta de alho, aproveite o milagre da multiplicação. No preparo era um dente, agora uma cabeça. De alho, atenção.

pli, plei. Aí joga um coentrinho nas brechas, só a folhinha, vai lascando e vai jogando. Não exagera no coentro que ele domina a terra. É muito poderoso. Bota só uma brisa. E depois dá aquele detalhe do sal, nosso amigo. Por cima, um salzinho, um blá-blá-blá.

Depois você vai acender o fogo bem baixinho, colocar a tampa na panela e esperar. Você vai reparar que a sua moqueca vai começar a chorar. E é tão bonito esse momento, que, se você estiver sensível, é capaz de chorar de novo. Porque chorar é uma capacidade, antes de tudo. E tristeza todo mundo tem alguma. Admite!

Depois do choro brotando água, que dura uns belos 10 minutos, eu geralmente dou uma completada com molho de tomate. Só pra dar aquela consistência. E eu tinha molho em casa, por que não usar? Completa lá em cima na lista dos ingredientes. Não é muito molho, é só um chuá mais caprichado. Isso vai aumentar o volume de sua moqueca, o que é muito bom.

Depois é só manter o fogo baixo por mais alguns minutos pro molho se enturmar com seus companheiros de luta. E aí é a hora do fabuloso ingrediente mágico – o ovo – entrar. E para o ovo entrar bonito tem que ficar prestando atenção em duas coisas. A primeira é saber se o ovo está bom. Se você tiver algum equipamento de tomografia ou de raios X, pra saber se o ovo tá bom antes de você quebrar, você usa. Se não tiver nenhum equipamento de ultrassom ou técnica caseira, quebre o ovo num copo, numa vasilha, sei lá, em algum lugar que não seja dentro da sua moqueca. Porque um ovo estragar, ok, mas um ovo estragar sua comida, não. Aí não. E tem técnica pra quebrar o ovo sem quebrar a gema, porque moqueca de ovo bonita é aquela com a gema inteira. Mas eu não sei exatamente qual é essa técnica – ou melhor, eu não domino muito precisamente essa técnica, seja ela qual for, isso eu garanto –, então não posso falar sobre o assunto. Vamos criar. E se uma gema arrebentar também, arrebentou. Aqui é *Larica Total*, a culinária da verdade, a cozinha da cicatriz. O importante é se alimentar. Daí em diante é deixar o ovo dar uma cozida na panela e pronto. Enquanto isso, esquenta um arroz infalível no micro-ondas pra adiantar o tempo. Desliga o fogo e sirva-se de uma bela porção maravilhosa de Moqueca de Ovo. Cate um garfo e uma faca e agradeça se acaso tiver alguém que você gostaria que estivesse sempre com você, e vai ser feliz por ter o que comer. Não tenha medo de não dar certo na vida, nem de ser incompreendido, faça tudo com amor, com vontade e por você e pelos seus companheiros de guerrilha. Um dia o dinheiro vai acabar, festa de mil dias, mas enquanto isso não vem, vamos lutar sem perder a fé, sem perder o caráter e sem esquecer que dividir é multiplicar.

PLIM

SANDUBECKS

Pergunta: o sanduba realmente nasceu pro carteado poder rolar solto sem parar ou não tem nada a ver? Diz a lenda que sim, mas diz a lenda também que na verdade foi o sushi quem nasceu em função do carteado. Ahm? Mas que porra de lenda dúbia... Será que ambos nasceram pra esse vício safado do baralho poder prosperar, cada um vindo de um canto do globo pra sanar o mesmo problema de sujar as mãos (e consequentemente as cartas), que de tempos em tempos conduziam alimento à boca dos jogadores nos momentos de "ninguém sai, ninguém sai"?

Não importa; o que importa mesmo é que o sanduba existe. É sem sombra de dúvidas o precursor de todos os fast foods mundiais e ainda conta com esse atributo maravilhoso de liberar uma das mãos pra você poder fazer o que quiser, neném, seja segurar cartas, acariciar a vovó, contar dinheiro, soltar uma pipa pesada ou mesmo apertar um cigarro (apesar de ser difícil pra caralho apertar um cigarro com uma mão só, embora meu amigo Josefredo, "O Incongruente", consiga).

Um sanduíche tem que necessariamente estar entre dois pães. Estar envolto em pão é pré-requisito. Em cima e embaixo. Ou de um lado e de outro, dependendo do ponto de vista. Mas enrolado não conta, enrolado é rocambole, sei lá.

O HAMBÚRGUER VOCÊ!

AUTOR: PAULO DE OLIVEIRA / RIO DE JANEIRO (RJ)

Apresentação:

Um dia desses estava eu na batalha quente do centro da cidade, valorizando cada centavo da minha única nota de 10, aquela que tem que ir e voltar e ainda comprar a janta, quando me vi pensando no almoço às seis da tarde. Fome de leão magro partindo pruma parada só na corrida do dia, passei na frente daquela rede de fast-food-mundial-resistente-do-palhacinho e fiquei meio bobo: 35 reais num hambúrguer?! Tem que estar maluco. E tem que ter 35 reais também se quiser comprar e eu só tinha 10. Trinta e cinco reais só se fosse um combo de feijoada completa pra quatro, com uma cervejinha pra abrir e uma cachacinha pra fechar. Estava fraco, mas fui forte, resisti, não caí na tentação nem de uma batata e passei direto pelo palhacinho. Mas essa coisa do hambúrguer fica, né? O HAMBÚRGUER. Essa coisa fica na cabeça e não sai. O HAMBÚRGUER. O hambúrguer está no nosso inconsciente e eles usam isso! O HAMBÚRGUER. E funciona, tanto que eu fiquei com isso na cabeça. Na frente do supermercado, avistei o verdadeiro herói do Brasil: o locutor das promoções. Esse salva todo dia: Ariel, o anjo locutor que derruba qualquer preço e levanta qualquer um. E ele é meu amigo, o que faz toda a diferença. Resgatei na mente a receita de um hambúrguer caseiro e parti pra missão do Hambúrguer Você. Entrei no supermercado, já fazendo aquele alongamento, com sapatinho deslizante. Encostei no Ariel, meu camarada – dica importante: fique amigo das pessoas –, e passei pra ele, na discreta, a lista da receita. "A carne vai ser foda", sentenciou Ariel. "Deixa por último", tranquilizei ele. E ele disparou de prima: "O alho[6] caiu, minha gente, caiu! Meu Deus! Que preço é esse do alho?!" E eu parti que nem uma flecha escarlate, como se não

6 A receita não tem alho. Qualquer sequela similar é mera coincidência.

houvesse amanhã, atrás do alho caído. E é complicado, esse pessoal do supermercado muda tudo de lugar, pra confundir mesmo. Tem que ir no feeling. E tem que ser rápido. E Ariel é poeta: "O gerente tá passando mal, minha gente, a mostarda tá menos de 1 real!!!". Mostarda neles. Na volta, catei o molho inglês, um e cinquenta pra vocês. Ariel cantando, eu marcando. Dica 2: use o seu supermercado como academia, funciona. Meu joelho estourando, meu pulmão colando, suor escorrendo, falta a carne. "Agora a carne moída tá demais, gente, 1 minuto para a carne moída, quem pegar, pegou, preço incrível!!" Nessa eu tava lá nas verduras, recolhendo a cebola[7], quando ouvi o chamado. Vim na diagonal aberta, na pernada longa de Joaquim Cruz 1984, pegando aquela fresca na prateleira de laticínios e voei, literalmente, nas carnes moídas. 8 reais. Bingo! Derrubei um creme de leite, mas consegui todos os ingredientes do Hambúrguer Você, o verdadeiro guerreiro. Ariel, Ucla, obrigado. Segue a lista, povo, do Hambúrguer Você!

Ingredientes:

Sal: comecei fácil, pra animar você. Sal tem que ter em casa! Sempre, sempre, sempre, pro resto da sua vida, o sal.

Molho inglês, pimenta-do-reino, ketchup e mostarda: o coquetel de emoções de uma geladeira de guerrilha. Não importa o recipiente dos produtos, pode ser bisnaga, sachê, bacia, mas tem que ter. Pelo menos um dos quatro. Porque se tiver todo mundo, é show. Se tiver só um, é pocket show. O importante é a música.

Maionese: polêmica, cuidado com ela, ainda mais no verão. Avalie.

Carne moída: essa é foda. Tem que estar brilhando na promoção do dia. Senão complica. E tem que estar moída, senão dá mais trabalho. Mas não vale aquela pálida, arrasada e abandonada no frio das estepes. Escolhe uma pecinha melhor, inteira, procure no encarte, depois pede pro seu brother do balcão moer ela na hora pra você. Assim ela vai ficar vivinha do América, três chapéus e gol, vermelhinha, suculenta, delícia. E faça amizades em todas as seções do supermercado. Aproveita. A quantidade é a seguinte: 1 kg de carne moída dá pra quatro belos hambúrgueres de 250 g, que é muito maior do que o que você vê por aí na lanchonete do Bozo amarelo. Pra quem não conhece preço de carne, vai de picanha e/ou contrafilé, e cuidado pra não se assustar na hora do caixa. Pra quem conhece preço de carne, e sente isso na lisa pele do bolso, pode ir no patinho ou no chã, que quase sempre um dos dois tá na promoção. O lagarto é outra história.

7 Ver nota anterior e trocar "alho" por "cebola".

Modo de preparo:

"Temperar e unir", esse é o lema do hambúrguer mundial. Unir a carne moída num formato de hambúrguer e dar uma temperada nela pra ficar gostosa. Porque carne na chapa sem tempero é cadáver, carne temperada na chapa é comida. Exemplo mórbido? Foi mal. E carne moída separada é carne moída, carne moída junta é hambúrguer. Filosofei legal? Foi bem.

Existem 734 técnicas pra você unir uma carne moída de maneira que ela aceite isso e permaneça unida quando for pro fogo. 99% dessas técnicas passam por colocar algum outro ingrediente gosmento ou agregador na carne moída, pra ela ficar unida. Ovo, pão, farinha de trigo, e por aí vai. Um dia, um amigo meu meteu aveia pra unir a carne, mas sei lá, mesmo eu, que não corro de alimento, achei estranho. Deu uma confundida, um cheiro forte, não sei, naturalizou a carne. Enfim, como eu não sei qual ingrediente extra e gosmento te sugerir, eu não vou dizer. Até porque seria um ingrediente extra, e um ingrediente extra é mais um ingrediente. Portanto, eu vou na técnica mais barata que tem, que é a técnica da termodinâmica. Técnica ensinada por meu amigo chef Mariozinho Richards. É o seguinte: tu pega a metade da tua carne moída e bota na geladeira, uma hora antes de você usar. A outra metade tu deixa fora da geladeira, na temperatura ambiente, que aqui no Rio de Janeiro quase sempre é quente. Cuidado pra não sequelar e esquecer de fazer o hambúrguer, porque você vai perder a metade da carne moída que ficou fora da geladeira. Na hora que você for fazer o hambúrguer, a diferença de temperatura entre a metade que ficou na geladeira (FRIA) e a metade que ficou fora da geladeira (QUENTE) vai unir as duas partes numa coisa louca, que elas não vão se separar mais. Lindo, né? Acredite, mas verifique. Coloque as duas metades da carne moída, a quente e a fria, na mesma vasilha, e toca na comida. Mete a mão na carne. E mexe. Mexer na carne moída é uma delícia. Depois vem temperando à la vonté demais. Tu vem livre. Sal, pimenta-do-reino, molho inglês, catchup, mostarda. Vem botando de pouquinho, devagarzinho, e vai experimentando. Micropedacinhos de carne crua não matam ninguém, vai jogando e vai sentindo. Temperou legal? Chegou no gostinho do condimento? Aí você divide a carne temperada em quatro, pega uma das partes e pousa na sua mão. Agora vai pra modelagem da peça. Jardim II, infância, argila. Vai fazer uma coisa parecida com um hambúrguer, só que maior, né? Mais roots. É o Hambúrguer Você, não é hambúrguer do palhacinho. Mas esteja livre, crie um formato de hambúrguer que seja a sua cara. Acabou de moldar um e ficou legal? Aplica no resto. Se não, vai aprimorando. Tudo pronto? Vamos assar. Se tiver

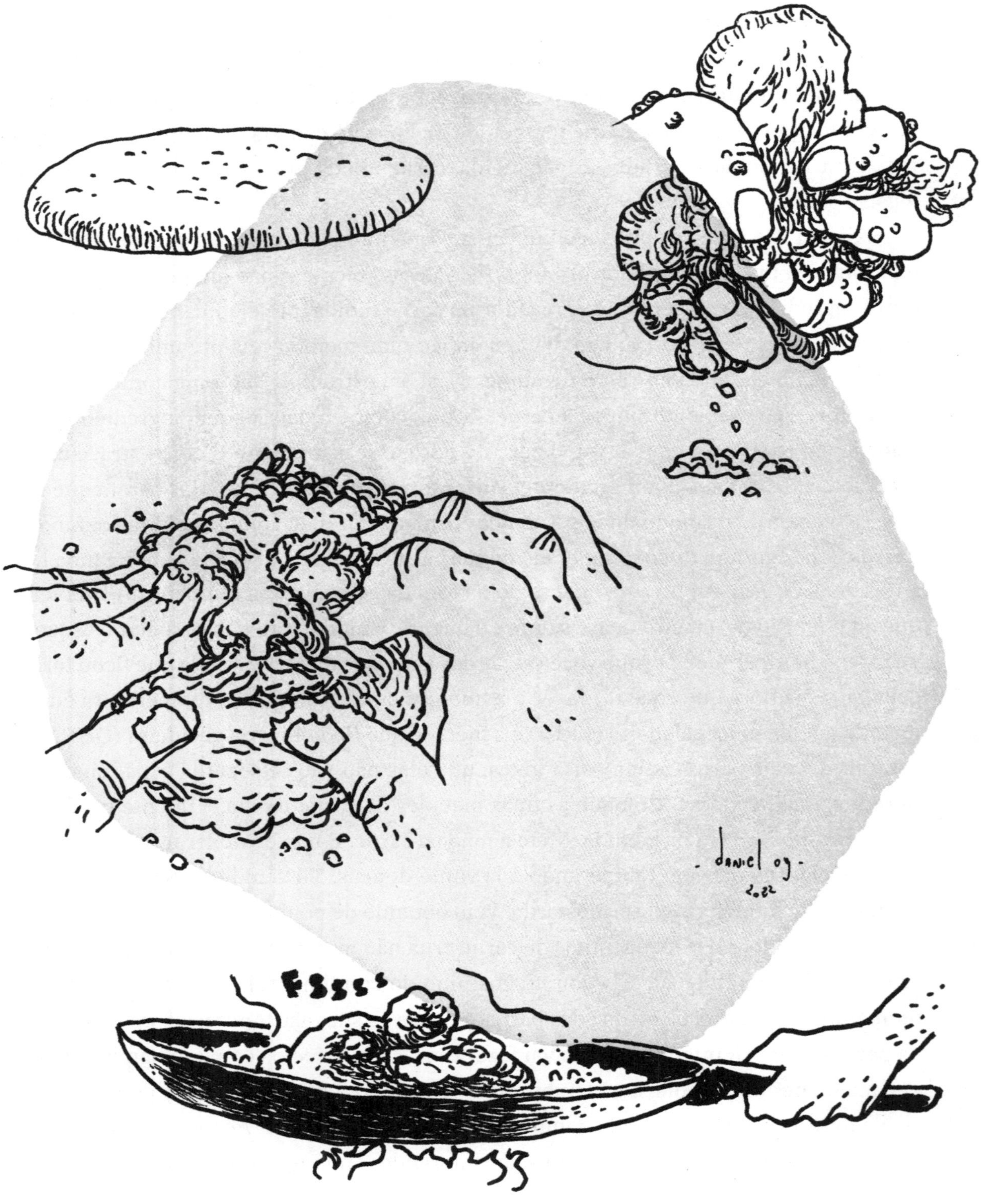
FSsss
daniel og
2022

SHCKIMBLAU!

uma churrasqueira no carvão, pessoas em volta e tal, vai fazer bonito. Porque hambúrguer caseiro grelhado na brasa é lindo demais. Só precisa de uma grelha, que no espeto vai dar vexame. Se não tiver churrasqueira, ou não tiver tempo, ou saco, ou saco de carvão pra acender uma churrasqueira, vai na frigideira mesmo, chapa quente. Faz fumaça, levanta gordura, mas fica gostoso e vale a pena. É colesterol, mas é nosso. Uma frigideira e cinco fios de óleo. Deixa ficar bem quente. E joga a carne nesse óleo dos infernos. Deixa lá, fazendo barulho.

Consegue fazer duas coisas ao mesmo tempo? Se conseguir, continua, senão pula e volta aqui só quando o hambúrguer estiver pronto. Tem pão em casa? Vai buscar. O ideal é aquele pãozinho careca de hambúrguer, mas o ideal é um ideal e um ideal nem sempre existe. Enfim. Vai com o que tem. Pega o pão que tiver e esquenta numa chapa, que pode ser outra frigideira ou qualquer pedaço de metal compatível que você tenha por aí. Isso vai dar aquele clima de x-tudo de praça, que agrega uma memória coletiva ao seu prato. A carne nesse momento vai estar gritando, aí você caminha em direção a ela e salva a criança. Vira do outro lado pra que o outro lado grite também. Cuidado com o timing, hein?! Você vai ter que repetir a mesma coisa com o pão, mas ele grita mais rápido. E se queimar um dos dois, já viu. Mas se queimar, não abandone, não se desespere e dê uma retrabalhada na peça. Descasca, recorta fora o queimado, afina, aproveita o que der. Ficou tudo pronto? Senta o hambúrguer no pão e deixa ele lá um pouquinho, relaxando. Enquanto isso, você escolhe os complementos que você quer, ou os que você tem em casa, pra completar o sanduba. Alface pra dar uma cor, aquele croque verde e tomatinho cortado em fatias pra molhar o pão, lambuzar a mão e escorrer pelo braço aquele caldo, depois tu se lambe até os cotovelos. Tá em casa, tá na tua. Por fora: catchup e mostarda, pra marcar o território, e maionese, se você for de maionese, que é aquele risco. E fecha o hambúrguer. Vê se cabe na boca, senão esmaga ele na espátula. Cuidado para os ingredientes do meio não saltarem na esmagada, ok? Senão vira palhaçada. Tem que ficar atento. E se quiser meter um combo pra esculhambar de vez o palhaço, mete umas batatinhas shekimblau, na página 34, e um refrigerante cola qualquer um, oferecimento especial de Geninho, o Amoral.

Agora concentra, respira uma profundidade, abra a boca de jacaré, bocão gigante e NHAC, morde o bebê. E viva o Hambúrguer Você, o resgate mundial da dignidade intercontinental do faça você mesmo assim.

SANDUÍCHE DE MILHO-VERDE

AUTOR: VODSKAMAN / FORTALEZA (CE)

Apresentação:

Saca aquele filme FODA? Onde o cara volta sem nada e mata todo mundo, estilo MacGyver (Magaiver), mas melhor? É esse sanduba! Esse sanduba é TOP VIP GOLD PLUS EXTRA POWER GTI, que mata a fome e tem alguns coadjuvantes que fazem a diferença.

Ingredientes:

1 pão (francês, bola, árabe, baguete, ciabata ou 2 fatias de pão de forma); 2 fatias de presunto ou peito de peru ou mortadela; 2 fatias de queijo mussarela ou prato ou brie ou gorgonzola; 1 colher de sopa de requeijão; 1 colher de sopa de patê de atum; 1 colher de sopa de maionese; 1 colher de sopa de ketchup; 1 colher de sopa de mostarda; 1 colher de sopa de milho-verde (daqueles de lata).

Modo de preparo:

Siga atentamente as instruções:

1. Abra o pão;

2. Coloque os ingredientes nesta sequência: requeijão; ketchup; maionese; mostarda; patê de atum; queijo; presunto;

3. Se sobrar espaço, o milho-verde (1 colher de sopa rende 2 porções).

DIFICULDADE	**MAIS OU MENOS**
PORÇÕES	**1**
HORA IDEAL	**NA MADRUGA, ASSISTINDO A FILMES CLÁSSICOS E CULTS**

• Comentário de Paulo de Oliveira •

Meu querido amigo VodSka, você é TOP VIP GOLD PLUS EXTRA POWER GTI! Sanduíche não tem erro, não tem bronca, e o que é seu, menos ainda. Já reparou que o sanduba é geralmente o primeiro artefato culinárico da cozinha adolescente? É fácil, é divertido, é rápido, é democrático, é possível, e ainda é uma oportunidade pra criar em grupo, uma coisa muito nossa, mas que naquele tempo você não tinha muita oportunidade de fazer. Aqui em casa eu chamo esse estilo de Mixxto Frio Restôdetotalflex e aproveito sempre pra fazer a limpa naqueles restos de geladeira semiquase nua. A máxima: pra beber, água; pra comer, gelo... mas não! Tem qualquer coisa escondida em algum lugar, sempre tem pra quem tem fé e visão de jogo, tem que saber procurar. Quanto ao sanduba, a única diferença é que minha sequência é meio aleatória, e geralmente eu não sigo atentamente as instruções, o que traz sempre uma emoção extra ao prato, assim como pra tudo mais, e você sabe, eu gosto muito de emoção. Aliás, guerreiro, apesar de você ter se distraído na emoção urgente da tua fome e ter quase inviabilizado o espaço destinado ao seu ingrediente principal, dando linha na ambição dos coadjuvantes, gostei muito de você ter dado um carinho especial ao milho-verde, esse injustiçado sempre coadjuvando em laricas estrambólicas. O milho-verde pouco a pouco vem conquistando seu espaço, chegando de mansinho nos cachorros-quentes das grandes metrópoles, fazendo bela dupla com a batata palha, e agora começa a invadir domicílios mais apertados, geralmente conjugados ou quarto e sala. Agora, arrebanha fãs madrugada afora, sempre abrilhantando pratos estranhos e soluções simples com sua milhesa, com sua verdura. Obrigado, camarada VodSkaMan! Vou tomar uma vodca e vou dançar um ska em tua homenagem, man!

PERGUNTAS INTERATIVAS

Quantas vodcas você acha que VodSkaMan tomou antes de ganhar esse S pra dançar ska?

Defina MacGyver:

Relacione "filmes foda onde o cara volta sem nada e mata todo mundo" à essa receita e à tua vida, ao que pode estar faltando nela.

Trace um gráfico da sua evolução nos sanduíches desde o tempo em que você era adolescente. Se ainda for adolescente, pule essa pergunta e evolua primeiro.

(espaço reservado pro seu gráfico)

SANDUBA EXOCET

AUTOR: JOÃO ALIANO / RIO DE JANEIRO (RJ)

Apresentação:

A minha larica é em homenagem ao quartel-general, abrigo e berço de todas as laricas: o Gordon's do Baixo Leblon. =) Sanduíche e crepes, shakes e sundaes faziam a festa dos malucos nos anos 80. Todas as noites, até às três da manhã! O sanduíche-mor, larica de todas as laricas, era um x-tudo esperto, com molho especial, chamado submarino. Minha versão do dito eu chamo de "exocet", um torpedo de sabores no coração do desejo.

Ingredientes:

Pão de hambúrguer, mas qualquer pão serve; creme (maionese, iogurte, feijão, qualquer substância comestível e cremosa disponível); ingrediente secreto e indispensável, o CURRY; catadão da geleba: queijo, azeitona, verduras, cebola, cenoura ralada, batatinha etc, etc.

Modo de preparo:

Molho: coloque uma colher de chá de curry em meia xícara de "creme", misture bem e junte um fio de óleo ou azeite. Coloque o sanduíche sem o molho e os verdes no forno alto por 5 minutos. Ao retirar do forno, acrescente os verdes e uma colherada do molho curry espalhado na face interna do pão.

DIFICULDADE	**FÁCIL**
PORÇÕES	**1**
HORA IDEAL	**PARA APRECIAR DE MADRUGADA AO SOM DE "SUBPRODUTO DO ROCK", DO BARÃO VERMELHO**

• Comentário de Paulo de Oliveira •

Esse é o verdadeiro CURRY com pescaria de geladeira! A Geleba! Ou a Geléda! Guerrilheiro João, devemos ter nos cruzado ali no Gordon's do Baixo Leblon, pois eu também frequentava aquele canguru! Frequentava mesmo, cumpádi! Eu lembro desse x-tudo. Lá na Francisco Sá, em Copacabana, também tinha um boteco que vendia um que era o único que rivalizava com o do Gordon's, era bom pacas! E, claro, o crepe do Gordon's era a vanguarda da larica dos 80, incomparável. Você entrava naquela lanchonete e todo mundo, mas todo mundo mesmo, tinha os olhos vermelhos, até Matusalém, o veterano tetracampeão da chapa! E a maravilha da década de 80: quase não tinha blitz! Todo mundo numa nice. Violãozinho na rampa de voo livre e depois ou descia pra comprar mais batida no Oswaldo e emendava com a garrafa pro Shalimar ou qualquer um daqueles do Baixo Barra; ou descia direto pro Gordon's pra encontrar o restante da Zumbilândia! Isso é história, isso é arqueologia do underground carioca! A tua receita, apesar da adaptação veggie, que não me engana, é aquela parada: antes de mandar, passa na farmácia e compra um sonrisalzinho pra depois dormir neném, porque nós não estamos mais nos 80, não se esqueça disso! Abraço!

PERGUNTAS INTERATIVAS

Qual a arqueologia do teu underground?

____

____

Você curte um sanduba-vegano ou é daqueles que, se não tiver carne, não vale nada, não conta como refeição?

____

____

Qual teu creme?

____

____

Resultado do catadão da geleba:

____

Outras maravilhas da década de 80. Qual é o seu maior rival? Fale sobre ele:

____

____

PÃO COM EMPADA

AUTOR: ZEZO OLIMPIO / RIO DE JANEIRO (RJ)

Apresentação:

O VERDADEIRO bate-e-entope do fim de night. Esse espetacular engodo da volta da noitada não tem contraindicações e acaba (na hora) com qualquer larica que você possa ter. E ainda: por ser altamente massudo e com um baixíssimo teor de liquidez, essa esponja gastronômica "chupa" o álcool já no seu sistema, diminuindo consideravelmente a possibilidade de refluxo (ao persistirem os sintomas, favor consultar um médico).

Ingredientes:

1 pão francês; 2 a 3 empadas pequenas ou 1 empada grande (melhores sabores são: frango, camarão ou palmito — queijo também é possível, com um pouco mais de boa vontade); margarina a gosto (pra lubrificar).

Modo de preparo:

Abra o pão francês, retire o miolo e besunte de margarina. Acomode as empadas previamente escolhidas na concavidade do pão e leve ao micro-ondas por 40 segundos. Sim, o pão fica murcho — mas essa é justamente a textura que estamos buscando. Não possui empadas suficientes do mesmo sabor? Não tem problema, seja criativo e faça um meio a meio... que delícia!

DIFICULDADE	**MUITO FÁCIL**
PORÇÕES	**1**
HORA IDEAL	**DEPOIS DO GORÓ**

• Comentário de Paulo de Oliveira •

Receitinha BOB ESPONJA, meu querido Zezo! Achei uma verdadeira pérola sobrevivenciológica! Que isso, sunnybrownyboy! Vou fazer hoje à noite! Essa busca pela murchidez é experiência inusitada, coisa de gente que não tem medo, de gente que aprova a loucura da necessidade do momento. E empada é aquela coisa maravilhosa que alguém inventou num momento de deleite puro, mas também, agora certamente você me elucidou, na demanda de enxugar do astral o excesso de goró. Não tinha me ligado ainda nessa dupla identidade da empada. E a tua receita é simples feito a porra, e com todo esse viés curativo. Me lembrou até aquele comercial do famigerado refrigerante Teen, lembra? O cara andando pelo deserto, a boca seca cheia de pó da estrada, quando ele adentra uma birosca western e pede irresponsavelmente ao solitário dono do bar aquele amendoim torrado. A aridez nos lábios, o amendoim salgadaço, o carinha derretendo e de repente ele saca da bolsa de couro lotada de gelo (loucura demente de publicitário) uma lata geladinha de Teen. O oposto do princípio do teu **Pão com Empada**: numa situação o cara tá procurando o clima perfeito pra tomar o refri redentor, no outro, ele tá buscando a redenção pro excesso de água. Se sacasse da bolsa um sanduba desses, o carinha empacotava na hora, murchinho que nem o pão deve estar! Te vejo no deserto, meu garoto. Sem miragem.

PERGUNTAS INTERATIVAS

Sentiu a força de absorção do Pão com Empada?

Você usaria o Pão com Empada numa peça publicitária? Pra vender o quê?

Qual a dobradura que você usou no pão pra conter a empada? Dobradura simples ou dobradura puxada com vinco de balão? Não conhecia essa? Se informe!

MISTO-QUENTE GRATINADO

AUTOR: PAULO DE OLIVEIRA / RIO DE JANEIRO (RJ)

Apresentação:

Esta receita nasceu tão antes de mim que eu não sei onde foi, nem quando, nem quem. Só sei que eu sei e agora você saberá. Eu aprendi essa receita no contato sempre muito prazeroso com o meu amigo chef, vizinho do 603, Mariozinho Richard, o puro. Peça rara, integrante tombado pelo Patrimônio Histórico, Artístico, Folclórico e Cultural do meu prédio. Na França, segundo ele, esse prato se chama Croc Mon Seigneur, acredito que pela crocância do seu resultado, que é bem croc. E esse croc no misto-quente da França é obtido na magia da incrível, espetacular e sensacional arte de GRATINAR alguma coisa! Esse é o truque. Gratinar é uma experiência bronzeada, que leva no colo qualquer comida para o patamar de cima. Só que gratinar leva tempo, isso é que mata. E mata de fome. Mas como tudo tem seu lado bom, a larica também tem, que é valorizar qualquer comida. Pensou em gratinar alguma coisa? Vai gastar mais tempo pra fazer, mas em compensação vai ficar com mais fome e o prato vai ficar mais gostoso. E é fácil gratinar, não tem como dar errado. Na verdade, tem como dar errado sim, mas não pensa nisso. E você pode gratinar qualquer coisa, pensa isso!

Ingredientes:

Pão: qualquer pão que possa ser dividido em duas partes pra colocar o recheio no meio. Os pães da família dos pães de forma já vêm separados, o que é um benefício dessa família. Nesse caso, você pega duas fatias, em vez de tentar cortar uma fatia no meio, que seria uma coisa louca de fina e esculhambada. Os outros tipos de pão, aqueles que são uma unidade inteira, como por exemplo o pão francês, bisnaga e tal, esses você vai ter que cortar no meio, ou com a faca, ou com a mão, ou com uma régua, enfim. Dá teu jeito.

Creme de leite: malha, malha pra poder se drogar com creme de leite.

Queijo e presunto: a dupla de ataque de qualquer cozinha de guerrilha de qualquer parte do planeta. Bebeto e Romário, Careca e Müller, Assis e Washington. No time do misto-quente, tem que escalar os dois, sempre.

Queijo ralado: pra gratinar a fera. É fundamental e encarece o prato se o queijo for de grife. Aceita isso, ou rala qualquer queijo.

Forno: coloquei o papai forno como ingrediente, porque sem um forno você não tem como gratinar nada. Então é um ingrediente. E é um ingrediente importante. Agora, serve qualquer forno também. Serve forno a gás, serve forno elétrico, serve forno à lenha, forno a carvão, forno nuclear, sauna seca, enfim, tem que ter a capacidade de esquentar alguma coisa com o calor em volta, encapsulado em alguma espécie de armário térmico, ou seja, tem que ser um forno. O forno de micro-ondas eu não sei se funciona, talvez aqueles que têm a função de gratinar. O meu é do modelo mais barato, que só tem função de ligar e a função de abrir, que automaticamente faz ele desligar. E marca o tempo no olho, porque se for confiar no que diz o visor é Chernobil, então não me sinto à vontade pra opinar sobre esse assunto. Você avalie aí seu micro-ondas. De qualquer forma, o forno, seja ele qual for, tem que estar funcionando. Digo isso porque às vezes a gente tem uma coisa, mas lá no meio descobre que não tá funcionando, aí se fode.

Modo de preparo:

É muito fácil. Primeiro você começa fazendo um misto-quente normal. Não tem mistério, né? Não tem, mas como eu consigo acreditar que você pode não saber fazer um misto-quente normal, ou sequer saber o que é um misto-quente em si, porque a vida é cheia de mistérios, eu vou descrever pra você como é e como é que se faz um misto-quente normal, até pra já começar a te integrar na sociedade. Se liga na preá. Pegue o pão e divida ele no meio, caso ele não seja da família dos pães de forma, como já comentamos lá em cima. Agora atenção, porque dividir o pão no meio é uma instrução simples, mas é totalmente vaga. Meio de onde? Horizontal, vertical, longitudinal, diagonal, zigue-zagueal, enfim, em dois tu divide qualquer coisa. Então inventa, divida o pão em dois do jeito que você quiser e avalie a sua performance. Tenta dividir em duas partes mais ou menos iguais. E vai aprimorando o corte do pão com o tempo, se surgir uma ideia melhor depois, tu usa. Fome tem todo dia, então todo dia é dia de treino. Dividiu o pão? Agora abre ele e vamos compor o que chamamos universalmente de misto-quente, esse estandarte da culinária de guerrilha mundial. Pegue o presunto. Uma, duas, três, quatro, cinco ou seis fatias de presunto, dependendo da sua fome, intenção, coragem, ousadia, inconsequência e/ou disponibilidade no estoque, e bota no meio do pão. Depois, pegue o queijo e faz a mesma coisa. Pegue uma, duas, três, quatro, cinco ou seis fatias de queijo, podendo ser até equivalente ao presunto, se você quiser manter uma coerência saborosa, ou não, podendo carregar mais num sabor do que no outro, tranquilo. O presunto e o queijo são seus, você divide o neném de Salomão. E pronto. A título de idiossincrasia, há quem dê uma pincelada de manteiga em cada fatia do pão e/ou no presunto e no queijo pra dar aquele paladar mais solto, aquela saudade. Há quem faça isso. Talvez você faça isso, portanto, pode fazer. À la vonté. Depois disso tudo, você fecha o pão, ou coloca a outra fatia do pão, se o pão for do ramo dos pães de forma. O recheio de presunto e queijo tem que ficar no meio dos pães, como é da natureza dos recheios, isso é o que importa. Se alguma parte do presunto, ou do queijo, ou dos dois, ficar pra fora do pão, pare e reflita. Você é da linha reta do zen-budismo ou da curva sinuosa do TOC psicótico? Autoconhecimento. Qual é a vontade que brota? Deixar assim mesmo, com essa transbordada de elementos para fora do perímetro do pão, que vai resultar numa orelha de livro crocante e tostadinha e barulhenta e borbulhantinha, e num leve cheirinho de queimado, de repente? Ou você pega uma régua, um prumo, e com um bisturi extrai cirurgicamente todo o excesso de presunto e queijo, deixando seu misto com um aspecto áureo, perfeito, tal qual uma joia marajoara pré-colombiana. Você define, o detalhe é meter pra dentro direto o que sobrar como aperitivo. Bom, etapa 1 pronta. Se tudo deu certo, um misto-quente frio estará existindo na sua frente. Repare que você já poderia comer direto este mistinho. Mas você não vai fazer isso, porque você quer mais, você quer ele quente, um misto-quente quente. E mais do que isso, você quer avançar. Então você vai gratinar o bicho. E como é que gratina? Agora que vem o pulo da cobra. Primeiro, prepara um creme pra cobrir o misto, é o creme que vai gratinar. Deixe o misto-quente frio do ladinho da mesa e comece a tecer o cobertor. Abra o creme de leite da melhor maneira possível e despeje uma quantidade boa do seu conteúdo num potinho qualquer. A quantidade boa vai ser definida por você no visual. Coragem. Tem que cobrir o pão. Pão grande, cobertor grande, pão curto, cobertor curto. A partir da quantidade indefinida de creme de leite, tu indefine também a quantidade de queijo ralado, trabalhando o sentimento. Avalie. Uma mão cheia, uma pitada, 5 colheres de sopa, um saquinho de 100? Você é seu, arrisca. Até porque, muitas vezes, a quantidade de queijo ralado já está definida, né, e é pouca! Quase um restinho daquele sachê daquela franquia que não para. Não tem dúvida, bota tudo. Colocamos o queijo ralado e o creme de leite juntos em quantidades pessoais e agora devemos batê-los para virarem um creme só. E vai na mão, com um garfinho e bat, bat, bat-macumba, eh-hê. Dá uma provada, tá faltando alguma coisa? Mais queijo? Bota mais queijo. Mais creme? Mais creme. Menos queijo? Mais creme. Menos creme? Mais queijo. Pronto, vamos cobrir o mistinho com o cobertor de sabor, que será gratinado. Já é bom fazer isso em cima do tabuleiro que vai ficar com o misto no forno pra evitar movimentações perigosas. E tem que ser um tabuleiro que possa ir ao forno, nada de travessinha de plástico ou folha de papel, que isso vai incendiar a porra toda. Vai no alumínio, no pirex de vidro forte, enfim. Deita o misto-quente frio em cima disso que você escolheu e comece a colocar o cobertor de creme sobre ele. Agora vem a sabedoria do pedreiro. Pega uma espátula, ou uma faca larga, ou um palito de picolé largo, ou uma régua de 30 cm, ou mesmo uma palheta de futebol de botão, e vem cobrindo o misto com o creme. Vem rebocando a parede. Em cima, nas laterais, são quatro laterais. Embaixo não precisa. E vem na alvenaria, cobertura de bolo, maquiagem de palhaço. Pronto! Agora tu liga o forno pra ir esquentando o clima. Procure se informar como é que se liga um forno com segurança, pra você não se matar de bobeira, ok? Ou chame seu pai, se você for uma criança louca menor de 10 anos e que tá lendo esse livro sozinho. Não faça besteira! Falando em acender o forno, já podia ter acendido isso bem mais cedo, hein, desde o começo da receita. Se você é daqueles que lê primeiro toda a receita antes de começar, acende o forno agora. Os mais ansiosos, como eu, foda-se, liga agora mesmo e vamos juntos. Forno aquecido, coloque o misto dentro e espere a cobertura de creme gratinar. É a magia. Ela vai dar uma dourada por cima. Isso é o gratinar. Se você não sabe, não conhece, nunca viu uma coisa gratinada, vai numa cantina italiana mais perto da sua casa e peça uma coisa gratinada e estude seus aspectos e suas características principais. E guarde. Agora é esperar o misto-quente gratinar. É bom ficar vigiando o forno, porque essas coisas queimam de uma hora pra outra. E se estiver demorando muito e a fome for dominando você, mete um soro caseiro pra dentro. Ficou pronto? Se ficou pronto, amigo, se ficou pronto, saboreie a recompensa de quem esperou por ela. E seja feliz na vida.

CARNES

A carne é pecado? Fala pra mim. O pecado é da carne? Me explica isso, pelamordedeus. O pecado da carne é estragar na geladeira. A carne de hoje é o picadinho de amanhã, é o risoto, é o pastel. A carne de segunda pode virar a carne de quarta, qual o problema? Não existe carne dura depois do moedor de carne.

Mas eu preciso abrir uma brecha pra meter uma flecha de mistério, um tema tão obscuro e pouco tocado pela sociedade, que até eu fiquei na dúvida em qual seção colocar. E decidi, por eliminação geral, tratar desse assunto aqui na seção da Carne. Eu preciso ser franco, sempre, sempre, sempre, e com vocês eu posso me abrir e perguntar:

O QUE É UMA SALSICHA, PESSOAL?
O QUE TEM DENTRO DE UMA SALSICHA?

Buscando respostas para essa pergunta que me devora cada vez que eu devoro uma salsicha, achei uma resposta mais enigmática ainda na embalagem: *carne mecanicamente extraída de aves*. Fiquei satisfeito.

Em homenagem a nós, amigos dos mistérios e dos bois que comemos por aí, amigos de tudo que se move por conta própria; em homenagem a nós, os amantes da carne vermelha de sangue, deixo um pedaço de carne em forma de *haikai*, de minha própria autoria espontânea inesperada, versada:

CARNÍVOROS
NOS UIVOS
UNI-VOS.

CEVICHE DE MORTADELA

AUTOR: MANZERA / MARÍLIA (SP)

Apresentação:

Um belíssimo marinado de mortadela com laranja, delicioso, estupendo. Bravo! Bravo! Excelente para ser degustado com cerveja canela de pedreiro (aquela toda coberta por uma camada branca de gelo, como uma canela ressecada de pedreiro).

Ingredientes:

Mortadela (uns 300 g); laranja (uma unidade ao menos); pão (francês, de preferência, e ao menos uma unidade inteira para acompanhar); vinagre (a gosto); sal (a gosto); pimenta-do-reino (a gosto); azeite (a gosto).

Modo de preparo:

Corte a mortadela (que provavelmente já estará fatiada em seu refrigerador) em pequenos pedaços e deixe-a marinando no vinagre (não pode ser limão, pois limão não orna com a laranja que vamos usar). Enquanto a mortadela marina, descasque, corte em pequenos cubos, e tire as sementes da laranja. Esquente o pão no forno (se a fome permitir) e corte-o em pequenas fatias. Misture a laranja com a mortadela e tempere-a (bem temperada) com o sal, a pimenta-do-reino e o azeite. Deixe o ceviche bem salgadinho para ornar melhor com a cerveja, e também porque a laranja tem muita água, e vai precisar de bastante sal. Coma essa mistura divina com o pão francês quentinho e muita cerveja e seja feliz!

DIFICULDADE	**MUITO FÁCIL**
PORÇÕES	**2**
HORA IDEAL	**NUNCA ANTES DE SAIR COM ALGUÉM, VAI POR MIM, VOCÊ VAI VIRAR UMA BOMBA-RELÓGIO DEPOIS DISSO**

• Comentário de Paulo de Oliveira •

Manzera, tua receita me impressionou desde o início. Primeiro, que eu nunca congelei uma mortadela; segundo, que eu nunca tinha ouvido falar num ceviche feito com ela; terceiro, eu adoro ceviche e mortadela; e quarto, eu te agradeço por ter me lembrado da cerveja canela de pedreiro, pura poesia. Vou abrir uma, segura aí. Voltei. Outro destaque é o tipo da tua criatividade, que pega um lateral esquerdo e coloca de centroavante recuado: exige coragem, é arriscado, mas quando dá certo, é lindo e é arte. Parabéns, guerreiro, não é qualquer técnico que arma essa jogada e continua no emprego. Errou? Normal, começa de novo. E o marinar, né, que maravilha isso de marinar, esse encontro entre os ingredientes, esse momento deles. E apresentar uma mortadela pra um suco de laranja, é pra deixar uns seis meses juntos até eles conversarem tudo, é muita história. Belíssima reunião. Agora, sobre esquentar o pão, concordo contigo, tem que ser opcional, porque às vezes esquentar o pão pode demorar muito e a fome não espera, ela cresce assustadoramente. Aaaaau! E no meu forninho então, aquecer pão é até arriscado. Ele tá com a resistência fraca pra eletricidade e engasga, aí fica frio, morrendo... de repente, num susto, ele acorda e *vau!*, fica incandescente e torra tudo. É o tempo de você olhar pro lado e perder o pão. Tem que ficar de olho. Quando eu tô com muita fome, eu passo reto e vou com frio mesmo, ou vou na boca do fogão, dar aquela flambada na peça. Outro destaque importante é a musicalidade da tua receita, que eu, afeito a sons e melodias do fazer comida e também das receitas enquanto mapa sonoro, curti e apreciei tanto que destaco do conjunto: marinar, ornar, provar, amar.

PERGUNTAS INTERATIVAS

O que é um ceviche?

O seu foi ou não foi?

De onde vem a mortadela?

Virou uma bomba-relógio? Descreva.

LA MOMECOKA

AUTOR: CAEL / RIO DE JANEIRO (RJ)

Apresentação:

Nada! Nada! Na geladeira apenas solidão. Você, solteiro, sem eira nem beira, percebe que o fim se aproxima? Não desespere! Basta ter fé, um pedacinho de carne, mel, coca-cola e mostarda! Este paradoxo gastronômico de procedência desconhecida tem utilidades mil: desde salvar da fome até impressionar aquela gata, a qual você espertamente mandou aquela meia-verdade de saber cozinhar.

Ingredientes:

350 g de carne picada (fica ideal com chester em rodelas, mas fica maneiro com uma alcatra ou um contrafilé picadinho); 50-75 ml de coca; 5 saquinhos de mostarda (se tiver renda, compre o pote); 50 ml de mel; azeite.

Modo de preparo:

Pega a carne escolhida e joga numa frigideira com azeite. Deixa bem mal passada, mas não crua pelo amor de deus! Enquanto isso, pega a coca aos poucos e vai misturando na mostarda e no mel. Demora um pouco, parece que não vai misturar mas mistura!!! Assim que juntar, derrama sobre a carne, com a frigideira em fogo baixo, até que tenha a impressão que cozinhou. Basta servir com um arroz e uma batata palha. Se montar legal, o prato fica até bonito!

Detalhe: vale a pena separar um pouco a carne mal passada e dar uma apertada pra sair um pouco do sangue, senão mistura com o molho.

DIFICULDADE	MAIS OU MENOS
PORÇÕES	2
HORA IDEAL	QUANDO NÃO HOUVER MAIS SAÍDA: TE PEGARAM NA MENTIRA OU VAI MORRER DE FOME

• Comentário de Paulo de Oliveira •

A curiosidade é madrinha do conhecimento, acabei de perceber isso lendo sua receita, Cael. Temperar carne com refrigerante é uma dessas coisas que a gente acha que não existe, mas existe sim!!! E essa tal de Coca é sapequinha, bebida multitarefa, já limpou muita pia aqui em casa. Também gostei do batismo da criança: **La Momecoka**. É bonito, é sonoro. Uma coisa meio México, meio templo, meio deusa. Vamos pro sacrifício. E os ingredientes são bem possíveis: carne, coca-cola, mel e mostarda. A cada 3 semanas essa combinação cai na minha geladeira. Vou tentar essa cartela. E concordo contigo, se montar legal fica bonito. Meu Chevette taí pra provar. Roda de liga leve, carburador externo, aerofólio de audi, vidro fumê, espelho cromado, ficou uma coisa de doido. Lindo. Fé no paradoxo, Cael. **La Momecoka** é uma verdade inteira.

PERGUNTAS INTERATIVAS

O conceito de carne mal passada é variável? Defina.

Duas latas de refrigerante podem curar uma ressaca?

Ser vegetariano é legal porque...

ALEMÃ, A SALGADA

AUTOR: LEILA / NITERÓI (RJ)

Apresentação:

Uma deliciosa combinação do mundo animal (salsicha); do mundo vegetal (batata); do mundo mineral (água) e do mundo industrial (mostarda, cerveja, fogão, panela, copo, garfo, faca e forno de micro-ondas). Um prato como poucos: rápido de fazer, gostoso de comer e combina com cerveja!

Ingredientes:

Salsichas (quantas você desejar); batata inglesa grande (quantas você desejar); molho de mostarda (quanto você desejar, vai provando); cerveja (também ao gosto do freguês).

Modo de preparo:

As salsichas: aprendi com o alemão dono da Monte Verde de Icaraí — você pega congeladas, põe numa panela com água fria, liga o fogo, quando a água ferver, desliga e deixa a panela tampada, deixa repousar um tempo, as salsichas vão aumentar de tamanho e ficar macias. Enquanto isso, a batata: se não tiver micro-ondas, desiste porque demora demais no forno comum e a ideia aqui é ficar pronto rápido, sem dar trabalho; importantíssimo senão explode: fura a batata (pode ser com a ponta da faca, é mais fácil do que com o garfo); fura várias vezes para garantir; põe a batata no micro-ondas por alguns minutos, talvez algumas vezes, tipo 8 (vira no 4), 4 e 4, vai vendo. Como servir: prato, batata, corta a batata e pode pôr manteiga, salsichas e molho de mostarda. E vai comendo e bebendo cerveja!

DIFICULDADE	**MUITO FÁCIL**
PORÇÕES	**1**
HORA IDEAL	**QUANDO ESTIVER COM FOME E QUISER COMER ALGO QUE PAREÇA COMIDA E TOMAR CERVEJA JUNTO**

• Comentário de Paulo de Oliveira •

Leila, se combina com cerveja, já tem lugar garantido no meu céu. A hora ideal — "quando estiver com fome e quiser comer algo que pareça comida e tomar cerveja junto" — eu definiria de maneira mais coesa, dizendo: "Sempre". Eu sempre almejo comer algo que pareça comida, vide este livro, e posso sempre tomar uma cerveja junto, se depender do desejo. E trabalhar com os quatro elementos, os cinco sentidos e as seis dimensões é sempre estar de olho na tão perseguida elevação astral. **Alemã, a Salgada** de responsa. Agora, desistir porque não tem micro-ondas não pode. Não pode. Não condiz. Mais fácil comprar um tabuleiro de xadrez pra trabalhar a mufa em parceria com algum parceiro enquanto passa o tempo e papai forno convencional segue assando tuas batatas, ok? Deixa a salsicha de molho. Um beijo enorme.

PERGUNTAS INTERATIVAS

Satisfaz legal?

Micro-ondas faz falta pra quem tem?

Quais os maiores ônus em tomar cerveja sempre que dá na telha?

Misturar quatro elementos já deu treta na tua vida?

BOLO DE CARNE FODEX

AUTOR: ATILA TINI / SÃO PAULO (SP)

Apresentação:

Se você quiser matar a fome de uma porrada de gente sem ter trabalho, essa é a receita. E se quiser impressionar, também é essa a receita. Ideal para pais separados que querem provar para seus filhos que o pai não é um bosta. Ideal pra quando chega uma porrada de amigos sem avisar e sua mulher fica meio puta da vida.

Ingredientes:

1 kg de carne moída; 1 pacote de sopa de cebola; restos de geladeira para recheio (opcional).

Modo de preparo:

1 — Misture a carne moída com o pó da sopa de cebola. Se quiser, ponha sal, pimenta-do-reino, azeite, etc. Se não quiser, não precisa, porque fica bom do mesmo jeito.

2 — Espalhe a maçaroca numa forma de alumínio e coloque os restos de geladeira pra servir de recheio (sobras de queijo, presunto, salame, queijo ralado, requeijão, cubinhos de bacon, o que quiser). Enrole escondendo o recheio. Se você fizer uns riscos em cima do bolo com uma faca, fica mais profissa e impressiona mais.

3 — Ponha no forno. Deixe lá um tempo. Primeiro, fica cinza. Depois fica crocante e bonito pra cacete.

DIFICULDADE	**FÁCIL**
PORÇÕES	**TAMANHO FAMÍLIA**
HORA IDEAL	**JANTAR COM FILHOS, PRETENDENTES, AMIGOS ENLARICADOS QUE CHEGAM FORA DE HORA**

• Comentário de Paulo de Oliveira •

Atila, este é o tipo da receita que sempre faz a cabeça da rapaziada que usa a cabeça: simples, barata, eficiente e impressionante. Se depois do **Bolo de Carne Fodex** você conseguir reverter a imagem que seus filhos têm de você — porque alguém, que não vamos citar, disse isso pra eles — e eles passarem então a te considerar um pai fodão, porra, aí é dez. Mas isso é só pra quem tem filho. E pra quem tem filho sob influência reversa. O prato é mais do que isso, sei que foi só um desabafo circunstancial do guerrilheiro Átila que mora dentro de você, Átila. O fator simplicidade x capacidade de impactar a audiência — aí sim reside o trunfo do seu prato. Boa sorte com ele, querido. Beijo nas crianças. E perceba que o tempo dirá que tipo de pai você é.

PERGUNTAS INTERATIVAS

Depois do Fodex, você virou fodão? Pra quem?

Quantidade de amigos alimentados:

Potencial de croque (de 1 a 2.500):

Reverteu uma situação na qual havia a suspeita de bostismo?

FRALDINHA RECHEADA DO NENÊ

AUTOR: LEITÃO / SANTA MARIA (RS)

Apresentação:

sei lá

Ingredientes:

fraldinha bovina; queijo sem fedor (mussarela); coco de ovelha verde (azeitona!); azeite bom para o bucho (oliva); e resto de leitoa! (presunto)

Modo de preparo:

Abra bem a fraldinha e coloque o presunto e o queijo e a azeitona em "pedasos" grandes na ponta da fraldinha! aí enrole como se fosse um enroladinho de "frius" ou melhor como matambre! aí coloque no forno mas não "esquesa" de amarrar esta bosta para não sair o recheio seu maluco! aí vai ficar uma beleza vai ficar melhor que vc já comeu! não "esquesa" de colocar no forno até dourar!

DIFICULDADE	**MUITO FÁCIL**
PORÇÕES	**4**
HORA IDEAL	**A HORA DA LARICA**

• Comentário de Paulo de Oliveira •

Leitão, meu querido, sei lá! Quase tudo que é recheado é bom, inclusive você, eu e todos nós, que já viemos recheados de natureza, mas que, como formigas no universo, continuamos insistentemente nessa eterna busca de um buraco pra completar. Abraço, papi Freud. São maminhas, fraldinhas, vazios, massas, papéis, merluzas, pastéis, pitéis, ocos, camas, ocas, almas, roupas, enfim, um mundo inteiro onde o principal requisito pra preencher é encher. Espaço adentro. Sugestivo, né? É. Sanduíche sem recheio? É pão. Churros com recheio de doce de leite? Lambuzada gostosa. Rocambole recheado de brigadeiro? Cambalhota. Bolinho de camarão recheado com catupiry? Da Madalena. Porque rechear, meus amigos, é preencher, preencher é plenitude, e ocupar é encher de novo, mesmo que seja com nada. Apresentação do trabalho de mestrado pra banca de bacanas da Universidade Mundial do Ensino Completo e Complicado: "Sr. Leitão, apresente seu tema, por favor." "Sei lá." "Ok, senhor Leitão, pode ir embora." Mas aqui, não. Aqui ninguém vai embora. Aqui o vazio é apenas um pleno a ser completado. E por isso aqui você veio, Leitão, aqui você ficou e aqui você apresentou, do jeito que deu, a sua própria ideia-recheio, num estiloso e bárbaro movimento do recém-inaugurado, porém sem idade, português livre, português solto, português lindo, uma pirueta dupla com mortal carpado e full racket ball no final. O que, em termos de execução e leitura, guerreiro, foi quase um coice, uma lembrança barroca do pós-ogrismo espiritual, que mistura meditação com taekwondo de alto impacto. Rápido, violento e eficiente. E além de tudo, Leitão, sua receita é facil, muito fácil, extremamente fácil, pra você e eu e todo mundo cantar juuuunto! Opa! Caralho! Perdão. É só ter os ingredientes, saber rechear e saber enrolar. Abraço, meu querido guerreiro, você preencheu tudo com seus melhores ingredientes. Plenitude, irmão.

PERGUNTAS INTERATIVAS

Com quantos recheios se faz uma canoa?

____

____

Pra você, rechear fraldinhas é:

____

____

Se o Leitão come presunto, pode ser considerado canibal?

____

____

Se o recheado recheia você, no final das contas, quem recheia quem? Onde?

____

____

PERNIL MANTEIGA RÚSTICO NO ALHO E CERVEJA

AUTOR: MIGUEL LINUX / BAURU (SP)

Apresentação:

Mocidade rústica, galera independente, esse prato é sensacional. Sério, você não tem ideia de como é fácil, até barato, e faz uma "présa" fudida no teu rolê. É um pernilzão naipe de natal, power-violence, daqueles que você pagaria 50 paus no restaurante, daqueles que a rapeize olha e pensa "esse maluco é firmeza pra caralho na cozinha". Vamos lá.

Ingredientes:

Compre no supermercado um rolo de papel celofane especial pra churrasco, umas cinco pratas. Esse negócio faz milagre com qualquer carne, e você vai usar muito. Bote fé, você vai me mandar um e-mail agradecendo a dica. Seis latas de cerveja. Alho, uns 10 dentes. Se tiver mostarda fica bom, dijon então, arrebenta. Uma peça de uns 2 kg de pernil, não muito grande, e com osso fica bom.

Modo de preparo:

Abra uma lata de cerveja, dê um bom gole, lave a mão e encha o peito, que vai ser legal fazer isso. Não dá trampo, estou detalhando bem só. Passe sal no teu pernil com a mão. Capriche um pouco, não muito, que fica sempre menos salgado do que parece que vai ficar. Corte os dentes de alho em três-quatro pedaços, faça uns furos no pernil com a faca sem destruir muito e vá injetando os alhos. Coloque teu pernil (claro que descongelado, rapá!) numa vasilha que ele caiba inteiro e dê pra tocar o tempero. Descarregue uma ou duas latas de cerveja, só até cobrir. Se tiver algum outro tempero que queira colocar, desça a bota, mas não coloque limão nem vinagre que desorganiza a coisa. Páprica fica bom. Deixe teu pernil descansar de leve, até você acabar com a cerveja que sobrou. Abra o celofane meio metro em cima de uma mesa e coloque o pernil dentro. Vai ser como enrolar uma bala. Aperte bem o celofane e vá dando voltas com teu pernil, umas 4-5 voltas, tem que fechar bem. Faça no capricho e deixe bem apertado, com a mesma distância de cada lado de onde vai torcer a bala. Pro fechador, faça o seguinte: corte o papel celofane, então corte duas tiras de mais ou menos 5 cm, dobre-as ao meio e vá torcendo, até virar uma cordinha. Torça um lado da bala e feche bem, não pode vazar nada. Segure a bala com o lado fechado pra baixo, não vai vazar nada, então despeje um pouco do teu tempero dentro. Feche o outro lado e está pronto! Coloque teu forno na temperatura mais baixa de todas, o pernil numa assadeira, e deixe lá 4 horas. É esperado que depois de uma hora vire um bexigão, se fechou direito. Quando acabar, meu velho, é só tirar o celofane e deixar mais um pouquinho no forno se estiver muito branco. No final o osso descola, e vai dar pra cortar com a colher. Fica sensacional.

DIFICULDADE **FÁCIL**
PORÇÕES **+ DE 5**
HORA IDEAL **QUANDO QUISER IMPRESSIONAR ALGUÉM**

• Comentário de Paulo de Oliveira •

Mermão, eu sou rústico, sou rupestre, neandertal, primitivo, das antigas, ancestral, eu sou cro-magnon, e exatamente por isso este pernil me emocionou às pampas quando eu fiz aqui em casa. É brontossauro style! Além disso, o impacto "caralho, esse cara arrebenta na cozinha" foi incrível. Sei que não é pra dar muita bola pra vaidade etc. e tal, mas dessa vez foi muito gostoso, me fez bem. Manteiguinha. Miguelito, tu me fizeste uma benesse, você libertou uma parte adormecida de mim. Tenho agora aquele pernilzão monster rock'n'roll pra deglutir com uma gata na cozinha ao alcance da mão. E cerveja, brother, mas muita cerveja mesmo. Agora me sinto um viking mais leve. Um bárbaro mais sensível. Um guerrilheiro mais doce, um ogro mais delicado e equilibrado. Valeu.

PERGUNTAS INTERATIVAS

Agrediu na ogridão?

A vaidade do homem das cavernas, ela existe mesmo ou seriam só rumores?

"Esse maluco é firmeza pra caralho na cozinha": qual a sensação que isso te trouxe? Chegou lá?

COSTELINHA MEIO DOCE, MEIO SALGADA, MEIO AZEDA, MEIO APIMENTADA, MEIO PEGAJOSA

AUTOR: TOCHA / BELO HORIZONTE (MG)

Apresentação:

Já pensaram como o porco é o animal mais perfeito do mundo? Já viram como em restaurante chinês tem muita coisa meio doce, meio salgada... tudo meio? Já pararam para perceber como as coisas pegajosas são... gostosas? Já imaginaram como é feito o molho barbecue? Já tiveram dúvidas se a costelinha engorda ou não? ACABARAM SUAS DÚVIDAS! Vou ensinar para vocês como fazer uma costelinha "meio", parecida com aquelas chinesas pegajosas com um QUÊ de molho barbecue. E acreditem, vai ficar BOM.

Ingredientes:

16 pedaços de costelinha de porco (em supermercado já tem bandejas com elas. Geralmente vem 16 mesmo)

1 cebolona

1 pedacinho de gengibre (é barato!)

1 garrafinha de suco de abacaxi concentrado (sem açúcar, aqueles de vidro)

1 pimenta malagueta

2 colheres de goiabada (não importa a marca. Pode ser até aqueles docinhos de goiaba que os restaurantes de PF dão de sobremesa)

1 limão

Meia xícara de molho shoyu

1 pedaço de canela em pau (pode ser o em pó, aquele de botar em arroz doce, mas aí é só um XABLAU)

1 saquinho de verdura de supermercado, daqueles que tem G, M e P (pode pegar, ninguém vai te xingar.) Sem as verduras! só o saquinho vazio.

Papel-alumínio.

Modo de preparo:

Abra o saquinho, coloque as costelinhas lá dentro e esprema o suco de limão por cima (se você quiser, pode ralar a casca do limão por cima também).

Deixe descansar.

Bata a cebola, a goiabada, o suco, a pimenta, o molho de soja e o gengibre no liquidificador.

Jogue esta linda mistura antagônica de sabores no saco com as costelinhas.

Jogue também a canela em pau.

Feche o saquinho e deixe na geladeira por 1 dia.

No outro dia, despeje tudo numa forma dessas de bolo. Cubra com papel-alumínio e coloque no forno em temperatura máxima por 1 hora.

Depois, retire o papel-alumínio (pode jogar fora, ou guardar para reutilizar em outra receita. Afinal, dinheiro não é capim). Vira as costelinhas e volte pro forno (agora em temperatura média) por mais 30 minutos.

PRONTO! Se você quiser, pode pegar o caldo do tabuleiro e ferver numa panelinha até que fique pegajoso, tipo um molho barbecue. Aí você joga por cima.

Fica bom pra caralho! o/

DIFICULDADE	**DIFÍCIL**
PORÇÕES	**4**
HORA IDEAL	**COM A GALERA. TEM QUE FAZER PROPAGANDA!**

• Comentário de Paulo de Oliveira •

Tocha, meu amigo, fui no Google pesquisar quantas costelas tem um porco, pra saber quantos porcos tem nesses pacotes de 16 que você falou, mas não consegui tal informação. Mas como ninguém nunca se preocupou com isso? Uma coisa bonita na tua receita é que não rola radicalismo de sabor, tem espaço pra cada saborzinho que aparece, pra cada texturinha, é meio coração de mãe, adotou todo mundo, achei bonito. Duas colheres de goiabada me bateu até uma emoção, foi muito lindo. Botar tudo no saco? Gostei. Canela em pau? Assustou, vou procurar. Agora, demora essa receita, hein. Dois dias?! Tem que planejar legal, inverno de formiga. Morrer no meio do preparo, não dá. Mas vou experimentar, tenho que começar a encarar essas jornadas mais longas, senão não termino a faculdade. Falar nisso, tenho que me inscrever no vestibular. E quer dizer que o molho barbecue é feito assim? Ia morrer sem saber, pra mim era feito de sobra de churrasco. Achei ótimo. Concordo contigo que dinheiro não é capim, tanto que a vaca não é louca. Já foi o tempo. Eu uso a mesma folha de alumínio há 12 anos, resultado da união meticulosa de 72 embalagens de serenata. Tocha, vou acender uma por você e 16 pra cada costela de porco. Valeu!

PERGUNTAS INTERATIVAS

O porco é o animal mais perfeito do mundo? Por quê?

____

____

Qual o segundo animal mais perfeito do mundo?

____

____

Qual é o último animal mais perfeito do mundo?

____

____

E você? Fica em que colocação no quesito perfeição?

____

____

____

FRANGOS

Tudo que tem pena, voa, ou quase voa, cisca e é um pouco bobinho pode ser classificado como frango, tranquilo, porque sem as penas e com fome todas as aves são iguais. As que voam, as que não voam, as que cantam, as que não cantam, as que falam, as que não falam, as que não se acham superiores a ninguém, as que se acham, enfim, todas. Poderíamos até, num delírio agregador, escalar o time base da seleção do Frango, recheado de craques pássaros. Seria:

Frango no gol, claro; na zaga, Marreco e Peru, levantando geral; nas laterais, o Galetinho e a Codorna na velocidade, indo e voltando, marcando e dando ovinho direto; na cabeça de área, a gente escala aquele Garnizé nervoso, brigador, pra proteger a retaguarda. E do meio pra frente, o time joga no futebol-arte, então vem a Galinha, camisa 10, rainha, solta, ciscando tanto na direita quanto na esquerda, dando quebra de asa, derivando, protegendo a criança, chocando o mundo com jogadas quentes de alto nível; com a 8 vem o Chester, só matando no peito e matando muito. E o monumental Pombo sem asa chutando de fora da área, só torpedo doente no ângulo, onde a coruja dorme. No ataque, a Rola entrando forte pelo meio e o Galo cruzando todas na área. Pato e Ganso estão no banco.

O que vem primeiro: o ovo ou a galinha? Tanto faz, podem até vir juntos, misturados, ovos com galinha. Temperar frango e aves em geral também é mole: é alho, nosso rei; é pimenta-do-reino, nosso reino; e é sal, o nosso poder. Essa é a plataforma de lançamento do foguete.

E não podemos esquecer do mais amado do Brasil, o coração de galinha! Quando você comprar 2 kg de coração de galinha pra fazer um churrasco, ou um x-coração – abraço pra Porto Alegre! –, você pensa que todos aqueles corações tinham uma galinha em volta. Pense nisso. Eu penso nisso direto.

PATUM DE ATÊ

AUTOR: BINAGO / CURITIBA (PR)

Apresentação:

Essa receita é sucesso garantido. Principalmente quando você precisa comer algo mais "light" por 1 semana... ou para perder bochechas, ou para entrar naquele vestido, ou ainda mesmo porque está com preguiça de cozinhar e vai levar sanduíche natural todos os dias na marmita do trabalho.

Apesar de ser uma receita de Patê de Frango, o **Patum de Atê** surgiu no momento em que 2 amigas (uma sóbria e outra bem lesa) resolveram ir pra cozinha depois da "baladenha" fazer um lanchinho. O nome vem da dificuldade de identificar o principal ingrediente (o frango, não o atum) da receita, e de pronunciar de forma correta o que estava sendo preparado. O Patê de Atum? (não, não era atum) era para ser no mínimo Patê de Frango, mas com o senso prejudicado pela bebida, o sono e a hora, eis que surge: "Hummm, que delícia esse **Patum de Atê**...", gargalhadas se manifestam e uma receita deliciosa é criada.

Ingredientes:

1/2 peito de frango cozido e BEM desfiado (essa parte é chata, mas garanto que desestressa, se tiver com preguiça, pode processar); 1 tomate grande picado em cubinhos (pode trocar por 10 tomates-cereja. Diferença? Nenhuma... mas fica chique); 1 cenoura ralada; cheiro-verde a gosto (para quem não sabe é salsinha+cebolinha, que são vendidas amarradinhas no mercado); pimenta-do-reino a gosto; azeite de oliva a gosto (mas pode exagerar que fica bom); pitadinha de sal; maionese light (vai colocando até você dizer: chega).

Modo de preparo:

Coloque tudo em uma tigela e misture (que difícil, né?).

Pode servir com pão sírio (meu preferido), pão francês, pão bundinha (vulgo pão de água), pão integral, baguete, torrada.

DIFICULDADE	MUITO FÁCIL
PORÇÕES	5
HORA IDEAL	QUALQUER HORA É HORA

• Comentário de Paulo de Oliveira •

BinaGo, não só como muito **Patum de Atê**, como também ele segue na minha vida acompanhado de maravilhas da dislexia moderna, como o Jah de Erba Vat, o Migadeiro de Jacila, o Mombo da Conga, Farovo de Ofa, Bolonhão à Macanhesa e outras loucuras mais que nossa cabeça é capaz de produzir em momentos de ebulição e estresse neuronal biletivo-polar. E sabe o que mais? Quando faço **Patum de Atê** também curto muito o transe de desberlotar o frango, é uma delícia. Sento na minha cozinha e me esqueço de tudo o que existe, fico querendo arrancar todas as carninhas da carcaça do franguinho, tipo aqueles monges alisando areia, é assim que me sinto nesses momentos. Zen e a Arte de Desberlotar Frangos. Chamou uma coisa pelo nome da outra desconstruído? Relaxa e se apropria dessa loucura, vale a pena. Beijo, BinaGo.

PERGUNTAS INTERATIVAS

Já teve confusão mental do gênero Patum de Atê? Quais?

Curtiu o transe do desberlote? Pensou em quê?

Gargalhou depois de comer?

Engasgou depois de gargalhar?

ROCKALICIOUS CHICKEN

AUTOR: ANA PIMENTEL / SÃO JOSÉ DOS CAMPOS (SP)

Apresentação:

Adoro frango à cambalhota. É daqueles clássicos frangos de televisão de cachorro. Só que, como duas pessoas não conseguem dar conta de um bichão daqueles em um dia, as sobras ficam lá na geladeira esperando na fila para o lixo. Porém eu digo: desperdício nunca!

Comprei um frango assado no sábado de manhã. No domingo resolvi reciclá-lo fazendo uma variação de uma receita que minha vódrasta faz com maestria, que se chama "Delícia de Frango" (e não é à toa, porque é realmente uma delícia, sem precedentes).

Nos áureos tempos de rock'n'road, a minha antiga banda, que se chamava Drosophila, foi tocar no Rio de Janeiro, terra da minha família. Ficamos hospedados na casa da minha vódrasta (sim, uma mistura de avó com madrasta. A segunda esposa do meu avô eu considero minha terceira avó). Como ela sabe que eu sou fã número um dessa iguaria, tradicionalmente preparada por ela nas reuniões de família, deixou uma travessa prontinha esperando por mim e meus cansados companheiros de banda. Por conta dessa lembrança, resolvi batizar minha releitura da receita como **Rockalicious Chicken**!

Não me lembrava de cor da receita, então fui pela intuição culinária dos guerrilheiros da cozinha. O resultado foi magnífico. Meu "mariposo" (mistura de namorado com marido/esposo) devorou a travessa inteira comigo.

Vamos ao que interessa!

Ingredientes:

1 frango assado de televisão de cachorro (quem preferir pode cozinhar um peito de frango, temperando como quiser); 1 pacote de creme de cebola ; 1 lata de milho em conserva; 1 medida da tal lata de milho de água; 1 lata ou caixinha de creme de leite; 200 g de queijo mussarela; queijo parmesão a gosto; batata palha a gosto.

Modo de preparo:

Parte 1: Desfie o peito de frango e reserve. No liquidificador, misture uma lata de milho, mais uma medida da mesma lata de água e o pacote de creme de cebola. Leve a mistura ao fogo até ferver e tomar corpo. Pode adicionar salsinha picada se quiser. Eu coloquei, ficou bueno. Assim que estiver OK, acrescente o frango desfiado e deixe ele lá se enturmando com o creme. Quando eles começarem a dar risada, contar causos e anedotas e ainda pedirem uma cerveja, não sirva uma cerveja: adicione o creme de leite para selar a união. Misture e desligue o fogo.

Parte 2: Em um refratário, você irá montar o prato em camadas. Uma camada de creme, outra de queijo mussarela, respectivamente, até a última camada, que terá uma belíssima cobertura de queijo parmesão. Forno pré-aquecido em duzentos graus e manda bala!

Assim que o creme borbulhar e o queijo começar a gratinar graciosamente, retire do forno e cubra essa belezinha com batata palha. Finis! Sirva com o bom e velho arroz branco e bon appétit!

TRILHA SONORA: Ouça *Estudando o samba,* disco clássico do Tom Zé. O disco inteiro. Faz bem para o humor, para a inteligência e ainda combina com comida (sou roqueira indiezinha, mas, não sei por que, adoro comer ouvindo Tom Zé). Se não gostar do Tom Zé, vá para o inferno ouvindo Supergrass (porque também é legal, mas aprenda a amar o Tom Zé, porque ele é o cara mais legal do universo e também deve ter receitas de guerrilha na manga).

DIFICULDADE	**FÁCIL**
PORÇÕES	**1**
HORA IDEAL	**ALMOÇO FAMINTO DE DOMINGO**

• Comentário de Paulo de Oliveira •

Ana, minha querida, este livro não podia acabar sem a gente louvar o rock'n'roll, né? Esse cânone da cultura jovem mundial. Esse universo de som e mensagens bem altas ao pé do ouvido. Viva a guitarra elétrica!!! Viva Robert Johnson, o bisavô do rock! Beijo pros Ramones, Elvis Presley, James Brown, Nirvana, Red Hot Chilli Peppers e beijo pros ingleses também. Adorei essa iniciativa de sugerir música pra cozinhar, eu também faço isso direto e canto junto pra espantar os fluidos negativos. Só me lembrei disso porque você citou o Tom Zé, esse jardineiro das palavras, um dos heróis da nação tupiniquim. E mais: sou muito a favor do tombamento da televisão de cachorro. Isso tem que virar patrimônio nacional, gente. Essa bomba nuclear de cheiros e sabores. O franguinho grelhado é coisa nossa. E ainda por cima você puxou pela memória, reelaborou a dita cuja lembrando vódrasta. Abraço no mariposo.

PERGUNTAS INTERATIVAS

Se o Hendrix estivesse vivo, faria comercial da Nike?

Esse frango satisfaz? Em que nível (1 a 47, incluindo as frações)?

Música para cozinhar:

FRANGÔYU NINJA

AUTOR: SAYO / CURITIBA (PR)

Apresentação:

Inspirei-me nos ninjas que eram guerrilheiros e seus trabalhos envolviam espionagem, assassinato, sabotagem, dentre outros... tão atarefados, certamente eles topariam esse rango very easy!!!

Ingredientes:

Frango em pedaços (qualquer pedaço, qualquer quantidade, sem regras: asa, sobrecoxa, coxa, peito, vale até a sambiquira, ahahaha) e molho de soja (shoyu). Exemplo: 4 sobrecoxas; 1 copo 250 ml (o de requeijão mesmo) cheio de shoyu (não tenha medo).

Modo de preparo:

Colocar os pedaços de frango numa vasilha e despejar o molho shoyu de forma que todas as partes fiquem cobertas pelo molho — vai no olhômetro.

Deixar descansar por meia hora ou deixar de um dia pro outro na geladeira marinando no shoyu. Colocar no forno tudo junto (frango e todo o shoyu da marinada). Dependendo do forno, deixar 20 min, 30 min, 40 min... E ERA ISSO! Fica incrível de bom!!!!!

Dica 1: se quiser ousar e surpreender ainda mais, coloca junto, na hora de assar, uns pauzinhos de canela!

Dica 2: pode usar papel-alumínio pra agilizar o assado e tirar no final pra deixar sequinho.

TESTADO, APROVADO OVACIONADO!

DIFICULDADE	**MUITO FÁCIL**
PORÇÕES	**3**
HORA IDEAL	**HORA DA FOMEEEEE!**

• Comentário de Paulo de Oliveira •

Sayo, esta tua receita é sensacional, very easy mode for very lazy people. Somente o exuberante minimalismo do maravilhoso mundo oriental pra gerar uma receita maravilhosa como essa. E graças a Deus não é obrigatório marinar vinte e quatro horas, meia hora basta, e isso é tudo, senão ia reduzir muito a aplicação do seu **Frangôyu Ninja**. A última marinada de 24 horas que eu dei foi no carnaval de 87 em Rio das Ostras. Não posso continuar falando sobre esse carnaval. Na tua receita, tu mete um drinque nessa meia hora pra manter o coração alerta, eu recomendo. Com apenas dois pauzinhos e dois ingredientes, a refeição perfeita surge diante dos seus olhos vermelhos de fome nervosa. O shoyu, ahhh, o que é o shoyu, honorável Sayo? Esse petróleo vegetal maravilhoso da geofísica dos aromas... O shoyu é o verdadeiro Chuck Norris do exército do sabor: onde todo um batalhão já falhou, ou faltou, ele chega sozinho e resolve. Chega cheio de moral e já sai distribuindo sabor pra tudo que é lado, não pode nem chegar perto que você já leva uma sapecada na consciência. Parar o shoyu depois é difícil, ele é decidido, chega junto e toma conta de tudo. Num vai chamar Chuck Norris pra chá de fralda, que ele faz o parto na tua mulher, toma o bebê de você e cria! E tem mais: chamou o shoyu pro campo? Manda o sal pro banco na hora. Oportunidade única para este guerreiro maravilhoso, guerrilheiro número 1, o sal, essa fórmula de comida, descansar. Os dois em campo, juntos, já é atitude antidesportiva, não nasce nem grama depois, acaba com o esporte da gente, arrebenta a saúde, descaralha o sabor e a pressão, e, afinal de contas, quem tá precisando de mais pressão hoje em dia? Sayo, tu é ninja, abraço pra tu, e... cortina de fumaça pra saída espetacular! *PUF!*

PERGUNTAS INTERATIVAS

Você conseguiu errar esta receita? Tentou quantas vezes?

____

____

Vinte e quatro horas ou meia hora, qual é a tua, mariner? Achou um meio-termo? Onde?

____

____

Você misturaria sal com shoyu para...

____

____

CURRY DE FRANGO À MODA DE GOA

AUTOR: ESTRADA / NOVO HAMBURGO (RS)

Apresentação:

Rapá, o negócio é o seguinte: "curry" é o nome genérico para molhos de sabor picante/adocicado. A maioria dos pratos a que estamos habituados transita entre doce e salgado. Mas o fabuloso **Curry de Frango à Moda de Goa** é uma experiência exótica que vai te tirar do tédio. Na boa, ao provar essa variedade de curry, você vai sentir que suas papilas gustativas embarcaram numa experiência psicodélica. Não é à toa que Goa, uma praia do litoral indiano onde se fala português (é isso aí, mermão, esse pedacinho da Índia já foi possessão da terra de Fernando Pessoa), recebe peregrinos do mundo inteiro cujo lema é: "Pra viajar no cosmos não precisa gasolina" (abraço pro Nei Lisboa). "Vou voltar na primavera que era tudo que eu queria..." (abraço pro Kleiton e Kledir) "Goa, Goa que eu chego já"... Aqui entre nós: esse negócio dá barato. Namastê.

Ingredientes:

250 gramas de filé de peito de frango; 3 cebolas médias; meio pimentão (a cor é livre); um dedo de pimenta vermelha (aquela compridinha); óleo de soja (suficiente para cobrir o fundo de uma frigideira grande); sal; molho shoyu (4 esguichos); 100 ml de leite de coco.

Modo de preparo:

Primeiro passo: picar os legumes. Picar as três cebolas (não picar demais. Picar de modo que fiquem em tirinhas, tipo as do bife acebolado, falei?). Picar o pimentão (picar em quadradinhos de mais ou menos 1 centímetro). Picar o dedo de pimenta (picar bem miudinho). Após tudo picado, salgar a gosto e deixar quieto numa vasilha.

Segundo passo: preparar a frigideira. Pegue uma frigideira média e derrame óleo de soja suficiente para cobrir o fundo inteiro e mais um chorinho. Leve ao fogo para esquentar. Logo que o óleo esquentar, despeje os legumes e dê umas mexidas com uma colher de pau, de preferência. Depois, deixe refogando enquanto você vai para o terceiro passo.

Terceiro passo: preparar o frango. Abra os filés de frango numa tábua de cortar carne e espalhe sal uniformemente dos dois lados de cada filé. Em seguida, corte os filés salgados em cubos pequenos.

Quarto passo: misturar o frango picado aos legumes da frigideira. Quando a cebola estiver dourada, despeje o frango picado na frigideira. Mexa para misturar tudo e dê umas esguichadas de molho shoyu (4 esguichos tá bom). Misture tudo novamente.

Quinto passo: a magia dos coqueiros de Goa. Chegou a vez do leite de coco. Depois de esguichar o shoyu na frigideira e mexer, você vai despejar o leite de coco por cima de tudo, misturar novamente e esperar que o frango termine de cozinhar.

Dica: não deixe o molho secar demais. O interessante nesse prato é que o frango fique meio ensopadinho e se possa degustar o molho.

DIFICULDADE	**FÁCIL**
PORÇÕES	**2**
HORA IDEAL	**SOL ENTRANDO PELA JANELA DA COZINHA**

• Comentário de Paulo de Oliveira •

Estrada, Estrada, aonde você foi parar... lá na terra de Goa, vida boa, no bom português. A ideia de transitar entre doce e salgado e picante e doce é muito sensual e eu aprovo de cara. Agora, Estrada, você tava psicodélico quando inventou essa receita. Viajou pra terra exótica, viu de tudo, falou português, mergulhou na praia, ouviu cítara, seguiu peregrinos e encontrou mulheres. E eu fui contigo. A minha imaginação é fruto. Gostei também da poesia, do cosmos e dos abraços. Sua receita foi muito bem explicada no português livre e, além de entender, eu transcendi e amanheci ensolarado. Os ingredientes são importantes, o prato é suculento, o cheiro é envolvente, o sabor é desviante. Amor puro. O detalhe da liberdade do pimentão também é ouro. Você escolhe. Gostei, Estrada. Mas fica aí a polêmica do curry: não é aquele pozinho amarelo-escuro de sabor inconfundível? Você tá flexibilizando o conceito baseado na nossa ignorância? Se for verdade, parabéns por saber mais que nós e dividir seu conhecimento conosco; se não for, parabéns pelo caô bem mandado. Comprei e vou repassar.

PERGUNTAS INTERATIVAS

Quem você levaria para Goa?

____

____

____

Quantos passos você deu até chegar?

____

____

____

Nível de experiência psicodélica:

____

____

____

Qual o pimentão mais velho: o vermelho, o verde ou o amarelo? E o mais novo? E o do meio?

____

____

____

____

PEIXES

Peixe é magrim, é levim, vive em relativa paz, sem usar armas de fogo nem revelar nenhum belicismo que conheçamos, e é bom pra sua saúde. Salvo se der azar e morrer entalado com uma espinha, aí um abraço. Mas isso é remoto.

E nome de peixe é uma das categorias criativas mais férteis da taxonomia mundial. Acho que isso se deve muito pela necessidade de dar nomes diferentes a cada peixe diferente que saía da água, porque só chamar de peixe não estava adiantando. Peixe tem, segura o neném, sardinha, pescadinha, xerelete, robalo, linguado, mero, dourado, anchova, enxada, cação, cavalinha, xaréu, cherne, cocoroca, trilha, corvina, congro, tainha, namorado, arraia, manjubinha, atum, palhaço, traíra, truta, bicuda, piranha, jurupoca, prejereba, lambari, soldado, viola, pacu, pescada, pescadinha, olhete, vermelho, pintado, pargo, sargo, garoupa, salmão e treme-treme. Sem falar na categoria peixe-alguma coisa, que aí, irmão, reúne basicamente todas as outras categorias de animais existentes, mais a categoria de coisas variadas, levando a lista a tender fortemente para o infinito sem fim e além: peixe-galo, peixe-boi, peixe-porco, peixe-borboleta, peixe-escorpião, peixe-cobra, peixe-águia, peixe-sapo, peixe-cachorro, peixe-gato, peixe-rato, peixe-ratinho, peixe-espada, peixe-escudo, peixe-frade, peixe-batata, peixe-batata-doce, peixe-chave, peixe-água, peixe-planta, peixe-minério... Foi mal, fui viajando aqui. E, pra encerrar sem terminar, porque não dá, é muito peixe, tem os peixes novos da nossa querida Baía de Guanabara, que são o peixe-sacola, o peixe-pet e o peixe-que porra-é-essa, venenoso.

Isso tudo sem contar os frutos do mar, eles todos em sua maioria bichos chamados de frutos, o que não deixa de ser uma jogada brilhante da parte deles. São milhares de camarões, lagostas, polvos, lulas, vôngoles, crustáceos, siris, caranguejos, cavaquinhas, águas-vivas, algas, ostras, pepinos-do-mar, krills, ouriços e tatuís, tudo isso e muito mais. Tá todo mundo fora do mesmo barco. Tamo junto. Come o peixe, colhe o fruto.

SARDINHA NA PRESSÃO

AUTOR: PAULO DE OLIVEIRA / RIO DE JANEIRO (RJ)

"Antes de mais nada: pesque a sua sardinha! Na vida pesquei quatro peixes. Um peixe por década, tá bom, né?"

Pescador Paulo de Oliveira

Apresentação:

Bora fazer uma receita simples, leve, uma receita que vem do mar. Mas embora a receita seja simples, ela é golden! Por que nós somos golden! É brilho, é nós! Abriu a geladeira e tem só um limãozinho perdido? É um limãozinho golden. Tem só um grãozinho de arroz, é um grãozinho de arroz golden; porque eu sou golden! Você é golden!

Sardinha é da família *clupeidae,* geralmente apresenta pequenas dimensões, caracteriza-se pela ausência de espinhos na barbatana anal bifurcada, tem a boca sem dentes com a maxila curta e tem as escamas ventrais em forma de escudo! Se um dia você participar de um Show do Milhão e a pergunta for "que peixe é esse?", você terá a resposta na ponta da língua: é sardinha, bebê! SARDINHA!

Por que a sardinha não tem espinha na barbatana anal? Porque sardinha vive em cardume... elevador lotado... bloco de carnaval... alguma hora ela libera, até pra equilibrar os ânimos no cardume, se rolar um estresse ali, já viu a merda que pode dar! Então é isso, tem que ficar gostosinho, tem que ser gostoso pros dois.... Só no amor será possível.

Sardinha é uma coisa maravilhosa da natureza, tem Ômega 3! Vai querer envelhecer bem? Ômega 3! Ômega 3 é bom pra energia sexual, já dá aquela garantida no bangalô de domingo. Só coisa maravilhosa! E é barato!

Essa receita nos leva de volta pra aquele momento muito temido por muitos: o uso da panela de pressão! Bora aproveitar pra perder o medo. E quando você dá uma pressão na sardinha, ela se desmancha toda! Qual a sardinha que não gosta de uma pressão? Hã? Pressão tem isso, depois que você deu a primeira e não caiu, não cai nunca mais. Pressão é bom, dá força, dá beleza. Pressão aumenta o efeito... calma, solta, cuidado.

Ingredientes:

1 kg de sardinha; um peixe da Família Clupeidae é louco. Imagina: "CLUPEIDAL!" "Hoje vou sair com clupeidal." "Hoje vou fazer um sanduíche de clupeidal com limão." "Hoje vou dar uma pressão no clupeidal." Porra... E não confundam sardinha com atum! Atum é um peixe gigante que destroem até ele caber numa latinha, enquanto que a sardinha já é praticamente uma latinha.

1 copo de 500 ml de vinagre; vinagre é um vinho velho, um vinho cheio de história, um vinho safado, um vinho poderoso. Toda bruxaria leva vinagre. Sempre tem ideias misteriosas sobre o vinagre. Vinagre já estragou faz tempo, faz bem pro alface, mata as bactérias. Se liga... o prazo de validade do vinagre não é o vinagre, mas a garrafinha de plástico que carrega o vinagre. O vinagre mesmo é eterno.

Sal, pimenta e azeite, o power trio da culinária mundial; vai fazer aniversário? Natal? Pede de presente seu power trio. Sal, pimenta e azeite. São "Os Três Tenores" da grande cozinha! Abraço pra alma do Pavarotti!

1 copo de 500 ml de água; não sei nem como apresentar esse ingrediente. É um momento bíblico. A água deveria ser de graça! Tô falando de água potável! A água é um enviado de Deus, a água é o verdadeiro Papa! O grande comunicador; o Exu de Deus é a água!

Modo de Preparo

Abra as sardinhas uma a uma, coloque sal dentro a gosto e volte a fechá-las. Coloque as amigas com amor e calma no fundo da panela de pressão, uma ao lado da outra. Um quilo vai dar pra colocar até duas camadas de sardinha. Adicione pra esta quantidade o copo de 500 ml de água e a mesma quantidade de vinagre. Pronto. É exatamente só isso! Fecha a panela de pressão e leve ao fogo alto até chiar, quando chiar abaixe o fogo e cozinhe por 40 a 45 minutos. Neste meio-tempo faça como eu, aproveite e costure os botões que faltam nas suas camisas e bermudas! Divirta-se.

Ficou pronto? Deixa sair o vapor naturalmente. Qualquer outra tentativa de acelerar esse processo é por sua conta e risco! Tá sem vapor? Agora abra sem medo a panela de pressão.

Retire as sardinhas da panela com cuidado e coloque todas elas numa tigela de vidro ou cerâmica, uma do lado da outra. Pegue o azeite e dê um bonito banho nas sardinhas. Se você, como eu, amar muito o azeite, dá até pra cobrir as sardinhas transformando a tigela numa piscina, sem medo. Deixe marinando de 15 minutos até 24 horas! É isso mesmo. Quanto mais marinar, melhor fica.

Dica: Adicione uma cebola desmanchada em rodelas e cheiro-verde picado, se tiver. Agora pra completar! Pega um pãozinho francês e mergulha ao encontro da sardinha. Abra uma cerveja e se joga! Você vai se apaixonar! Xablablau! Sardinha é amor, é saúde! Viva!

REFLEXÃO FAMINTA

AUTOR: DANILO COELHO / RIO DE JANEIRO (RJ)

Apresentação:

Sobrou bacalhau do natal, do réveillon, ou dos dois? Reflexão Faminta! Antes de mais nada não esquece de dar aquela zoada de leve, no trocadilho pro amigo vascaíno ficar ligado, e avisa que tem jogo do bacalhau na segunda, nada de risoto porque passa uva no arroz quebra o gosto, a solução é Reflexão Faminta...

Ingredientes:

sobra do bacalhau (nunca pode ir pra lixeira); creme de leite; molho de tomate; pão gratinado.

Modo de preparo:

pega o bacalhau geladinho mesmo,,, destrincha, amassando com os restos da sobra da batata até ficar uma massa consoante. leve o molho de tomate ao forno brando e adicione um pouco creme de leite em quantidade boa pra acompanhar um sanduba. já o pão gratinado vem pra fechar a porção de bacalhau junto ao molho cremoso e fazer a alegria de quem já não tava curtindo bacalhau.....

DIFICULDADE	**MAIS OU MENOS**
PORÇÕES	**1**
HORA IDEAL	**ANTES DE JOGAR A SOBRA NO LIXO**

• Comentário de Paulo de Oliveira •

Danilo Coelho – ou Coelho Doido, te conheço! –, se liga, eu esperava, sério mesmo, uma receita de cenoura, mas, pelo visto, a fome atravessa fronteiras e você trouxe a reciclagem do bacalhau de réveillon como proposta de ano-novo. Aliás, dá pra fazer um outro livro só com receitas para o reaproveitamento das sobras do réveillon, que geralmente é quando as mesas ficam cheias de comida e a sala vazia de gente, que foi toda pra rua ver os fogos e só vai voltar no ano que vem. Meu pai sempre fazia essa piada. Reflexão faminta sempre! Aliás, ação também é bom, né? Porque pensamento positivo só alimenta cofre de banco. Mas vamos lá, uva-passa no risoto quebra o gosto, como você mesmo disse, então já é. Outra bela receita, belo conceito, bela formulação: "A sobra do bacalhau nunca pode ir pra lixeira!" Precisamos fazer uma placa com essa frase pra pregar na entrada das cozinhas de guerrilha. No prato, agregou bem o tomate e o creme de leite, esse coringa da culinária mundial. Gostei quando você usou três vírgulas seguidas,,, é a reticência de vírgulas, três pausas, três vivas para o português livre, e ainda fechou com a reticência quíntupla, cinco vivas pro português livre. E mais: gostei do pão como novo suporte para o bacalhau. Legal. Porque comida de réveillon quase toda vira sanduíche, reparou? Pega duas rabanadas, mete um pedaço do pernil, uma lasca do peru, uma salada de maioneses no meio, e pronto. Reciclou 4 pratos num só. Sem falar no tender com abacaxi, que fica pra um terceiro momento. E pra quem não tava curtindo muito o bacalhau de cinco dias, nada como uma reciclagem. Feliz ano-novo e xablau!

PERGUNTAS INTERATIVAS

A tua massa ficou consoante? Como?

____

____

Passar uva no arroz quebra o gosto?

____

____

Complete:

Meu amigo vascaíno, eu sempre quis te dizer que você é ________________, independente do seu time de ________________, que eu pessoalmente ________________, mas ________________.

PEIXE DE FIM DE FESTA (OU MERLUZA AO MOLHO DE BRIGADEIRO)

AUTOR: THALES RIOS / SÃO JOÃO DA BOA VISTA (SP)

Apresentação:

São duas da manhã e você acabou de ver aquela comédia morna do Adam Sandler na casa dos seus pais. Você vai até a cozinha e encontra em cima do fogão aquele peixe empanado que sobrou do jantar, meio amolecido. Olha pra pia e vê o resto do brigadeiro de colher que sua cunhada fez (aquele brigadeiro de quem tem preguiça de enrolar em bolinhas e vai comendo direto na panela mesmo). Aí vem aquele dilema da vida de todo homem: como o peixe ou como o brigadeiro? Ou como os dois? Por séculos, o homem teve sua alimentação regrada por certos dogmas. As crianças não deviam tomar sua colorida Fanta Uva antes de terminar a comida do prato. Os restaurantes sempre servem a sobremesa após o jantar. Aposto que Martinho Lutero diria um “Calma lá!” e analisaria direito estes dogmas, propondo uma verdadeira reforma em nossos hábitos alimentícios! E foi pensando assim que, num momento de loucura e sagacidade, eu ousei passar um pouco de brigadeiro em uma pontinha de filé de merluza empanado e senti o verdadeiro gosto de FESTA NA BOCA! Demorei pra acreditar que realmente era bom isso, e comi mais um pedaço pra ter certeza. E mais um. E minha cunhada que fez o brigadeiro comeu um também. E meu pai também comeu. E nós três acabamos com o peixe e o brigadeiro em minutos enquanto tentávamos convencer os outros que achavam tudo isso muito nojento. Certa vez, um tempo depois, fui num desses restaurantes gourmets e o chef veio à minha mesa perguntar se estava tudo bom. Conversa vai, conversa vem, apresentei esta receita para ele, que, com certa indignação, respondeu quase gritando: "ISSO É RECEITA DE LARICA!" (E sim, por mais fantasioso que isso pareça, é verdade mesmo!)

Ingredientes:

Citar os ingredientes é um problema, porque eu não preparei nada da receita, além de combinar as duas coisas.

Mas vamos lá. Eu acho que para o peixe vai precisar de:

- Trocentas gramas de filé de merluza (vamos dizer que 6 filés dá pra 2 pessoas). Vale outros peixes também, mas merluza é bom porque não vem com espinhas. Afinal, mais vale um guerreiro vivo do que dois com garganta furada;
- Temperos livres (um tanto de sal, sazons diversos, limãozinho pra dar um gosto, salsinha, cheiro-verde, orégano ou outras coisas que deixem uns pontos verdes no peixe);
- Farinha de rosca (seja isso o que for);
- Ovos (acho que precisa de alguma parte do ovo pra dar aquela liga entre a farinha e o peixe);
- Óleo (pra fazer o peixe nadar);
- Papel-toalha (pra secar o peixe e não morrer de colesterol alto).

Agora pro brigadeiro, que eu me lembre, você vai precisar de:

- 1 lata de leite condensado (pode tentar doce de leite em casos mais extremos);
- 1 xícara de chocolate em pó (dizem que o do padre é o melhor, mas pode ser com qualquer um, ou farelo de ovo de páscoa);
- Algumas colheres de margarina (foi mal, eu não lembro quantas são...).

Modo de preparo:

Essa é a parte crítica da coisa... Acredito eu que você pega os filés, deixa descongelar, joga eles numa bacia, depois os temperos sortidos, e deixa eles brincarem juntos lá um pouco. Enquanto os filés vão pegando o gostinho do tempero, você faz aquela parada com os ovos, separando a gema da clara. Neste momento, é importante ter um telefone por perto e perguntar pra alguém não tão guerrilheiro qual é a parte que se usa para passar no peixe. Feito isso, você pega outra bacia ou forma e joga a farinha de rosca nela. Daí você pega um peixe, passa no ovo, passa na farinha e coloca num outro canto da bacia. Após esta emocionante parte, você começa a jogar os peixes dentro da panela com óleo fervendo. (CUIDADO! Óleo queima. Queimaduras doem.) Conforme você for sentido o desejo no coração, você vai tirando os filés da panela e colocando no papel-toalha pra dar aquela sugada no óleo. Depois disso, você faz o brigadeiro. Joga margarina na panela, joga o leite condensado, joga o chocolate e vai mexendo tudo até ficar com uma consistência de brigadeiro. Coloque os dois em vasilhas separadas, deixe esfriar (talvez deixe ficar bem frio), e voilà!

Você pode comer de três modos:

- Modo Classudo: separe o peixe em pedaços menores, coloque um pouquinho de brigadeiro por cima do peixe e coma com o dedinho levantado;

- Modo Standard: pegue um pedaço de peixe, pegue um pouco de brigadeiro numa colher, repouse o brigadeiro no peixe e coma com a mão;

- Modo Roots: pegue o peixe com uma mão, segure a vasilha com o brigadeiro na outra e passe o peixe no brigadeiro violentamente. Feito isso, devore o peixe numa mordida só.

DIFICULDADE	**MAIS OU MENOS**
PORÇÕES	**3**
HORA IDEAL	**DE MADRUGADA, DEPOIS DE UMA NOITE MAIS OU MENOS.**

• Comentário de Paulo de Oliveira •

Meu querido Thales, você é um achado! É o primeiro caso de um autor que não fez a receita, mas que a partir da sua repentina e tresloucada experiência degustativa precisou correr atrás pra saber como se faz! E correu. E embora ainda não saiba exatamente como se faz, veio aqui e compartilhou, mostrando que é guerreiro temperado no sal do deserto, na estepe da coragem, no fogo da ousadia e no mar do desapego. E isso já é praticamente o sucesso. Porque quando alguém acredita, meu querido, as coisas acontecem. Fé não falha. E por causa da sua fome de madrugada, de comida e de vida, você atropelou a barreira, furou o cano e desregulou o eixo da hipocrisia. E o pior, ou melhor, e o melhor é que foi bom. Deu tudo certo. Você riu no final. Deu uma de maluco e riu no final. E riram contigo. Não é bom? É, mas tem que tentar. E ninguém tinha tentado antes de você, ninguém tinha ido pra Lua também. Mas você foi e ainda abriu a pista. E o povo veio atrás, porque é sempre assim, alguém precisa botar a mão no fogo primeiro, acreditar primeiro, dar a cara a tapa, jogar seu rabo aos leões, pra que os outros aceitem, tenham a coragem necessária pra aceitar a cambalhota. Tão bom que seu pai e sua cunhada – que deviam estar te julgando há horas, mas diante de tamanha ousadia e certeza não aguentaram – foram lá, primeiro timidamente, bicadinha de pardal, depois vorazmente, mandíbula de tubarão, como crianças-peixe-merluza-com-dentes que descobrem um doce e lambem os beiços. Enquanto isso, pessoal do nojinho ficava lá na esquina da sala, todo mundo de rabo de olho, fazendo tititi, tatata, tututu, rotulando, mas de estômago vazio, alma vazia. O pessoal do nojinho não descobriu nada. Você, Thales, seu pai e sua cunhada descobriram. E o mais foda de tudo isso é que sua receita nos faz pensar que o bom de algumas receitas é simplesmente não ter receita, não ter ordem, não ter dogma, não ter preconceito. Eu sou o avesso do avesso, do avesso, do avesso. E essas são as receitas-improviso, nascidas do susto, do embalo, de um impulso criador que não consegue enxergar barreiras. Olé, Dogma Brothers! É isso, meu caro Thales. Palmas pra reciclagem, palmas pra bricolagem, palmas pra tudo que transforma o lixo em luxo. Abraço pros garis. Outra coisa, o chef para o qual você mostrou sua receita não estava de todo errado, mas faltou pra ele aquele touch, aquela capoeiragem, aquele poder de visionar uma coisa que brota solta na sua frente. Ele captou metade da mensagem. A gente captou ela inteira. Valeu, meu grande Thales! O mundo é menos dogma depois de você. Viva la Revolución! Fé. E quando chegar no muro: não para. Pula, ou cava por baixo.

PERGUNTAS INTERATIVAS

Você é a favor da anarquia? E da revolução alimentar? Por quê?

____

____

Merluza com brigadeiro ou bacalhau com doce de leite?

____

____

Recado pro pessoal do nojinho:

____

____

Recado pra Lutero:

____

____

____

FARINÁCEOS

Ninguém rende mais do que a farinha. E ninguém faz alguma outra coisa render mais do que a farinha. Adicionar farinha no prato é igual a colocar água no feijão, por incrível que pareça. Aumenta tudo. Come mais gente, come por mais tempo. Tá pouco? Farinha em cima. E farinha é barato. Tanto que, em restaurante tipo bandejão, a farinha está num pote à disposição. Pode pegar o quanto quiser. E tem bastante.

Falando nisso, arroz e feijão com uma farinha dando uma liga é concreto puro. Você poderia construir uma casa com essa mistura. E poderia comer essa casa. E ficar sem fome. E sem casa.

Farinha de mandioca, farinha de trigo, farinha de milho, farinha de rosca, farinha de polvilho, farinha de ovos... Desconfio que, em última análise, a farinha seja constituinte de todas as coisas existentes no mundo, como átomos que constituem moléculas, que constituem qualquer coisa. Porque você pode fazer farinha de tudo, na verdade. E qualquer coisa pode virar farinha.

Você pega um cream cracker, por exemplo, soca numa tigela e ele vira farinha. Um milho, soca numa tigela, ele vira farinha, vira fubá. Um amendoim? Vira paçoca, que é uma espécie de farinha. E o que tem depois da farinha? Nada. A farinha é o estágio final da desconstrução de qualquer alimento. Pode ficar socando mais duzentos anos que não vai sumir. Depois da farinha, só no acelerador de farinha, digo, de partículas.

Agora, a farinha geralmente é branquinha e fininha, então tem que tomar cuidado pra não confundir com outros produtos. Por exemplo, não confundir a farinha de trigo com o açúcar. Pegou, virou, já era, um abraço. Botou açúcar no lugar da farinha de trigo. Virou outra receita. Pode até pintar uma inovação aí. O erro pode ser um acerto.

Portanto, meus amigos, a farinha engrossa o que está ralo, aumenta o que está pouco, esfria o que está quente e ainda neutraliza a mordida da pimenta. Farinha é a heroína da família brasileira, farinha é a síntese do Brasil. Aliás, proponho que o grande lema do Brasil para o futuro seja: **Farinha é muita, pirão pra todo mundo.**

É. Esse deveria ser o lema do Brasil.

MIGA

AUTOR: CARLOS HENRIQUE LISBOA / (NÃO REVELOU O LOCAL ENTÃO É BRASIL APESAR DE LEMBRAR PORTUGAL)

Apresentação:

Um prato saboroso, sem muito custo, crocante e deixa muito satisfeito...

Ingredientes:

2 copos de farinha de trigo; água; sal a gosto.

Modo de preparo:

Coloque a farinha em uma vasilha e dose um pouco de água para ficar uma massa úmida e não muito mole nem muito dura. Coloque o sal a gosto e mexa. Depois leve ao fogo e esquente até começar a endurecer, depois é só fazer picadinhos pequenos até virar uma massinha crocante e saborosa.

DIFICULDADE	**MAIS OU MENOS**
HORA IDEAL	**À TARDE, EM CASA, QUANDO NÃO TEM NADA PRA COMER.**

• Comentário de Paulo de Oliveira •

Carlitos, mas que way, hein! Você me lembrou Jesus Cristo e Maradona com essa receita, brother, de uma só tacada matou os dois coelhinhos filhos dos deuses. Que parada louca. Uma comida etérea de tão simples e ao mesmo tempo meio argentina. Eu achei demais. Por quê? Porque você atingiu alguma espécie de cume da simplicidade. Paz, irmão. Tua paz me impressiona. Dificuldade mais ou menos, três ingredientes, sendo que um cai do céu, a água; e outro sai do mar, o sal, que, além de termos sempre em casa, pode ser dispensado se estiver em falta; e o último é farinha, outra razão pr'eu me lembrar de Dieguito que não o nome do prato. Uma hóstia psicodélica pra elefante de circo em forma de farelo. Muito crazy. Agora, dificuldade mais ou menos? Subestimou a firma. Outra coisa: consistência "não muito mole nem muito dura"? Deve residir aí a razão da dificuldade mais ou menos, acertar a consistência correta, perfeita.

PERGUNTAS INTERATIVAS

A simplicidade?

Há simplicidade?

Entre comer a Miga de Carl's'enrique ou jantar pra sempre hóstia, o que você encararia com menos temor?

Miga, sua louca?

FAROFA DE FARINHA

AUTOR: COME CRU / JABOATÃO DOS GUARARAPES-PE

Apresentação:

Este prato é o resultado da necessidade. Na região da Zona da Mata pernambucana, os cortadores de cana da época e ainda hoje não tinham nem dinheiro nem tempo para preparar pelo menos uma refeição de guerrilha, então insurge da injustiça para a defesa dos fracos e famintos a oitava maravilha do mundo que é este prato.

Ingredientes:

Farinha (100% nordestina é mais gostosa) — 1 kg (é que nem mulher! quanto mais melhor). Carne de Charque (5 sóis) (sem sufeto[8] que causa câncer) — 1 kg. Não seja mão de vaca. Cebola — uma grande e grossa que nem um cará. Cebolinha — uma tuiha, mais ou menos uma mão rasa. "Qüentro" ou "qüento" — devagar, o bicho é forte, umas 3 colheres tá bom.

Modo de preparo:

Escalde a carne de charque, três vezes, eu não uso o primeiro escaldado, tem muito sal e toda a sujeira da carne, usaremos o segundo escaldado, separe a charque do escaldado. Pique a cebola, a cebolinha e o qüento, separados, e separe. Ferva o segundo escaldado (o que estava separado), quando ferver junte a CEBOLA, apague o fogo, acrescente a cebolinha e o "qüento", mexa e acrescente a farinha (este verdadeiro manjar) de uma vez só, mexa, seja coerente, veja a quantidade de água e a quantidade de farinha, deixe aqueles bolos, nem seco nem papa, deixe em uma consistência que se faça um bolo na mão. Este verdadeiro manjar só e somente só come-se com carne frita ou assada, da carne de charque eu gosto frita, sem nenhum tipo de tempero, só a carne picada e óleo. Com carne de caça é outra delícia. SEM SER CALANGO, COMO MUITOS ACHAM, INCLUINDO APRESENTADORA DE PROGRAMA DE TV. Minha mulher gosta de picar ou seja pica não não picar a pica ora porra foda-se, ela corta bocados da carne e tempera com: tomates, cebola, pimentão, cominho e frita.

DIFICULDADE	**FÁCIL**
PORÇÕES	**4**
HORA IDEAL	**ALMOÇO**

8 Ninguém entendeu; cartas para a redação.

• Comentário de Paulo de Oliveira •

Come Cru, que nome sapeca, hein? Então, eu conheço vários calangos, eles são legais, mas não são caça. Até porque o custo benefício de se pegar e assar um calango é duvidoso pra mim que moro no litoral. Sou mais chegado num coco, que não foge nem morde. E falando em natureza, aqui no Rio só dá pra caçar no supermercado, que nem passarinho gordo tu acha mais pela cidade. Tá fogo. E como no supermercado tu caça com dinheiro, fica mais difícil pra mim que tô sem munição. Gostei muito da sua receita. Confesso que o nome dela me deixou meio confuso, uma vez que eu sempre imaginei que farofa fosse feita de farinha mesmo e assim duvidei do que eu já sabia. Sensação igual a de escrever uma palavra que você quase nunca escreve, como, por exemplo, marsupial, que você fica olhando e duvidando se é assim mesmo que se escreve. De qualquer forma, na leitura dos ingredientes e, principalmente, do modo de preparo, vi que estava tudo certo e me tranquilizei. E falando nisso, não sei se você percebeu, mas tem umas três receitas dentro da sua receita. A da farofa de farinha propriamente dita, a do charque frito puro e a do charque temperado e picado, com todo o respeito, pela sua mulher. Três em um. Achei positivo isso. Aproveitou o formulário. E sua receita principal é uma receita escaldada, da raça, da luta, do calor. Pernambuco traz isso, eu choro de emoção e orgulho. Terra de bamba. A lama e o caos, a fome e a labuta, a praia e o amor. Come Cru, gostei de tu. Vamos caçar juntos.

PERGUNTAS INTERATIVAS

Escaldar pra você é:

____

____

____

Potencial de ôche:

____

____

____

Caçou o que com quê?

____

____

____

JOELHO DO RONALDO

AUTOR: PAULO DE OLIVEIRA / RIO DE JANEIRO (RJ)

Apresentação:

No Rio de Janeiro é joelho, em São Paulo é enroladinho de queijo com presunto e em Niterói é italiano, mas em qualquer lugar do Brasil o joelho é um clássico. Ele vai bem em qualquer horário do dia, é aquele jogador versátil que corre o campo todo, ele vai bem de café da manhã com um suquinho de caju, vai bem de lanchinho da tarde com um café, vai bem de larica da madrugada voltando da balada que era ruim e tinha fila pra pegar bebida. Ele melhora seu dia, ele consola uma paquera malsucedida, ele é companheiro, é um alento. Um joelho quentinho com ketchup cura qualquer porre de birita; você já está pronto pra escovar os dentes e dormir com três travesseiros pra não enjoar a noite toda bem gostoso. O joelho forra, ele traz a calma que seu estômago precisa num dia difícil.

Reza a lenda que seu nome é joelho porque no display de salgados fica embaixo da coxinha, tal qual a anatomia humana. Tem quem diga também que é porque você come dobrando ele ao meio igual um joelho dobrado ao meio. Ele é base da culinária de boteco, assim como o nosso joelho é base de tudo. Não existe craque de futebol sem joelho, acabou o joelho, acaba a carreira, beijo pra Zico, meu herói.

Uma coisa muito bonita que tem que ser ressaltada sobre essa receita de joelho é seu recheio de queijo com presunto. Muitas vezes banalizada, esse mistura é a dupla de ataque, é o Bebeto e Romário da culinária mundial, me arrisco a dizer que qualquer alimento salgado com queijo e presunto fica gostoso, com eles não tem placar em branco.

Essa receita clássica é para o guerreiro ou guerreira que não tem medo do salseiro, de jogo truncado, que arrisca comer farinha com óleo. Porque a receita de hoje leva muito das duas coisas, farinha e óleo. Farinha tem que ter cuidado, vai devagar com a farinha, intercala com a salada, porque farinha é foda, não dá pra ficar todo dia na farinha que vai se prejudicar. Óleo também. Se comer demais, vai entupir a artéria e blau blau, empacota mesmo. Então segura a onda no óleo também que é pra viver mais e dar menos prejuízo pra família quando envelhecer. Ponte de safena custa caro, é uma viagem de um mês em Búzios, então segura a onda do colesterol pra poder viajar pra Búzios no verão e ter uma terceira idade praiana pescando robalo.

Essa minha receita é do joelho do Ronaldo, mas não é Ronaldo Fenômeno nem o Gaúcho, é outro Ronaldo, que tem joelho também.

Ingredientes:

500 g de farinha: não exagera, vai devagar
300 g de queijo: derretido é golden
300 g de presunto: papai porco nos alimenta
1 gema de ovo: não é o ovo todo
1 colher de sopa de açúcar
1/3 de colher de sopa de sal
1 copo de leite quente
½ copo de óleo
15 g de fermento seco: é fedido

Modo de preparo:

Primeiro você mostra que conhece os detalhes, os atalhos do campo, e mistura a rapaziada mais sensível dessa receita: açúcar, fermento e o leite. Vai subir um cheiro estranho, calma. Calma porque o fermento é um ingrediente que tá vivo, mas fede a coisa morta, é um grande mistério o fermento, se quiser pesquisar o motivo dele feder fica à vontade, eu não sei o porquê, mas eu confio que seja um fedor do bem. Mistura bem essa criança e depois acrescenta o leite. Se você acrescentar o sal e leite quente em cima do fermento, você vai matar o fermento, hein! Eu fiz isso na primeira vez e matou mesmo, o joelho não cresceu nada, ficou um joelhozinho de Iranildo Chuchu. Pesquise. Então bote o leite na temperatura ambiente. O leite é um colo de mãe, um alimento que acalma, ele já vai dar

EU QUERO MAIS UM!
danielog 2022

NHOC

uma normalizada no odor da receita, deixando com cheiro de comida. O próximo convidado a chegar nesse baile de sabor é um bad boy que vai fazer sua coronária arrepiar, o óleo. Misture o óleo também e se prepare que lá vem a farinha, misture a farinha e sove a massa até desgrudar da mão.

Agora é botar o neném pra dormir. Tampe o pote com a massa só com um pano de prato e deixe descansando por uns quarenta minutos, essa massa no cobertorzinho vai crescer e ficar bonita.

Massa descansada, chegou a hora de dar forma aos joelhos. Estique a massa e coloque o queijo e presunto no meio, do tamanho que sua consciência mandar você fazer o joelho. Lembre de deixar folga nas laterais pra você poder enrolar o recheio. Eu gosto de fazer ele fechado igual um pacotinho.

Depois de fechar o joelho com a massa, chegou o momento mais tenso do dia, separar a gema do ovo. Deixa escorrer a clara por entre seus dedos e fique só com gema. Acomode os joelhos já fechadinhos numa bandeja ou forma e pincele a gema por cima que é isso que vai fazer ele ficar dourado igual ao Renato Gaúcho no verão de 86. Leve ao forno pré-aquecido em 180 graus por 45 minutos ou até dourar no nível de dourado que você gosta.

Nota sobre o recheio: usei o clássico de queijo com presunto, mas vale qualquer recheio, pode botar uma cebola junto, pode fazer de frango, de peito de peru com queijo minas, com o dedo da sua mãe. Brilhe na criatividade.

O INACREDITÁVEL CHURROS DE AIPIM

AUTOR: PAULO DE OLIVEIRA / RIO DE JANEIRO – RJ

Apresentação:

Tudo na vida tem uma inspiração: começa lá no bebê que inspira o primeiro ar que vem, chora de emoção e mama na mamãe e dorme, e continua comigo velho adulto, que me inspiro no churros de doce de leite do meu amigo Tony Blair da praça São Salvador pra criar o inacreditável churros de aipim. Esse salgado recheado, lambuzado de vontade de beber e sair de casa sozinho pra voltar acompanhado e ser feliz. Olha o tamanho desse começo. Mas nem foi isso. A ideia do Churros de Aipim veio num sonho. Sonhei com um churros salgado pra comer tomando cerveja, que é a missão de todo salgado.

Não precisa ter medo do Churros de Aipim, porque ele nada mais é do que a união de duas coisas que você conhece muito bem: o churros e o aipim. O Churros de Aipim é o amigo do amigo. E amigo do meu amigo é meu amigo também, isso é a lei do fim de festa. E por que churros no plural e não churro? Não sei, mas eu chuto que é porque você não consegue comer um só. Simples. E mesmo quando você consegue comer um só um, porque a falta de dinheiro te propicia esse limite, você não pede um churro, você pede um churros, com s, porque o desejo é de milhões. Ok? Então vamos juntos nesse sonho, que dá trabalho mas compensa em algum lugar.

Ingredientes:

Três aipins, a raiz que já sustentava o Brasil antes do Brasil ser Brasil (se certifique que está comprando aipim, e não outra raiz parecida, tipo, digamos, inhame);

Farinha de trigo, pra dar aquela liga. Beijo pra Liga das Escolas de Samba. Cadê aquele camarote?;

Manteiga, nossa amiga;

1 ovo bom;

Sal e água;

Queijo ralado, pra dar aquele broche;

Queijo cheddar em forma de pasta pra rechear o canudo;

Uma seringa grossa (onde você vai arrumar isso é contigo).

Modo de preparo:

Vou abrir o jogo logo: é bom usar a panela de pressão pra fazer essa receita. "Ah, tô com medo, não tenho panela de pressão, não quero, sou contra pressão, me solta." Ok, cozinha por dezoito horas o aipim até ele ficar macio - mentira, falei só pra assustar, se cozinhar por duas horas e meia já dá. Mas eu se fosse você, aproveitava agora pra usar a panela de pressão e perder o medo. Dá uma distância, compra um capacete, fica com a moça do Samu na linha e vai.

Outro lembrete, essa receita eu que inventei mesmo, ok? Se você conseguir fazer melhor na sua casa, usando outros ingredientes, você faz uma carta e me manda.

Então começa cortando o aipim, ou mandioca, ou macaxeira, use o nome local da sua raiz. Aqui temos um ponto importante: na primeira vez, comecei cortando o aipim e ele estava cortando muito fácil, estava igual um sabonete de tão macio, parecia uma maçã. E por que isso? PORQUE ERA INHAME! Não era aipim que eu tinha comprado. Eu tinha comprado INHAME, mermão. Porra. Tava um creme a parada. A receita estava certa, churros de aipim, mas eu fiz essa confusão de raízes e trouxe pra casa o inhame. Quando você não sabe, quando encontra, não conhece, normal. Também não pode se abalar com um erro desse, que pode acontecer. Então se informe. Procure esse show de inocência que eu dei no YouTube e aprenda com o meu erro. O bom de aprender com os erros dos outros é que você economiza os próprios erros pra errar em outras ocasiões e ter novos aprendizados. Então volta tudo. Vai na feira, fala de novo com o feirante, assume o erro do inhame sem medo, devolve e compra o aipim.

Descasca o aipim e corta — você vai ver que é bem mais duro que o inhame. É bem mais difícil de cortar, mas é bem fácil também. Não é como descascar um navio, ou cortar um chevette, cortar e descascar o aipim é cortar uma planta, uma raiz. É "cortar o bem pela raiz", não sei se essa analogia faz sentido, mas larguei pra vocês. Bom, corta o aipim em cubinhos pra cozinhar mais rápido. Evite colocar a casca do aipim na panela também, tenha atenção. Aí bota água até cobrir o aipim, mais ou menos dois dedos acima. E bota na pressão. Quando começar a apitar, vem com sua roupa de amianto e abaixa o fogo. Deixa ali uns 20 minutos. Quando abrir a panela, tá pronto, tá macio, tá creme.

Aí bota o aipim cozido numa vasilha e amasse com um garfo. "Ah, não tenho garfo", amasse com um pente. Dá seu jeito. Lava o pente. Lave as coisas. Amasse. Depois de amassado, coloque não 1 banheiro, nem 1 sala, nem 1 corredor, mas 1 quarto de manteiga. Gostou dessa piada? Então, um quarto de manteiga pra 1 quilo de aipim. Agora, um quarto de quanto? Esse é o lance. É um quarto daquele tablete de manteiga que a gente encontra no mercado. Não sei quanto isso dá em gramas, mas você vai descobrir. Agora amassa com manteiga junto. Tudo meio quente. Amassa. Agora é o ovo. Abre e joga o conteúdo do ovo dentro de um copo primeiro! Porque se o ovo tiver podre e você abrir ele direto na sua massa, vai perder três horas de trabalho, fora o dinheiro e a fome e a depressão. Então bota o ovo na massa só depois de conferir se ele está bom.

Depois bota farinha e vai mexendo, que agora vai virar uma massa. Ou deveria, né. Vamos torcer. Quanto de farinha? Não sei, vem botando. Até ficar com uma consistência média. Malandro, o grau de subjetividade dessa receita é muito alto, já deu pra perceber, então não tem como te dizer se você vai acertar ou errar, porque a margem de erro é de 100% pra mais e pra menos. Tem que fazer e avaliar o resultado.

Pra fazer o design do churros, aquele canudo estrelado, você precisa de um bico de confeiteiro e um saquinho de confeiteiro. Como eu sei que você dificilmente vai ter um troço desse na sua casa, pede pra mamãe, compra numa loja do ramo de culinária, ou simplesmente improvisa. Faz com um saco de feira, um bico de garrafa pet, inventa. É o mecanismo da pasta de dente: um tubo com um buraco, que você espreme e sai um cilindro de massa. A única coisa é garantir que a massa saia num diâmetro que habilite o recheio. Você há de convir que rechear um espaguete é bem mais difícil que rechear uma manilha de obra. Então é isso, espreme no tubo, faz um canudo grosso de mais ou menos dez centímetros de comprimento e uns 3 centímetros de diâmetro. O famoso toletão. E coloca pra fritar. Se o canudo não sair, ou sair em forma de bolotas, você pode botar mais farinha pra aumentar a consistência.

Tu vê que dá trabalho quando a gente já passou mais de quatro horas e só agora a comida está aparecendo no final do túnel, mas ainda tem chão pela frente. Fritou o churros?

Deu certo. Parabéns, já pode comer direto? Sempre. Passa ele no queijo ralado e manda pra dentro. Mas se você quiser fechar com chave de ouro, você vai rechear com cheddar, com catupiry, com pasta de azeitona ou até mesmo com doce de leite, pra dar aquele bug no cérebro. Pega um palito, fura o seu churros no comprido, mas sem atravessar o outro lado pra não vazar. E aí mete o cheddar na seringa e injeta sabor no seu churros. Essa experiência de encher uma seringa de cheddar é uma das experiências mais alucinantes da vida. Pode confiar. Se você conseguiu fazer, parabéns! Não vamos avaliar aqui a qualidade do resultado, não importa. Vamos celebrar o resultado em si! Parabéns!

PANQUECA PRA MENTES DEBILITADAS

AUTOR: GUSTÃO / IPATINGA (MG)

Apresentação:

Massa de panqueca básica, fácil demais de fazer e numa receita impossível de esquecer. O recheio é por sua conta: coloque o que der. E o melhor: se não tiver nada, pode comer pura mesmo!

Ingredientes:

Uma xícara de farinha de trigo (se num tiver, pede pra vizinha, e aproveita e chama ela pra comer); um ovo (podre num vale, pode dar esquizofrenia. Se num tiver em casa, vai no supermercado e rouba. Mas cuidado! Não use cueca samba-canção, senão ele cai no chão e sua malandragem não vai servir de nada); uma xícara de leite (se num tiver leite de caixinha, pega aquele leite em pó do seu sobrinho.); sal a gosto (pode usar uns três saquinhos daqueles de restaurante); a quantidade de óleo suficiente pra num deixar grudar (pode ser azeite, óleo, manteiga ou qualquer outro óleo comestível. Vai depender do sabor que você quer ou do que você tiver em casa); o recheio que você quiser. Mas fica bom com um cadin de mussarela na base. Dá aquela sensação de coisa gostosa).

Modo de preparo:

Junte todos ingredientes no liquidificador, tampe o bendito e bata até misturar tudo. Mas coloque primeiro o leite e o ovo, antes da farinha, senão corre o risco de travar o motor e queimar essa porra. Se num tiver liquidificador, misture tudo freneticamente, fazendo da colher as lâminas do maquinário. A massa fica bem líquida mesmo. Não se assuste, vai dar certo. Depois de muito bem batido, coloque um cadin de óleo (o suficiente pra não grudar) numa frigideira rasa, ligue fogo e deixe ele baixo. Despeje um cadin da massa e espalhe por toda superfície, virando a panela. Mas tem que ser ágil. Se demorar, a massa endurece e num vai ficar bunita. Mas vai dar pra comer. Depois que a massa corar de um lado, com ajuda de algum utensílio, vire ela pra corar do outro lado. Logo que virar, coloque o recheio no meio, pra que ele possa aquecer. Quando você achar que tá coradinha, enrole a bagaça, formando um canudo recheado, e pode comer. Cuidado pra não queimar a boca.

DIFICULDADE	**MUITO FÁCIL**
PORÇÕES	**5+**
HORA IDEAL	**QUALQUER HORA, É UMA RECEITA VERSÁTIL. COM OS INGREDIENTES CERTOS, VIRA UM BANQUETE**

• Comentário de Paulo de Oliveira •

Gustão, *son of a brenf*, adorei a frase "pode comer pura mesmo". Puro ar da infância sacana das nossas vidas, ai, ai, ai, aquela sensação de coisa gostosa, como você bem disse... E o vazio de recheio. Tudo o que eu tenho a dizer pra você e pra tua mente, meu querido, é hiperlativo e serve exatamente pra enaltecer a superempolgação agigantadora e exclamativa que tua receita campeã despertou em meu coração! É fucking master rockenrou! É liberty freedom of the esculhembaited minds! É isso mesmo! Sem medinho, brother! Vai lá e faz esta panqueca sorrir pra você! Coloca na sua cabeça: "Panqueca ama o homem com fome!" Ela é nossa. Viva as panquecas! Viva com elas e pra elas! E já viu palavra mais gostosa? PANQUECA. PAN, de pancação; QUE, de quero muito essa porra; e CA, de cacete, mas que bagulho gostoso! Você fica torto só de falar. Se pronunciar panqueca bêbado, cai no chão, bróóóder! Pelo menos foi o que aconteceu comigo outro dia, biritado, segurando o liquidificador na mão, a farinha na outra, a mente rateando. Tratando um ou outro ingrediente adquirido pela apropriação indébita, aquele fluxo de amor, resolvi gritar panqueca bem alto pra celebrar o momento e pra todo mundo ouvir, e caí pra trás estatelado no chão da minha cozinha, bróder, acredite você ou não. Simplesmente aconteceu. Deve ter alguma relação com a DEBILIDADE inerente à emoção profusa. A gente se expõe, a gente fica vulnerável, às vezes. Ovo podre dá esquizofeelings? Então pode ter sido isso. Mas não importa, o que importa é que receita simples é felicidade garantida! Gusto muito, Gustão. Abraço pras mentes debilitadas e emanações fraternas praqueles mais audaciosos, que roubam ovo no mercado mesmo de cueca samba-canção!

PERGUNTAS INTERATIVAS

No final das contas, seu canudo foi recheado com:

Curtiu o ovo? Onde?

Já arrebentou o liquidificador na farinha? Por quê?

ENTOPE DE TUTU

AUTOR: LILICA 277 / RIO DE JANEIRO (RJ)

Apresentação:

Vindo da night, solitário e pra variar com um buraco enorme na barriga, sem dinheiro porque você perdeu a comanda e teve que pagar trinta vezes, sei lá, noventa vezes um valor x. De repente, você lembra que o seu ex-sogro adorava um tutu à moda mineira que a sua ex-sogra sabia fazer como ninguém. Bêbado, eis que a dolorosa arte de pensar quase dá um nocaute nessa pobre criatura esfomeada. Você chega em casa e lembra que tem feijão congelado, eis que surge o problema, o feijão está congelado, mas isso não importa, pois você viajará na fumacinha que irá subir pelo ar ao tacar aquele bolo preto na panela, o ovo quebrado que sobrou da moqueca de ovo se tornará seu fiel aliado. Aquele pacote de farinha que você pegou por engano no supermercado achando que era açúcar será o responsável por preencher o espaço vazio entre o ar e o feijão e dará um requinte ao seu prato, e não podemos esquecer do resto do churrasco da semana passada, que está num potinho esquecido e solitário na sua geladeira. E vamos ao trabalho pesado.

P.S.: a sobra dessa argamassa será muito útil para tapar o buraco da goteira que parece uma cachoeira no seu quarto quando chove, já que quem é solteiro nunca conhece um pedreiro.

Ingredientes:

Uma porção de feijão, equivalente a quatro mãos (juntas) cheias de feijão. 2 ovos (1 que você deixou a gema quebrar e o último que está na porta da geladeira). Sobras do churrasco: metade de uma linguiça, uma mão junta de carne e uma asa de galinha desfia-da em homenagem ao galo que morreu na quarta cacarejada do quinto dia. E farinha até a cor preta do feijão sumir, ou seja, bastante. Manteiga: um chorinho, uma colher de café, se você não tiver essa colher é só medir através da linha superior do seu dedo mindinho até a unha (curta). Sal apenas um piricutico, bem pouquinho mesmo porque o objetivo é sentir a farinha e somente ela. Cerveja o suficiente para ajudar o bolo descer.

Modo de preparo:

Numa frigideira, faça o ovo mexido, com o piricutico de manteiga, margarina, sei lá banha de porco, óleo usado, enfim, com algo que não deixe grudar na frigideira. Deixe o ovo pronto descansar. Descongele o feijão, o processo é muito simples: é só tacar na panela preta com fogo alto e depois que derreter abaixe o fogo. A carne tem que ficar quieta aguardando a sua entrada triunfal. Depois é só misturar. O feijão já no meio de campo aguardando a entrada do ovo, depois do resto da carne do churrasco, e por último a farinha, um ultra xablablau de farinha para finalizar. E, para decorar o prato, coloque aquela folhinha de uma verdura que você não sabe nem qual é, que está dentro da última gaveta da geladeira, e voilà.

DIFICULDADE	**MUITO FÁCIL**
PORÇÕES	**5**
HORA IDEAL	**DEPOIS DA NIGHT**

• Comentário de Paulo de Oliveira •

Lilica277, que nome misterioso. Você é o ducentésimo septuagésimo sétimo Lilica? Ou é o Lilica do número 277? Ou é o Lilica do ônibus 277? Ou é o Lilica do apartamento 277? Ou é o Lilica dos duzentos e setenta e sete predicados? Hein? Mistério. Até porque o certo seria Lilico, tal qual o professor de futebol dos meus tempos de escola, uma vez que no seu relato você se descreve bêbado e solitário. Mas tudo bem, o importante é a fome de amar e de comer. E, Lilica, gororoba é comigo mesmo. Me amarro. Sempre curti argamassa, desde meus tempos de estagiário de servente de pedreiro-assistente em Saquarema. Foi bom aquele tempo, sempre virava uma massa pensando em comida. Gostei também da tua descrição pré-prato. Bêbado, solitário e sem comanda. É assim mesmo. Aceita. Um dia também perdi a comanda e a porrada comeu, porque eu não tinha dinheiro nem pra pagar a metade do x, que dirá noventa vezes o x. E que x era esse? Quando bate a saudade do namoro, bate a saudade de tudo. Que bom que ficou a memória desse prato, pelo menos alimenta. Uma vez também confundi farinha com açúcar e fiz uma farofa de caipirinha, meu chapa. Deu onda. A medida da unha pra colher de café foi uma das maiores descobertas desse ano na minha vida, obrigado. Até cortei a unha ontem, pra economizar manteiga hoje. E sua receita é espetacular no sentido aproveitamento de sobras. Ela é basicamente feita de sobras. Selo Larica Total de Culinária Verdade Mundo Melhor. Ótimo. E este termo "piricutico", que eu só ouvi da minha avó, botei até no glossário do livro. Especial. Agora, não morre entalado de **Entope de Tutu** com essa cerveja por cima, porque não precisa. Vai na Coca-Cola, vai no suco de limão, que é mais seguro. Cerveja pode estufar essa bomba e já viu, né. De resto, tudo certo, não sobrou nada, nem pra remendar a goteira. Deixa a goteira pingar mesmo, que é mais um jeito de beber água. Valeu Lilica, duzentos e setenta e sete abraços pra você e sua ex-sogra!

PERGUNTAS INTERATIVAS

Já comprou farinha em vez de açúcar?

____

E farinha em vez de erva?

____

Experimentou usar o Entope pra remendar buracos na parede de casa?

____

VEGETOTAIS

Eu já fui vegano. Um veganboy. Eu já fui um veganboy de Copacabana! É verdade. É, mermão, comedor de açaí com granola, devorador de saladas verdes, cinco frutas por dia, degustador de legumes cozidos com muita fé no arroz integral, suco verde, vitamina de nabo, torta de jiló, abricó de pepino, canapé de gengibre, batida de rabanete. Porque o verde tudo salva. Não durou muito tempo, foi só um refresco, foi só um tempo que eu dei pro meu interior, um sossega neném, só pra regular o corpo elétrico.

Barriguinha de tanque do exército. Castanhas, frutas secas, saladas multicolors, leguminhos grelhados, verdurinhas brisalentas, a fantástica arte de condimentar os alimentos. Aprendi até a escolher as frutas de acordo com a estação.

É importante sempre, sempre, sempre experimentar mais sabores verdes de todos os tons. Viu um matinho? Toca nele, sente a textura. Viu uma coisinha diferente, uma pastinha de abobrinha, um grão-de-bico, uma alface com bertalha e agrião? Vai fundo e se abasteça deles, deixa entrar nesse corpinho ácido um pouco de natureza, enfim. Uma vantagem: os legumes não mordem. Eles são da paz. Eu sou da paz. Então vai. E lembra: verdes são aqueles que amam todas as cores. Fui na feira.

ANTEPASTO DE ABOBRINHA E OUTRAS BOBEIRAS

AUTOR: ALECRIM 75 / NITERÓI, CIDADE ONDE ATÉ URUBU VOA DE COSTAS (RJ)

Apresentação:

Não desvalorize legumes singelos,
Para extrair seu sabor não é preciso travar duelos.
Basta que o cozinheiro seja audacioso,
Ou que a larica deixe seu estômago nebuloso
E qualquer prato fica apetitoso.

Apresento a abobrinha, prima da abóbora. Há vários tipos de abobrinhas, procure em feiras e peça orientação ao vendedor. Abobrinha fica perfeita combinada com tomate, cebola, cogumelos e azeitonas. Regada com azeite, humm... Após uma boa garfada, feche os olhos, sinta o seu sabor divino e sonhe. Quando temperada com manjericão e salsa, nunca mais desejará acordar desse sonho.

Esta receita é prática e fácil, ideal para poetas de varal que dominam a arte de fatiar. As visitas adoram, portanto se um amigo chegar sem avisar, surpreenda-o com o antepasto, mas se ele não é bem-vindo, esqueça, pois corre o risco do chato querer voltar.

E vamos deixar de conversa porque é feio falar de boca cheia.

Ingredientes:

3 abobrinhas médias (pode ser uma de cada tipo, é opcional); 3 tomates; 1 cebola; 1 pimentão vermelho; 1 pimentão amarelo; 1 xícara de azeitona verde sem caroço; 1 xícara de

shitake (cogumelo) fresco; 1 xícara de muçarela de búfala ralada; sal, manjericão fresco, salsa picada e azeite de oliva, todos a gosto.

Modo de preparo:

Fatie as abobrinhas, os tomates e a cebola. Pique as azeitonas e os pimentões. Parta ao meio o shitake; caso não encontre esse cogumelo, substitua-o pela delícia que seu paladar desejar. Coloque tudo em uma travessa forrada com papel-alumínio (facilita no momento da limpeza), alternadamente.

Tempere com a salsa picada, manjericão e sal a gosto. Regue com o azeite – a quantidade escolha à vontade, pois gosto é feito CPF, cada um tem o seu. Cubra com papel-alumínio e leve ao forno médio pré-aquecido, de 20 a 25 minutos, ou até amaciar. Retire o papel-alumínio. Salpique a muçarela de búfala ralada. Se o patrão não aumentou seu salário ou ainda é um simples estagiário, calma! Use muçarela convencional, que também fica saboroso, ou pule esta parte da receita. Leve ao forno por mais 5 a 10 minutos para dourar. Sirva como sua imaginação de repentista permitir: no pão, puro, com arroz, com aquela gostosa... O antepasto pode ficar na geladeira, em pote fechado, durante até uma semana, para as horas que a larica atormentar: a barriga reclamou, coloque o antepasto no pão e entoe o seu repente. Desculpe o português correto, tentei cometer erros sem sucesso, meu vernáculo aprendi com Camões.

DIFICULDADE	MUITO FÁCIL
PORÇÕES	4
HORA IDEAL	CHURRASCO DOS AMIGOS; LEVE E DEIXE TODOS ADMIRADOS COM SEUS DOTES DE CHEF, PRINCIPALMENTE PORQUE EM CHURRASCO SEMPRE FICAMOS COM FOME

• Comentário de Paulo de Oliveira •

Poeta! Poeta!!! Alecrim75, digníssimo vegetariano não-confesso, eu confesso: já vi muito urubu voar de costas em Niterói, cidade encantada, mirante de minha terra venal, paragem onde churrasco termina com fome e poetas de varal varam madrugadas dominando a arte de picar, por mais brown sugar que isso possa soar... Li tua receita cinco vezes de tanta emoção, pura poesia e muita fumaça, me deu saudade de uma rima rica, de minha prima Kika, de uma certa marica que eu perdi atrás do sofazinho da sala depois de matar aquela larica. E só alimentos naturalmente gostosos, destacando principalmente a prima da abóbora, aquela parente distante, ainda desconhecida, misteriosa, que chega de repente na tua festinha se apresentando: "Oi, Paulinho, eu sou a Abobrinha, prima da sua prima, a Abóbora...". Ah, a abobrinha... Esta tua receita é a sofisticação do simples da elegância da inteligência do barato! Nenhum ingrediente caro, nem mesmo a muçarela de Buffalo Bill! Aliás, só visando criar parâmetros na birutolândia, caro mesmo é a revisão do carro da minha cunhada que eu vou ter que pagar, quebrou na minha mão, como era de se supor, e era só pra ir até ali na esquina... E veja mais, Alecrim75, meu caro, você falou que gosto é que nem CPF; pois saca a ironia, saiba que eu recém-perdi o meu CPF, e então, pra não ficar vendido, aprofundei meus gostos. Mas voltando à receita, guerrilheiro de Camões, eu já começaria a comer na hora de picar, porque todos os ingredientes são deliciosos e saudáveis. Já estou adentrando a cozinha. Já estou picando. Já estou pendurando no varal. Já estou entoando de repente: "Naturaleza, te amo." Parabéns, Alecrim! Se ontem comi muito mal, hoje voltei a sorrir, graças a você e ao reino vegetal. Abraço pros parentes e beijos pras primas! (minhas donas, sempre, sempre, sempre, apesar de não termos podido casar, só nos apaixonar.) E outras bobeiras, muitas bobeiras, sem eiras nem beiras, sem borda pra se segurar, bobeiras verticais. Bobinho. Bobinho já foi senha de internet lá em casa. E ninguém nunca descobriu.

PERGUNTAS INTERATIVAS

Acredita nos legumes? E em urubu voando de costas?

____

____

Já saiu de churrasco com fome? Por quê?

____

____

Pra você, antepasto é...

____

____

Qual a senha da sua internet de casa?

____

____

LEGUMES À BELEZA AMERICANA

AUTORA: MARIANA FILGUEIRAS / RIO DE JANEIRO (RJ)

Apresentação:

Lembra daquele momento pseudo-poético do filme *Beleza Americana*, em que um saco plástico fica dançando ao vento? Enquanto um casal observa, tirando conclusões sobre a vida, os medos, o céu e a Terra? Pois então: o prato que vou apresentar leva um saco plástico daqueles, alguns legumes desprezados da geladeira, e fica pronto em bem menos tempo do que toda aquela cena deprê.

Ingredientes:

1 saco plástico transparente ou branco, limpinho; porções de legumes whatever (cenoura picada, ramos de brócolis, nacos de berinjela); 1 micro-ondas funcionando; azeite, sal e pimenta para temperar.

Modo de preparo:

Para quem ainda está duvidando: ok, não é um prato, é um acompanhamento vegan. Para servir com outra receita Larica Total qualquer. Lave bem os legumes e corte-os em porções pequenas: se forem raminhos de brócolis, deixe antes de molho naquela água sanitária esperta. Se forem cenouras, descasque-as e corte-as (nota dez em próclises) em rodelas ou cubinhos. Ponha os legumes (cada espécie de uma vez) dentro do saco plástico Beleza Americana, dê um nó meio frouxo na ponta, deixando um pouco de ar dentro, como um balão de festa no dia seguinte. Coloque no micro-ondas por 1 minuto. Não, não vai derreter. Tire o saco do micro-ondas. Você vai notar que ele está estufadaço, cuidado, o legume cozinhou neste vapor. Se forem cenouras ou legumes duros, coloque mais

1 minuto. O brócolis costuma ficar bom em apenas 1 minuto mesmo, mas depende da regulagem do micro-ondas – e provavelmente o do leitor deste livro e espectador deste programa estará desregulado... Sirva, temperando com azeite, sal e pimenta, ou o que tiver. Você nunca mais vai sujar uma panela para cozinhar nenhum alimento, e ainda vai tirar onda com as visitas. Atenção: o método acima é uma tradição da baixa culinária vegan norte-americana. A manha é ir de minuto a minuto, não deixar muito tempo de uma vez só, que aí é claro que o saco vai derreter. Os legumes cozinham no próprio vapor: é o larica natural atrasadinho estáile.

DIFICULDADE	**MUITO FÁCIL**
PORÇÕES	**3**
HORA IDEAL	**DEPOIS DA PRAIANA, QUANDO BATE AQUELA VONTADE DE COMEÇAR UMA DIETA.**

• Comentário de Paulo de Oliveira •

Mariana, eu me lembro dessa cena: um saco rodando ao vento filmado por aquele cara de sombrancelhão. Todo mundo precisa de um pouco de pseudopoesia de vez em quando, né? Porque poesia, poesia mesmo, de verdade, essa já é bem mais difícil, dá problema com a vizinhança e machuca a gente. Tem que estar preparado, fazer um alongamento, respirar fundo e mergulhar de cabeça na vida, gritando desesperadamente pela felicidade de poder gritar... 4:20 da manhã, cabeção suando frio, a espinha que nem uma geleia e você resolve sair na rua pra compartilhar toda a sua poesia com o mundo. E arrebenta porta afora pelado, bituca de cigarro quase queimando o dedo, sentimentos bonitos brotando do peito, felicidade plena nos olhos. Você sente aquele perfume sublime da felicidade, sobe no fusqueta verde do vizinho e começa a declarar seu amor ao mundo, fala da vida, da liberação sexual, do amor livre, da gestão livre e da livre ingestão... Profundamente emocionado, desfila poesia e um talento um tanto quanto discutível pra dança, numa coreografia esdrúxula que termina em safanão do vizinho e algema na viatura. A vida é dura, não atura poesia de verdade. Legume é bom pra recuperar. Só tô em dúvida quanto a esse saco plástico, confesso. Mari, saco plástico me dá um pseudomedo e, sinceramente, depois que vi tartaruga de cintura fina por causa de plástico no mar, ando evitando. Mas vou verificar sua ideia, porque eu acreditei. E independentemente do estáile, Mari, sua receita é totalmente Larica Total, um estilo novo vegan de baixa gastronomia, que valoriza legumes e pessoas perdidas, e isso é revolucionário. Um dia sinto que farei os legumes da beleza. De qualquer forma, Mari, beije-se, beije-me, amo-a, ame-me. Não sou tão bom de próclises, nota 5 pra mim, mas mesmo assim te adoro, mas mesmo assim passo de ano, sonhando com o dia em que nunca mais vou lavar nenhuma panela e a gente vai arrepiar na pseudopoesia da verdadeira carne. "Os poetas sujam as águas para que turvas pareçam profundas." Descobre quem disse isso, depois me fala. Não vá se afogar, honey baby. Beijo.

PERGUNTAS INTERATIVAS

Defina pseudopoesia:

____

____

____

Vegan rima com:

____

____

Na sua opinião, a Mariana estava ou não estava com preguiça de lavar a louça?

____

____

____

O seu saco estourou ou seu saco derreteu? Descreva a cena.

____

____

____

Fale sobre o papel dos legumes na sua vida.

____

____

____

Se você só pudesse levar um saco pra passar o resto da vida numa ilha deserta, você ia preferir ficar em casa? Por quê?

____

____

____

TORTILHA DE BATATA ESPANHOLA DE GUERRILHA

AUTOR: THIAGO / RIO DE JANEIRO (RJ)

Apresentação:

Maravilha da culinária espanhola, essa receita adaptada ao mundo do Larica Total fará as delícias de guerrilheiros e guerrilheiras.

Ingredientes:

Uma sacola grande de batata chips — se for com sabor, bom demais; quatro ovos; colher de azeite.

Modo de preparo:

Bater os ovos. Amassar a sacola de batata, até elas atingirem o tamanho de uma unha. Misturar a batata amassada com o ovo batido, por meia hora, ou até o ovo dar uma moleza na batata. Esquentar a frigideira com a metade do azeite. Colocar a mistura de batata e ovo, a fogo meio-baixo por uns 10 minutos. Voltear a tortilha num prato, esquentar a frigideira com a outra metade do azeite e colocar de novo a tortilha do lado que ficou cru, por uns 5 minutos. Acompanha com ketchup e maionese a gosto.

DIFICULDADE	**MUITO FÁCIL**
PORÇÕES	**3**
HORA IDEAL	**JANTAR**

• Comentário de Paulo de Oliveira •

Thiago, a Espanha sempre me traz ares marítimos e ritmos frenéticos. É um lugar perigoso e lindo, mas eu ainda não fui lá. Não gosto muito de tourada, mas do resto todo eu gosto: tapas, beijos, vinhos, cerveja, jamón, jerez e la hermosa tortilla. A pronúncia fica mais linda na boca das mulheres. Na dos homens fica meio tosco. A tua tortilla me deu um susto. Susto bom, porque a sugestão da batata de saquinho parece uma coisa simples, e é, mas eu nunca tinha presenciado sua ousadia aplicada na confecção deste prato. É um charme irredutível, assim como a unha de batata, que eu também adorei. Você criou suas próprias medidas, e isso é filosófico, assim como a liberdade alcançada com seu português livre. É disso que o mundo precisa. Vamos doutriná-los a admitir o errante. O único toque que eu vou dar é que não sei se vou conseguir bater os ovos durante meia hora, talvez seja muito pra mim. Se fosse no tempo em que eu era batedor de palma no auditório da loteria Papa-Tudo, tudo bem, mas hoje tá cansando na terceira volta. E braço doendo, na minha idade, dá medo de ser enfarte, o que já sobe minha pressão num ciclo apavorante. O resto é ouro. Obrigado, grande Thiago.

PERGUNTAS INTERATIVAS

Já foi pra Espanha? Por quê?

____

____

Qual o tamanho da sua unha? Ela ficou mole?

____

____

____

Duração da sua meia hora:

____

____

____

VERSATILIDADE CREMOSA ALARANJADA

AUTOR: RAFILSKI / BELO HORIZONTE (MG)

Apresentação:

Este prato surge de uma lembrança. Uma lembrança daquelas que doem um pouco, que rememoram gostos. E por essa memória, me coloquei frente ao campo de batalha, que é nossa sempre maravilhosa cozinha. No que eu estava lá, triste e solitariamente na vala da vida guerrilheira de cada dia, com saudade da comida boa da mãe que mora longe, com os ventos uivantes da carteira de um universitário. Senti um sabor de longe e deu na telha: vou fazer aquele prato de abóbora da minha mãe. Foi, como diria um sábio de natureza, um 'click': lá fui eu pro mercado comprar o que faltava. Mas nessas horas de tensão que são as compras tem de seguir um feeling. Olhou pra um ingrediente que não tá na receita e achou que vai ficar massa, que vai combinar?! Compra. Mas toma cuidado com o bolso, seja sensato. Voltei pra casa com ingredientes diferentes da receita da minha mãe. Ruim?! Claro que não. Porque agora o filho é meu. Tem a minha cara, mas com a lembrança de mãe. Porque cozinha é isso, é criação, adaptação, sentimento, movimento. De um prato que era visto em "pedaços", agora vê-se algo cremoso, alaranjado e, vamos lá, uma delícia, viu. O original era abóbora cozida, refogada com soja em grão, cebola, pimentão e calabresa. Agora, um creme que leva bacon, parmesão e alho. A muda é mudança, rotação. Como a cozinha é possibilidade, é risco, tava numa vibe diferente, e da receita de mãe, fez-se outra. O prato é versátil desde o original, que deixa você livre pra pensar outros a partir dele. Ele pode ser pra vegans, sem bacon. É nutritivo, porque é comida! E ele é alaranjado, cheguei! Manda ver com um arroz branco e uma salada. Depois de feito, comido, só viver um cadinho, e quando for fazer o próprio coloca o "dedo" na receita.

Ingredientes:

Uma abóbora moranga, aquela verde e alaranjada por dentro, saca? Um pedaço de bacon, com pouca gordura porque as artérias agradecem. Se só tiver com gordura no supermercado, foda-se e vai com ele mesmo. Um creme de leite de caixinha, um pacote de parmesão ralado. Uma cebola média. Uns dois dentes de alho, um cado de sal, um xablau de ervas finas (em todos os sentidos que você quiser imaginar isso! rs), um pouquinho de pimenta-do-reino. E agora, a soja em grão. Não torçam o nariz pra soja, experimenta. Come. Muda a perspectiva. Um pacote de soja em grãos. Você vai usar nem 1/4 direito, mas vai adorar a receita, perder o medo e comer o resto. Pode confiar!

Modo de preparo:

Lava a abóbora com bucha e sabão! Depois, pica em cubos de mais ou menos 2×2cm. Cozinha até ficar macio. A soja demora pra cozinhar, então coloca ela cedo, ou na panela de pressão. Tem de ficar comível, mas com o grão firme. Vai soltar casca, mas não tire. Casca é vida, é nutriente, é invólucro. Come tudo! Na panela, ponha o bacon e frita o bicho. Frite a cebola e o alho nele, depois. Joga a soja, sem a água. Dá uma fritada. Joga a abóbora, e vai mexendo e desmanchando ela. Joga com a casca também, hein! Depois que desmanchar, joga o queijo. Joga os temperos. Joga o creme de leite até ficar no ponto que você achar que deve. Se precisar, joga um cadinho d'água pra render. E tá pronto. Faça um arroz infalível. Uma salada, com limão. Arruma uma gata pra dividir o prato. E cai matando nessa vida linda. Compartilha a receita, socializa a ideia e o verbo. E outra, o prato fica baratinho!

DIFICULDADE	**FÁCIL**
PORÇÕES	**3**
HORA IDEAL	**SÁBADO DE NOITE, QUE PRETENDE COMER ALGO INTERESSANTE ANTES DE, QUEM SABE, DISTRIBUIR AMOR. OU SÓ NA HORA QUE TIVER COM FOME MESMO, E COM TEMPO PRA SOJA**

• Comentário de Paulo de Oliveira •

Rafilski, teu nome já é um chuá, vem, inova no portuga, inova na soja, homenageia não só a mamãe como, acima de tudo, a cozinha de guerrilha, grande categoria você expressou, guerrilheiro! Os ventos uivantes da carteira universitária, meu Deus, que visão privilegiada tens, e ouvidos sensíveis também. Distribui o teu amor que, com tanta versatilidade cremosa, vai pintar uma pá de gatinhas na tua cola, irmão. "...na vala da vida guerrilheira de cada dia...", essa frase merece toda uma reflexão, todo um estudo, porque é o resumo da ópera, amizade! Porque do buraco só se sai se tiver talento pra tatu. E de tatu dá pra ir mais longe, em direção ao breu maior, ao Grande Escuro, mas aí é outro buraco. Mas a tua tristeza te obrigou a sair, e ainda por cima dominando a tradição, traindo a velha receita com o abuso que lhe cabe, se apropriando dos ingredientes para transformar a mesmice. Mas é isso, cara, chegou no supermercado com a listinha de compras, não vai ter jeito, teu carrinho será o espelho da sua fome intuitiva e vai levar na maciota pra casa, naquele automático, a matéria-prima pra tua criatividade brilhar! Acredita! Podes crer que sua mãe sentirá orgulho da sua audácia. Beijo pra mamãe!

PERGUNTAS INTERATIVAS

Quanto cremogema tem na tua versatilidade? De que cor?

Crê mutcho?

Quantos dedos você botou nesta receita? Defina quais.

DUBLÊ DE SIRI

AUTOR: PAULO DE OLIVEIRA / RIO DE JANEIRO (RJ)

Apresentação:

Hoje a receita é dedicada a uma das técnicas mais primárias do mundo, a substituição: Não tem dinheiro? Substitui por amor. Não tem sushi de peixe cru? Vai de sushi de feijão. Não tem panela de pressão? Pede pro vizinho. A culinária de guerrilha é pautada pela substituição. Então quero começar mandando um beijo para todos os dublês do mundo! Pra noiva Zoe Bell do Tarantino em *Kill Bill*; Joe Hooker, dublê piloto maravilhoso; pro Jorge Vercillo, dublê de Djavan; pros dublês de ação do cinema mundial. Um dia um amigo meu, que é dublê de cinema, me explicou que o mais difícil no trabalho de um dublê não é ser atropelado por um carro, isso é mole, é só saber rolar e você não se machuca; o mais difícil é QUASE ser atropelado, porque se você errar, você morre. Trago aqui essa reflexão sobre o trabalho do dublê. O gato, por exemplo. Tem muito gato por aí treinado pra ser boi, tem gato que sabe até mugir, o mercado de churrasquinho de gato é muito grande, tem gato que muge, você sabia disso?

Você, vegano, agora quero falar contigo, hoje você vai ficar feliz porque faremos uma receita com o nosso querido repolho — que no teatro é cabeça de rei — substituindo aos quarenta e cinco do segundo tempo o nosso querido siri. Siri, nosso querido siri, que é esse nobre animal que vive nos mares e enseadas de todo mundo, é nosso urubu do mar. Você sabia disso? Siri come cadáver, por isso é importante saber a procedência do siri, porque o siri que vive em cemitério, tem muito cemitério à beira-mar aí, ou o siri que vive em naufrágio, pode ter se alimentado de um cadáver e você pode estar comendo um defunto de baleia por tabela. Como hoje não usaremos siri, isso não é uma preocupação para nós. Beijo para todos os cancerianos da Terra.

Repolho com gosto de mar. Tem coisa mais gostosa que isso? Hein? Tem. Só que hoje o que temos é repolho, então é o que faremos, engole o choro que aqui é Larica Total.

Ingredientes:

1 repolho médio: repolho é ideal para ser comido a céu aberto, ou por quem mora sozinho, ou por quem já está casado com bastante intimidade; 1 garrafinha pequena de leite de coco, é fácil; 1 xablau de óleo de dendê, é mais fácil ainda; 1 pacotinho de molho

MU-
UUU

de tomate, é o molho mais usado no mundo todo, tenha sempre em casa; 1 cebola, fruto da terra, Erde Frucht em alemão; 4 dentes de alho, o grande parceiro da cebola; 1 pimentão, é uma pimenta grande que não arde; 1 colher de farinha de trigo: sempre ela; 2 colheres de farinha de rosca, nunca sei se é de pão ou de mandioca, mas é de rosca; 1 pacotinho de queijo parmesão, esse é caro.

Modo de Preparo:

Primeira coisa, vem a base. O corte. Bora cortar tudo. Começa com o repolho que é mais chato, você vai precisar de uma faca grande, estilo a faca do psicose. Corte o repolho em tirinhas, quanto mais fininha, melhor, corte o mais fino que conseguir respeitando seus limites de corte, não vá perder o dedo. Quanto mais fino, mais picado, mais parecido será com a carne do siri. E um bom disfarce depende de semelhança. Não dá pra se disfarçar de Tony Ramos com o rosto de Aracy Balabanian.

Depois você trabalha o corte do alho, que também exige mais habilidade porque o alho é pequeno. Se você tiver uma cozinha estruturada, de família abastada, vai no mixer que é mais rápido. Eu não tenho e corto na mão. Corte a cebola picada também, esse é seu momento pra chorar suas mágoas, faça o mesmo com o pimentão, aproveita pra treinar seu corte.

Tudo cortado, é partir pro refogado, coloque um fio generoso de dendê e esquente, comece com o alho, doure o alho e acrescente a cebola que a cebola vai segurar a onda do bronzeado do alho, porque a cebola solta água. Depois da cebola vem o pimentão, deixa ele cozinhar, que pimentão cru pode complicar sua digestão. Refogado cheirando, você vem de repolho. Refogue o repolho e dê tempo pra ele pegar o gosto do refogado, deixa ele se enturmar com o pessoal, chegou na festa agora.

Chegou o momento de colorir essa panela, vamos jogar o molho de tomate e deixar reduzir um pouquinho, em seguida acrescente o leite de coco, ele é quem vai dar esse sabor do mar, sabor de Bahia, sabor de verão com caipirinha no quiosque. Por último, jogue uma colher de farinha de trigo só pra engrossar o caldo um pouquinho.

Desligue o fogão, porque agora a gente vai partir pro forno. Misture a farinha de rosca com o queijo parmesão e reserve. Pré-aqueça o forno em fogo alto e, enquanto esquenta, você coloca nossa massinha de sabor repolho num pirex e cobre com a mistura de farinha de rosca com queijo ralado. Leve ao forno e deixe gratinar até seu nível de morenice preferido na gratinagem que tá pronto.

O sabor? É de siri. É Golden. Repolho é vida. Disfarçado de siri, é beira-mar.

XANGÔ DESBABADO AOS PEDAÇOS

AUTOR: DONA NINI / RIO, CIDADE MARAVILHOSA! – RIOOOOO

Apresentação:

Não se deixe levar pelas lembranças babosas, afinal esse quiabo grelhado é do pinto! Sempre odiei quiabo. Aquela baba então... Argh! Daí, ouvi falar em farofa de quiabo. Fui, provei e notei que ficava catando os quiabos na farofa. Então por que não fazer o quiabo sozinho? Show de buela. Serve para incrementar uma farofa do barulho, para salpicar num arroz, para acompanhamento, e até como um belisquete para as dietéticas de plantão. Até aqueles que sempre odiaram quiabo, como eu, acabam achando o máximo e, incrível, repetem a receita em casa e até acertam!

Ingredientes:

Montes de quiabo daqueles crocantes — para saber se é do bom, é só tentar quebrar a ponta do rabinho. Se entortar ao invés de quebrar, ignore-o. Digo montes porque ele murcha e acredite: você vai querer mais, muito mais, depois que provar;

Manteiga — pode ser com ou sem sal, porque vai acabar colocando sal mesmo. Serve também óleo, margarina, qualquer coisa melequenta. Mas com manteiga fica mais gostoso;

Frigideira antiaderente (se for aderente só vai ter mais trabalho, mas funciona do mesmo jeito);

Sal em pó. Nada daqueles sais líquidos carésimos. O bom e velho sal do cisne.

Modo de preparo:

Muito simples. Começa limpando o quiabo. Para não dar baba é só lavar – sem sabão, please! – e secar com um pano, ao comprido. Tipo no conhecido movimento vai e vem. Pois é. Seca tudo, e daí é só picar. O ideal é picar bem fininho para ficar crocante.

Daí coloca manteiga na frigideira. Derreteu? Taca o quiabo. Mas não atocha, não. O ideal é que todos os pedacinhos toquem no fundo da panela. Daí relaxa. Deixa ir tostando sem mexer. Dali a pouco você olha, mexe a panela e vai ver que está ficando moreninho. Vai mexendo e virando. Tostou mais ou menos? Coloca um pouco de sal e tira um com garfo para experimentar. Vai ver que fica do caralho!!! Agora cuidado, porque vicia!

DIFICULDADE	**MUITO FÁCIL**
PORÇÕES	**1**
HORA IDEAL	**HORA EM QUE QUER COMER ALGO GOSTOSINHO E PRÁTICO. PODE MISTURAR COM O QUE TIVER NA GELADEIRA. EU GOSTO PURO**

• Comentário de Paulo de Oliveira •

Dona Nini, que nome lindo, nome de cozinheira caseira tarimbada. Sinto-me honrado em receber uma receita sua, uma receita da Dona Nini. Gostei. E que exemplo de transformação do ser humano você demonstrou nessa receita, hein, Dona Nini? Odiava quiabo e agora ama. O mundo tem conserto, gente, sempre acreditei nisso, agora ainda mais. E o conserto vai ser através do amor. E era só uma questão de preparo, né, Dona Nini. Desbabou o quiabo e ficou gostoso. Tem coisa que é bom babada, mas quiabo também vou na sua, gosto seco. Sequinho. Achei ótimo. Outra coisa que encheu meus olhos de alegres lágrimas foi ver a versatilidade da sua técnica. Serve para incrementar uma farofa do barulho, para salpicar num arroz, e até como um belisquete para as dietéticas de plantão! Isso é que é quiabo! Muito lindo. É o famoso bom pra tudo, bom pra qualquer hora e barato. São os pilares da minha cozinha. Também sou contra o sal líquido, acho estranho, fico confuso, não sei usar, tenho medo. Mas só vou no cisne se ele pagar pra mim, que há anos que eu tô pagando pra ele. Secar a baba do quiabo no famoso movimento de vai e vem? Tem certeza que isso vai secar o quiabo? Brincadeira, Dona Nini, vai secar sim e o movimento do vai e vem vai muito bem, todo mundo conhece e se não conhece ainda vai conhecer. Pode ser fazendo esse quiabo, que a senhora, de forma muito entusiasmada e contagiante, afirma: vai ficar do caralho! Porra, isso é pra fechar com chave de ouro, Dona Nini. É muita convicção. Vou fazer agora essa receita. Xangô desbabado aos pedaços. Beijo pra Xangô bem babado, beijo pro quiabo, bem sequinho, e um beijo pra você, Dona Nini, com todo o respeito.

PERGUNTAS INTERATIVAS

Já fritou baba?

Conheces Xangô? De onde?

Já fez as pazes com alguma comida que você odiava? Qual? Conta.

SALADA DE MAÇÃ JAPA-GELO

AUTOR: CIRO CIROCA / VILA VELHA (ES)

Apresentação:

Uma salada com um sabor totalmente diferente e especial, que tem o toque do ácido da mostarda com o docinho suculento de uma maçã bem geladinha, e também com o toque do shoyu! É show de bola!

Ingredientes:

Meia xícara de molho de mostarda (aquele mesmo de supermercado, que a gente põe na pizza); meia xícara de azeite de oliva; meia xícara de molho shoyu (preferencialmente gelado); três maçãs picadas (com casca e tudo); uma pitada de orégano pra fazer uma graça.

Modo de preparo:

Junte em uma vasilha pequena o shoyu, a mostarda e o azeite. Bata os três (pode ser com um garfo) até formar um molho homogêneo. Reserve. Pegue as três maçãs picadas e espalhe sobre um pirex. Pegue o molho feito antes e espalhe sobre a maçã, de modo bem igualitário. Mexa essa mistura até que o molho se apegue à superfície dos pedaços de maçã, que ficarão com a mesma cor dele. Após isso, salpique um pouco de orégano por cima e deixe na geladeira por uns 10 minutos antes de servir.

P.S.: você pode acrescentar o que quiser na salada (tomates, outras frutas... fica a seu gosto. A dica é ser tudo picado pra facilitar a ação do molho).

DIFICULDADE	**MUITO FÁCIL**
PORÇÕES	**2**
HORA IDEAL	**JANTAR**

• Comentário de Paulo de Oliveira •

Ciro Ciroca, nome de pipoca. Gostei da sua receita, a salada é sempre um livro aberto, um campo infinito de experimentações. E geralmente a gente não explora essa floresta. Eu, pelo menos, fico tão preocupado em conseguir carne e arroz que esqueço das folhas, das flores e das frutas. É tudo comida, né. E é saudável ainda por cima. Geladinho no verão. Delícia. E sua receita tem cinco ingredientes, sendo que quatro deles são temperos. Na verdade, com uma maçã e três sachês, que sobraram na geladeira daquela fase de pedir comida por telefone, você cria essa salada. Incrível. E é bom a gente aceitar que também é herbívoro, porque aumenta nossa área de atuação. E pra gente que está sempre correndo atrás de comida, facilita. Planta não corre, não voa, nem morde. Tem a questão do veneno, mas do jeito que a gente come salsicha, amigo, vai ser um azar filho da puta morrer com uma planta. De qualquer forma, vai na planta certa, vai na alface, na couve, nada de ir comer uma comigo-ninguém-pode, porque ninguém pode. Voltando pra sua receita, você sabe que essas coisas doce-salgado me dão um calafrio no cérebro? Banana na farofa, passas no arroz e maçã na maionese me dão um lance, um estalo, um esquilo, um bliuriblue. Você vai achando que é ovo e é banana, vai achando que é azeitona e é passa, vai achando que é batata e é maçã. Interessante. Tua receita é tão simples e genial que termina com a minha frase predileta: "pode acrescentar o que quiser". Fico tocado quando uma receita termina assim, porque você liberta e doutrina ao mesmo tempo. Às vezes, quero acrescentar coisas que eu não tenho e sou obrigado a refletir sobre as minhas reais possibilidades. Isso constrói meu caráter. Amadureço. Obrigado. É **Salada de Maçã Japa-Gelo**, pra gente comer de olho aberto. Abraço pra galera de Vila Velha, tenho grandes amigos aí. Agora mais um. Valeu Ciroca!

PERGUNTAS INTERATIVAS

O teu molho apegou?

Nível de leveza do prato (de 1 a 5):

Troquei a maçã por... e o resultado foi...

MOLHADOS

Molhados é tudo aquilo que tem água, em algum nível. O termo molhados surgiu para expandir o território da água, líquidos e similares, incluindo diversos tons de moléculas entre o líquido e o sólido. Estados intermediários, estados de consciência, estados gerais, coloidais, gosmais, liquefeitos, liquefaz, enfim, todos os molhados da culinária verdade. São sopas, caldos, ensopados, sucos, sumos, molhos, drinques, meios, rios, chuvas, jorros, fluidos, lamas, mensagens, poções, vitaminas, elixires, unguentos, extratos, substratos e nós, que somos feitos de 70% de água e quase nunca paramos pra pensar nisso.

Apesar das lágrimas – beijo pra lágrima –, confesso que temos nossos momentos molhados; pra mim são os momentos mais doces da vida. Mamadeira de leitinho condensado é o quê? Molhado. Amor de verdade é o quê? Molhado. Beijinho gostoso? Mergulho na piscina? Caipirinha? Canja de galinha? Cuba libre? Molhado. Então, pra mim, molhados são os inícios, os meios e os fins.

Comer molhado, além disso, resolve dois problemas de uma só vez, o da fome e o da sede, um grande adianto pra quem tá com pressa, padecendo de escassez ou mentalmente abalado. E deixo o bigode molhado pra me lembrar desses sucos deliciosos depois que vão embora. Fico apenas respirando aquele cheiro de pitanga. Ai, saudade. Um bigode tem mais de uma utilidade.

Mas o espírito maior do molhado é que ele é o pai da consistência. O resto é contigo, e o meio é a mensagem. Então molha gostoso, anda sem guarda-chuva, chuta poça e engole o que der. Tem momento na vida que é só carcaça, tem hora que é rapadura com farinha, tem momento que é pirão, tem dia que só vai na água, então aceita. Tudo pode dar caldo. As fronteiras entre as coisas podem ser obscuras, então constrói uma ponte e deixa o molhado correr embaixo, levando tudo aquilo que ele pode carregar pra deixar você mais leve. Molha, encharca, transborda e bebe.

MOLHOSO INSÓLITO

AUTOR: SAYO / CURITIBA (PR)

Apresentação:

Simplesmente o mais saboroso molho para massas, macarrão, miojo, pão, arroz. Insólito, pois o próprio dicionário traduz sabiamente: atípico, incomum, extraordinário, inabitual, inesperado, inusitado. Negligenciada e marginalizada no Brasil, a moela de frango é iguaria valorizadíssima na Europa por ser muito saborosa, nutritiva e versátil! Uma bandejinha de moela de 500 g aqui custa bem pouco e irá render um molho maravilhoso. Bora fazer! Open your mind!

Ingredientes:

1 bandejinha de moela; 1 lata de molho de tomate; 1 pau de canela; 1 copo de água; sal e pimenta a gosto; 1 pitada de açúcar.

Modo de preparo:

Joga tudo junto na panela de pressão e quando chiar o apito deixa 20 minutos. TÁ PRONTO!

DIFICULDADE	**MUITO FÁCIL**
PORÇÕES	**1**
HORA IDEAL	**ROLA ATÉ NO ALMOÇO DE DOMINGÃO**

Comentário de Paulo de Oliveira

Aqui a gente faz tudo, meu cumpádi! Experimentação pra nós é mole. Dar errado é mole! Dar certo também! Tudo questão de ponto de vista, o que pra uns é gostoso, pra outros pode ser nojento. Se pra você moela é gostoso, é ponto, é bingo, é insólito. Abre o placar. Manda ver. E o prato é molhoso, mas é bem consistente, hein?! Mas é o seguinte: aqui no Rio o pessoal até que tem curtido moela de frango, tem rolado direto, hehehe! Esguela de frango. Mas o pessoal ao qual me refiro é uma rapaziada muito pequena, na verdade, só meus parceiros da malucolândia e seus arredores, a maioria rejeita, tenho que concordar. Muito preconceito com um manjar tão delicioso de prazer proteico e luxúria gustativa. Eu mesmo sou fã de carteirinha, desde criancinha, mesmo sem fazer ideia de que parte do corpo da galinha a moela vem. Eu aceito o mistério. Eu curto. Eu catava a moela na canja de galinha premiada. É bom demais. A panela de pressão pode dar dores de cabeça a vários guerrilheiros. Não importa. Enfrenta o medo. Da moela e da pressão.

PERGUNTAS INTERATIVAS

Molho pode ser prato principal? Caso não, defenda; caso sim, enalteça.

____

____

____

____

____

Moela, pra você, vem da:

A) Virilha da galinha;

B) Parte que fica escondida entre o fígado e o pescoço;

C) Depois do coração, mas antes do sobrecu;

D) Área que dá mais moela que chuchu na serra;

E) Não importa, você respeita o mistério.

MILK-SHAKE DE FOME NERVOSA

AUTOR: ALEHAND / SÃO PAULO (SP)

Apresentação:

Elaborei essa maravilha da gastronomia noturna em um momento que intitulo de "Ataque de Fome Nervosa". Sim, eu sofro dessa porra. Intitulei "Fome Nervosa" não porque a fome vem quando estou nervoso, mas porque fico nervoso quando ela vem, deu pra sacar? Mas não é qualquer fominha de merda, pra ser "Fome Nervosa" tem que dar tremedeira e fraqueza, tem que dar desespero de ingerir qualquer coisa que você veja pela frente. Na primeira vez que fiz o milk-shake, ingeri esse néctar dos deuses em uma talagada só, estava bem cremoso e no ponto correto com relação à doçura (aquele ponto onde a garganta queima e as glândulas salivares produzem uma quantidade absurda de saliva bem grossa, ou seja, tava doce a ponto de matar formiga de diabetes).

Ingredientes:

2 tulipas de leite; 2 bombons Sonho de Valsa; meio tablete de chocolate Hershey's Cookies'n'Creme; 3 colheres de sopa bem servidas de leite condensado; uma mãozada de aveia em flocos finos e algumas (muitas) colheres de sopa de sorvete de chocolate Classic da Nestlé (foi mal aê o merchan, mas é que com os pertences dessas marcas o barato fica louco).

Modo de preparo:

Colocar 1 tulipa de leite no liquidificador (deve dar uns 200 ml), jogar os 2 bombons Sonho de Valsa, o meio tablete de Hershey's Cookies'n'Creme e as 3 colheres de sopa bem servidas de leite condensado. Bater tudo por uns 2 minutos, até dichavar bem a mistura.

Depois, acrescentar algumas (muitas) colheres de sorvete de chocolate Classic da Nestlé (devo ter metido 1/3 da lata) e completar com o resto de leite, até que a mistura divina atinja mais ou menos a marca de 750 ml no copo do liquidificador. Bater até misturar bem o sorvete e ficar cremoso. Voilà!!!

DIFICULDADE	**MUITO FÁCIL**
PORÇÕES	**1**
HORA IDEAL	**EU SUGIRO TOMAR DEPOIS DO TRAMPO, PORQUE DÁ UMA LETARGIA DANADA**

• Comentário de Paulo de Oliveira •

Aí, meu bom, letargia danada só se for jogado no pufe da sala esperando um chá para ajudar a repousar esse incrível tsunami de glicose. Lembrei da minha saudosa tia Gerdilourdes, que vivia na mesma chácara onde tinha nascido seu bisavô, em Vassouras, no sul fluminense, e não passava um dia sequer sem dizer: “Passarinho que come pedra sabe o cu que tem.” Então, sunnyboy, bateu a nervosa? Tudo bem, tu não é passarinho, e o milk-shake é cremoso, então tá tudo certo. A gente mergulha no pote de sorvete e vai até o fundo. Gostei da tua definição de fome nervosa, esclareceu legal, porque tem muito nervoso por aí de barriga cheia. Calma! Tremedeira eu tenho às vezes, de bobeira. Mas nesse nível descrito por você ainda não tive. De qualquer forma, vou experimentar esta receita, mesmo sem apresentar os sintomas. Vou tomar esse milk-shake como medida preventiva. Chocolate é bom, sorvete idem, então fechou. As marcas é que provavelmente eu vou ter que fazer uma substituição, porque tu só botou classe AAA. Dificultou meu orçamento, não tenho mais idade pro golpe da barra de chocolate escondida na bermuda no supermercado. Pode me complicar. Só não vou fazer sua receita hoje porque eu já comi muito açúcar. Se eu tivesse lido antes, tinha me poupado. Mas amanhã, sim! Amanhã provavelmente vai ser o dia. E amanhã eu vou estar nervoso, tem uma jogada aí. E, só pra tranquilizar, esse lance de merchan, nem se liga, esse papo é com o meu advogado, o Beto Jamaica. Liga pra ele e pede a tabela. O ativo é mais caro. Entre a gente, tudo certo. Abráx!

PERGUNTAS INTERATIVAS

Existe alguma coisa que te deixe nervoso com comida? E com bebida?

Como que se aplica insulina numa formiga?

Já ouviu falar em overdose de glicose?

VITAMINA ENGOLE O CHORO (OU VITAMINA NÃO LUTA CONTRA)

AUTOR: VASCDAN / RECIFE (PE)

Apresentação:

Imprescindível para as manhãs que sucedem as noites beligerantes do guerreiro moderno, aquelas de proporções épicas, os dias seguintes dos duros combates travados em nome, ainda que apenas por uma noite, do amor. A-mor. A-mooooorrr. Algumas batalhas você ganha, um monte você perde, algumas terminam na banheira da casa da tia do noivo que morou em Hong Kong, na puta que pariu, e mostrou desenvoltura. Em todas elas a mesma arma, o mesmo companheiro, aquele que te faz jogar teu jogo, trabalhar a bola, mostrar tuas cartas.

O álcool.

E você bebe. Pra caralho. Na noite da tia do noivo que morou em Hong Kong, na puta que pariu, e mostrou desenvoltura, então, você misturou tudo, uísque com champanhe com malibu.

E nessa guerra suja, entre mortos e feridos, você não morreu (evitar morrer, sempre sempre sempre), mas contabiliza entre os vários que levarão consigo, pro resto dos dias, cicatrizes de tantos e tantos embates.

Ressaca do caralho. Não luta contra. Quer encher a lata na noite anterior? Delícia! Mas vai se fuder bonito. E engole o choro!

Acordou? Girou tudo? Vitaminazinha pra repor a glicose. E com uísque dentro, pra curar ressaca.

Ingredientes:

1 copo de leite; 1 bola de sorvete de pavê (pode ser de chocolate); 1 xícara de corn fl..., humm, cereal matinal de milho; 1 colher de sobremesa de café solúvel; 1 banana; 1 xablau de canela em pó; 1 chuá de uísque (varia com o tamanho da ressaca).

Modo de preparo:

Joga tudo no liquidificador, bate, e foi! E FOI! E bebe.

Agora, atenção, porque liquidificador quando você tá de ressaca é uma parada que dói. Fica três vezes mais alto. Mas aí você cria, sei lá, põe um fone no ouvido, algodão, pede pra alguém bater, enfim...

DIFICULDADE	**MUITO FÁCIL**
PORÇÕES	**2**
HORA IDEAL	**DE MANHÃ, DEPOIS DE NÃO MORRER**

• Comentário de Paulo de Oliveira •

Vascdan, em primeiro lugar, você não é careta, não. Em segundo lugar, adorei, testei, me identifiquei no ato com esta vitamina, uma verdadeira vietinamina, uma papinha de adulto, uma classe de comidas que salvam sempre, sempre, sempre, principalmente quando seus neurônios estão no modo econômico. No seu caso, terminou na banheira da casa da tia do noivo que morou em Hong Kong, na puta que pariu, e mostrou desenvoltura, e eu fiquei muito na dúvida de quem mostrou desenvoltura. Um néctar, sua vitamina anima qualquer guerreiro, porque já veio animada antes. E repatria também, estabiliza, possibilita, talvez, ainda que cansado, que eu permaneça muito vivo. Porque o álcool, você já sabe muito bem, meu querido, pode te dar muita desenvoltura, mas pode tirar também. Eu mesmo já tirei muita coisa por causa do álcool. E que Deus nos dê fígado. Derrapou na curva? Empurra o carro de volta pra pista, passa a marcha e vai. As palmas foram pro sorvete de pavê – preciso saber muito como adquirir isso – e principalmente pra dose de uísque. Golpe de mestre. Sua vitamina é a criptonita, cara. Bebeu, amou, gritou. Não aguentou? Não chora nem luta contra. Pra mim foram duas de uísque, e uma leve dúvida: quanto pior a ressaca, é pra colocar proporcionalmente mais ou menos uísque? Se eu tivesse duas vezes pior, colocava 1 ou 4 doses? Mas isso é detalhe sensitivo que na hora o guerreiro decide, não é mesmo? O que importa é: nessa noite eu venci e fui selvagem. Rá!

PERGUNTAS INTERATIVAS

Lugar onde terminou a sua batalha:

Coloque, em ordem de importância idiossincrática, os seguintes itens: álcool, amor, desenvoltura, mar, mulher, comida, abrigo.

Onde comprar sorvete de pavê?

PUTA-QUE-O-PARIU

AUTOR: FABRICÊRA / ARARAQUARA (SP)

Apresentação:

À primeira vista, você vai ler o título e não vai entender o porquê desse nome de batismo, mas garanto que, ao acabar de ler a receita, você vai ficar tão emocionado que vai repetir o nome dela algumas vezes.

Ainda não conseguimos definir esse prato, se é sobremesa, prato principal, guarnição ou qualquer coisa que o valha, mas acho que poderia ser uma entradinha leve e (sobre) natural.

Esta entrada meu pai nos servia, em priscas eras de 1985, quando estávamos tocando o terror na casa, na certeza de acalmar o ânimo da criançada. Isso não é milonga, é fato verídico. O nome foi batizado pelo próprio autor, meu pai.

Este prato utiliza técnicas de vários episódios do Larica Total no Canal Brasil, como "Aprendendo a Flambar" e "Clássicos da Coquetelaria Mundial".

Ingredientes:

2 colheres de sopa de açúcar; 1 copo de cachaça (industrializada mesmo, olha a oportunidade!); 1 prato do tipo Duralex Sedlex; 1 fósforo (pode ser o de cabeça vermelha).

Modo de preparo:

Pegue o prato e despeje no fundo o açúcar. Em seguida, jogue toda a cachaça. Dá uma misturada para incorporar. O próximo passo é incendiar a bagaça. Para isso, coloque o prato sobre a mesa, acenda o fósforo. Encoste o fósforo no prato e deixe o fogo tomar conta da mistura. Pronto! Assim que o fogo acabar, é só colocar em pequenos copos e servir.

DIFICULDADE	**FÁCIL**
PORÇÕES	**2**
HORA IDEAL	**HORA QUE A MOLECADA ESTIVER TOCANDO O TERROR**

• Comentário de Paulo de Oliveira •

Gênio! O que mais você quer que eu diga??? Demais! Vou tomar este putaqueopariu toda sexta-feira quando acordar! Como se fosse aquele foguetinho que te cospe para fora do mundinho normal da semana passada, que passou e não serviu pra porra nenhuma, aí chega o fim de semana pra você se vingar da rotina e manda todo mundo pra **Puta-que--o-pariu** logo cedo! Mas putaquipariu, uma cachacinha no fogo! Muito bom! Agora, o que sobra depois que o álcool queima? Tipo um melado? Tem cor? Fiquei curioso, sabia? Vou fazer esta receita agora. Lembrar só de tomar distância na hora de acender a mistura. Lindo. Manda abraço pra teu pai. Teu pai é do tempo que ninguém sabia muito bem o que estava acontecendo. Bons tempos. Aliás, teu pai deve adorar quando a molecada toca o terror. Que tal montar uma banda que só toca o terror? Nome da banda: Os Garotos da Puta Quiu Pariu.

PERGUNTAS INTERATIVAS

Ver o fogo queimando na cachaça te acalma? Sim ou não, e por quê?

Tua infância contou com algum artifício dessa magnitude? Conta. Caso não, inventa.

Tuas crianças tocam o terror?

CAIPIRINHA, CAJU AMIGO E BLOODY MARY (A POCHETE DO FOLIÃO)

AUTOR: PAULO DE OLIVEIRA / RIO DE JANEIRO (RJ)

Apresentação:

Eu vou apresentar nessas páginas três receitas básicas da coquetelaria mundial, mas que ninguém aprende na escola tradicional, infelizmente. Mas aqui nas *Receitas do Mundo Maravilhoso de Larica Total*, que é uma escola de guerrilha, eu vou ensinar pra você. Tem no YouTube, o audiovisual dessa obra, mas vai que a internet acaba, acaba o YouTube, explode tudo. Ainda vai ter carnaval, livro e álcool, então vou deixar registrado pro futuro distópico. Beijo pro Rato Distópico.

Se você puder colocar uma trilha sonora de carnaval enquanto faz esses drinques, vale a pena. Dá um clima. Quando fiz essas receitas no carnaval, tive a trilha sonora ao vivo da private Banda do Larica Total conduzida pelo Mestre André. Um beijo pra Gordurinha, Padeirinho, Lacie, 8 terabytes de samba, Teles e o próprio Mestre André. Salve o samba!

Ingredientes:

Bloody Mary – suco de tomate, vodca, gelo, molho de pimenta, limão, molho inglês e sal.

Caipirinha – limão, açúcar, cachaça e gelo.

Caju Amigo – suco de caju, açúcar, vodca e gelo.

Quantidade? Muito. Muito de tudo. É tudo no olho.

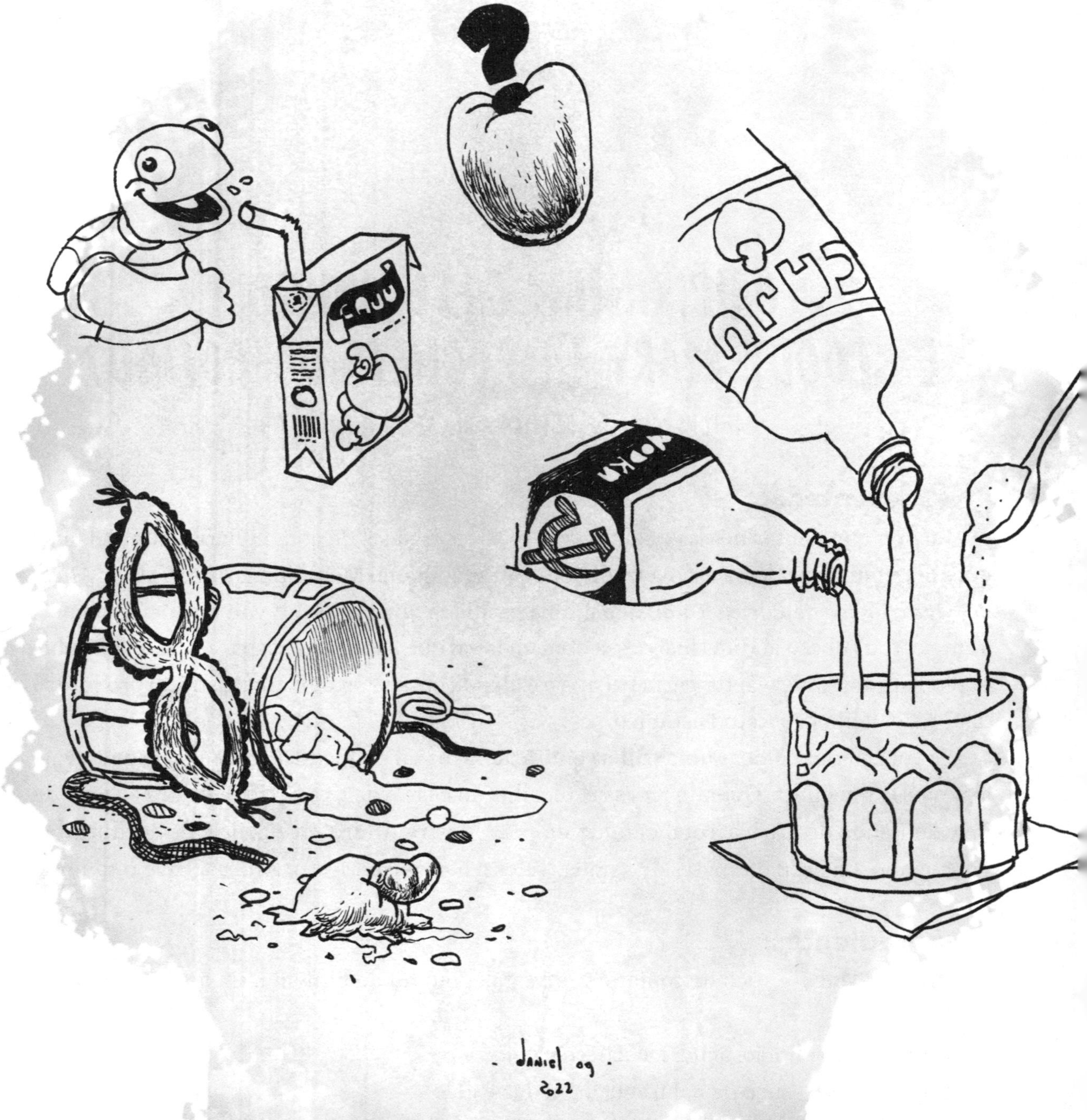
daniel og
2022

Modo de preparo:

Bloody Mary – Parece difícil, mas é fácil. Pegue um recipiente e coloque o suco de tomate. O que você colocar de suco de tomate, você coloca 1/3 de vodca. É isso. Regra de três básica. Fazendo isso sóbrio é mais fácil. E se usar número inteiro também é melhor. Um litro de suco de tomate, bota 330 ml de vodca. 330 ml? Não ficou tão fácil assim, mas é 300 ml e mais um choro. Também se botar mais vodca, ruim não vai ficar. Quer dizer, você vai ficar ruim, mas a bebida não necessariamente. Pra facilitar a medição, se você se importa com isso, use um recipiente mililitrado, tipo uma cafeteira, ou use uma régua ao lado da garrafa e faça suas analogias aritméticas. Depois do suco de tomate e da vodca, a gente vai temperar a Mary. É molho de pimenta a gosto. Quanto mais molho, mais apimentado. Depois o sal. Tem que ficar com leve gosto de salgado. Parece uma salada, é diferente. Molho inglês a gosto também e um xablau de limão. Só aquele susto. Depois é gelo e foi! Tá pronto seu primeiro bloody mary. Experimenta, o que achou? Esquisito? Então tá ótimo! Pode festejar!

Caipirinha – Todo mundo nasce sabendo fazer caipirinha, aqui a gente só vai aprimorar! Pega o limão e corta a chapeleta dele, aquele pedaço onde ele grudava na árvore. Pois é, o limão fica grudado numa árvore antes do agronegócio chegar, ele não vem em redinha de plástico, não. Então você tira essa tampa fora, esse chapéu. Vira ele do outro lado e corta também a chapeleta de baixo. É como se Deus fosse fazer uma caipirinha do planeta terra e tirasse os dois polos antes de cortar a gente no meio. Agora bota ele em pé, hahaha, como, né? Bota ele em cima de um dos polos, e corta ao meio, mas no comprido. Tipo no Meridiano de Greenwich. Se você faltou às aulas de geografia, já era, corta do seu jeito. Eu sei porque tô olhando no Google agora. Mas a ideia é você conseguir tirar o filete branco que ele tem no meio, tipo uma fibra. Essa fibra amarga, por isso que o profissional tira essa tripinha. Se você é um amador, não precisa tirar. Se você quiser continuar sendo um amador, mas com pinta de profissional, você tira. Daí corta de novo ao meio, vão ficar quatro gomos de limão. Isso você bota direto no copo, na garrafa ou num balde, enfim, onde você for espremer a caipirinha. E bota sempre com a polpa pra cima. Você pode espremer a caipirinha no próprio copo. É bom que já economiza copo. Se for fazer caipirinha só pra você, coloca mais dois limões repetindo todas as etapas anteriores, se você for fazer caipirinha pra mais gente, ou pra você mesmo só que por mais tempo, aí você vai enchendo de limão. Agora joga o açúcar, a gosto também. A hora de espremer o limão é agora, depois do açúcar, porque você espreme e já mistura o suco de limão com o açúcar. É quase forçar uma amizade. É empurrar um pra cima do outro. E espreme com delicadeza, porque se você ficar esmagando muito a casca do limão, vai amargar a sua caipirinha à toa. É pra tirar o suco, não é pra ferir o limão. Ele é seu amigo. Depois é gelo e cachaça. Gelo antes da cachaça também, pra cachaça cair em cima do gelo e já ir gelando. Tudo tem uma ordem. Até pra desobedecer é bom saber a ordem que as coisas têm, senão você pode se enquadrar de bobeira, achando que tá rebelde. Mexeu com uma colher e foi! Fez tua primeira caipirinha!

Caju Amigo – A bebida mais fácil de fazer na história! É pegar um suco de caju de caixinha, ou de garrafa e colocar água. Daí você tem um suco de caju. Pronto. Dá pra fazer suco de caju da fruta? Cara, tem que dar, senão nossa vida terá sido uma grande farsa até hoje. Mas eu não sei exatamente como. Não sei se bate no liquidificador, se coa, se espreme. Sei lá. Eu vou direto na garrafa de suco pronto pra não me atrasar. Você escolhe. Agora você coloca o suco num recipiente, coloca gelo e bota vodca, igual encher um tanque de mobilete. E vai provando. Bota açúcar também pra fica docinho. Agora lembrete: o caju amigo é docinho e ele corta o sabor forte da vodca, então você vai tomando, vai tomando... "Ah, é só caju amigo", e o samba comendo e você só no suquinho, quando você se der conta, amigo... já era! Então lembre-se: Carnaval é pra profissional, tem que saber pular. Principiante dá a mão pro experiente e vai junto. Sozinho, pode nem voltar pra casa! Bom, aviso feito, vamos finalizar.

Se quiser dar um show de raciocínio e planejamento, você pode comprar sacolés (um picolé dentro de um saco, pesquise na sua região o nome certo), colocar o caju amigo dentro com o auxílio de um funil, ou de algo que funcione como um funil (quem inventou o funil é um gênio), e meter no freezer. No dia seguinte é festa. O sacolé é um grande gelo, no caso, de caju amigo. E você toma chupando. Como carnaval já é a maior lambeção geral, tenho certeza que você não terá nenhuma dificuldade.

Agora é colocar tudo na pochete do folião, fazer sua saída Fleflenfláu e partir pra folia!! Se não for época de carnaval, faz um carnaval fora de época mesmo, leva pro trabalho, distribui, é demitido e tudo vira feriado. XABLAU!

CACHAÇA DE BUTIÁ

AUTOR: COMEDOR DE XIS / PORTO ALEGRE (RS)

Apresentação:

Não chega a ser um prato, mas sim um alimento para a alma. Para qualquer pessoa que aprecia uma fina e rica bebida.

Ingredientes:

Litro de cachaça, a mais chinela possível; 500 g ou 1 kg de butiá; mel; liquidificador; coador; faca; pote de vidro para guardar a canha.

Modo de preparo:

Às vezes uma imagem reflete mil palavras.

Mas é assim:

- Tire o caroço do butiá, esmague, coloque em uma vasilha grande.
- Adicione o mel e a cachaça.
- Misture tudo e aguarde o seu envelhecimento.

Deixe fora do alcance da luz, se quiser enterrar já fundo.

DIFICULDADE	**MAIS OU MENOS**
PORÇÕES	**+ DE 5**
HORA IDEAL	**PARA MOLHAR O BICO A QUALQUER HORA**

• Comentário de Paulo de Oliveira •

Ah, os alimentos pra alma... Às vezes a gente alimenta o corpo, mas a alma continua faminta. E não é todo alimento que tem a propriedade de alimentá-la. O álcool tem essa propriedade: na hora que ele entra, a alma esquenta. Mas cuidado com a procedência dele, tua alma pode não estar preparada. "Cachaça, a mais chinela possível" é perigoso. É só pra profissionais, tem que ir com calma. A não ser que haja no butiá uma propriedade transformadora que tridestile cachaça chinela, transformando-a num belo sapatinho de cristal. Devemos comprovar. De qualquer forma, se quiser investir numa cachaça boa, vale a pena. Álcool é foda. Uma vez tiveram a feliz ideia de guardar o álcool 95%, aquele da limpeza, dentro da geladeira. Minha avó veio na madruga tomar o seu remédio e encheu um copo daquele álcool pensando que era água. Virou tudo numa porrada só, que a velha não era fácil. Morreu? Morreu nada, deu foi um trabalho danado pra segurar, que ela queria sair, queria dançar em cima da mesa, queria tirar a roupa, partir pra dentro do caseiro, foi uma loucura. Mas se liga, Xis: nem sempre uma imagem reflete mil palavras — salvo a bíblia aberta em frente ao espelho. Então calma, não vai tomar **Cachaça de Butiá** e comer Xis ao mesmo tempo, que é que nem assoviar e chupar cana — um amigo meu foi fazer e poft!, foi dessa pra uma muito mais calma, aliás, infinitamente calma. Cuidado. Alimente a alma, mas com a inteligência que ela merece. Fique ao alcance da luz, mas se enterrar, enterra fundo!

PERGUNTAS INTERATIVAS

Alma versus corpo?

___

Não achou butiá, fez com quê?

___

Já ferveu o radiador numa cachaça chinela?

___

AS META-RECEITAS

Meta, meu cumpádi, meta é estar no meio. Bem no meio. Ou mal no meio, tanto faz, mas no meio, em trânsito. Não tô falando de uma meta pra cumprir, como uma parada a ser alcançada que você estipulou como um fim, muito pelo contrário, eu tô falando de outra coisa, interminável. Digo meta de hemi, de semi, de ver uma metade e enxergar a outra. Estou falando de metáfora. Estou falando de mistério.

Não no meio do caminho ou mal posicionado ou ser de centro ou estar em cima do muro, nem nada do gênero. Meta é ser a ponte, isso sim. Uma ponte que liga dois tempos ou planos ou mundos possíveis sobre o infindável mar das coisas inclassificáveis, seja porque estão em permanente mutação, como a Terra está, seja porque ainda não aprenderam a entender ou compreender integralmente você, meta-você.

Todas as receitas que estão nesta seção das Meta-Receitas poderiam ser classificadas em minúsculas seções individuais separatistas, como capítulos à parte de exceções a todas as regras uniformizadas. Todas são singulares fragmentos únicos de individualismo ímpar, tão logo inclassificáveis por sua própria natureza solitária e com alguma coisa insuficientemente comum, tal qual a Teoria dos Números Interessantes, que diz que, se existe um número que não é interessante, ele passa a ser interessante, pois é o único número desinteressante que existe, logo singular, então de alguma forma interessante. Assim como todas as receitas que aqui estão não puderam ser classificadas de forma satisfatória em nenhuma outra categoria, naturalmente passaram a formar um novo conjunto das receitas que não formam conjunto nenhum.

QUEIJÃO

AUTORA: ISA / SÃO PAULO (SP)

Apresentação:

Inventei essa receita num momento de pressa, e sendo eu uma queijólatra, acabei me apaixonando por ela.

É pra quem tá com preguiça/pressa mesmo. Usa pouquíssimos ingredientes e demora muito pouco pra ficar pronta. Mas tem que estar disposto a exagerar nas calorias e no queijo...

Ingredientes:

Mais ou menos 1 saquinho de queijo parmesão ralado; 1 colher de sopa de margarina ou manteiga. Opcionais: orégano a gosto, açúcar a gosto (não recomendo), etc.

Modo de preparo:

Espalhe o queijo ralado na superfície de um prato. Tem que cobrir o fundo do prato, formar uma camadinha mesmo.

Se decidiu por tentar arriscar com um dos ingredientes opcionais, essa é a hora: salpique/espalhe por cima do queijo o seu ingrediente de escolha.

Depois, dê um jeito de espalhar a margarina por cima do queijo. Eu recomendo fazer três "ilhas de margarina" em cima do queijo, porque daí espalha melhor depois.

Tudo pronto, agora é só colocar 2 minutinhos no microondas e esperar pra se entupir. Se o prato não sair crocantezinho, coloque mais um pouco.

Agora é só aproveitar. (:

DIFICULDADE	**MUITO FÁCIL**
PORÇÕES	**1**
HORA IDEAL	**PRESSA**

• Comentário de Paulo de Oliveira •

Isa, você é um baluarte da criatividade sob pressão, um ícone de sucesso, um bastião da realização fortuita do bate-pronto. Muitas vezes, as melhores decisões são tomadas no menor espaço de tempo. Outras vezes não, e a gente se fode, mas não foi o caso aqui. Esta tua receita, surgida na pressa e na preguiça – coisas tão distintas, mas tão próximas –, parece a obra-prima de uma meticulosa artesã. Apenas dois ingredientes, um modo de preparo quase tão natural quanto respirar, e o resultado magnífico: uma hóstia gigante de queijo amanteigado de sabor. Uma verdadeira bênção. Quanto a exagerar nas calorias e no queijo, tudo bem. No dia seguinte, você exagera na esteira e nos antialérgicos à base de corticoides. Quanto aos ingredientes opcionais, importante toque dado por você, eu também recomendo o orégano, cuja maior característica é agregar um sentimento pizza ao prato, e também não recomendaria, embora jamais proibiria, a utilização do açúcar. Pensando bem, não sei... Fica a critério do Brasil e do mundo colocar açúcar ou não neste prato. Quanto ao modo de preparo, tudo legal, adoro sua atitude anárquica de transferir a responsabilidade pra gente criar nosso próprio jeito de espalhar a margarina sobre o queijo. Isso é atitude, isso é doação de coragem, isso desenvolve a autonomia. A figura poética "ilhas de margarina" foi outro detalhe que me tocou profundamente pela delicadeza da observação e da belíssima imagem. Dois minutos no micro-ondas é um tempo de cozimento tecnicamente seguro para evitar que alguma mudança metabólica dramática possa acontecer com o seu corpo, como morrer de fome de repente. Então este prato remete ao propósito fundamental da alimentação, que é diminuir a diferença entre sentir fome e sentir fome novamente. O crocante como meta é o ponto certo, é a parte divertida e sonora da comida. Importante. E eu só faria uma última ressalva em relação à margarina. Eu tentaria substituir, sempre que possível, por manteiga, que é muito mais gostosa. Fechei bonito? Então beleza. Beijo para todo mundo.

PERGUNTAS INTERATIVAS

Defina "queijólatra":

____

____

____

Com relação à utilização do açúcar, qual foi a sua decisão?

____

____

A figura poética "ilhas de margarina" ajudou na hora de espalhar a sua? Comente.

____

____

____

ESCONDIDINHO NA ÁRVORE

AUTOR: LÉO / LÉO ESCONDEU A CIDADE DELE. TRANQUILO.

Apresentação:

É o seguinte: vou contar uma breve história do meu prato, que tem tudo a ver com o programa. Certo dia, chego na casa de minha falecida avó pra matar a fome, mas a boa velhinha não se encontrava no recinto. Abri a geladeira e deu aquele vazio gelado. Mas como sou brasileiro e a fome era maior até que minha vontade de nunca desistir, resolvi tirar tudo de lá e fazer um pouquinho de qualquer coisa. Eu tinha uma couve-flor, presunto, mussarela, bacon e requeijão. Nada de pão, nem arroz, nem miojo. Olhei pro lado, vi uma grande panela e a partir daí que: Xablablau! Pensei em fazer uma pegadinha com minha folgada namorada. Vou colocar tudo dentro da couve-flor e falar pra ela que só tinha aquilo. E assim originou-se um dos mais belos pratos práticos e inspiradores que já vi!

Ingredientes:

Vamos lá, vou passar a receita do prato aperfeiçoado: 1 couve-flor (o mais parecida com árvore possível); 600 g de presunto; 900 g de mussarela; 500 g de bacon; 150 g de manteiga; 1 cebola grande; 5 dentes de alho; 6 pacotinhos de tempero pronto.

Modo de preparo:

Em uma panela grande, fervente a couve-flor inteira junto com 5 pacotinhos do tempero. Enquanto isso, faça trouxinhas de presunto e mussarela enroladinhos e reserve (não use toda a mussarela). Ao fim da fervura, escorra toda a água da couve-flor e separe num refratário. Numa frigideira, frite o bacon picado e escorra a gordura; depois, na mesma frigideira, derreta a manteiga com o alho e a cebola e 1 pacotinho de tempero, ao final adicione o bacon sem deixar ele fritar mais. Abra um pouco a couve-flor com os dedos e despeje a manteiga uniformemente, depois enfie as trouxinhas dentro da couve-flor. Por fim, coloque o requeijão[9] em cima da árvore, cubra toda ela com mussarela e leve ao forno para gratinar.

DIFICULDADE	**FÁCIL**
PORÇÕES	**2**
HORA IDEAL	**DE DIA**

9 Inovou acrescentando um ingrediente que não estava na lista, mas estava na apresentação. Pegadinha pra ver se tá todo mundo acordado.

• Comentário de Paulo de Oliveira •

Léo, muito boa sua versatilidade e sua vontade de surpreender, que, além de criar a receita, ainda aperfeiçoou pra mandar pra gente. Cozinha é treino. É como andar de bicicleta: primeiro você coloca as rodas e aprende a cair, o resto vem com o tempo; você tira a rodinha e sai pronto pra conhecer o mundo, vai até fazer **Escondidinho na Árvore**. Geninho disse que já fez muito escondidinho na árvore por aí, mas não quis dar detalhes, acho que pode sujar pra ele. Léo, pessoalmente fiquei emocionado com seu relato, viu? Cada dificuldade que a vida traz tem também uma oportunidade implícita nela; já que na casa véia não tinha a véia mais, tu teve que remediar e fez bonito. Respira fundo, chama alguém pra respirar junto com você, pra dar aquela oxigenada bonita, pra dar corda na caixola. Se joga na despensa e vai. Eu amo as árvores e, pra mim, o brócolis sempre foi uma pequena árvore, um bonsai natural. Me amarro. Me ilumina. A couve-flor é a irmãzinha dele, aquele piteuzinho albino, delicada, se colocar umas bolas vermelhas já tá pronta para o natal, chega arrasando, surpreendendo. A couve-flor traz sua própria pitada de criatividade, acrescentando alegria na ginga de um passo de samba, é tudo delícia. Recheia essa criança com todo o seu amor, Léo, e esconda-se sempre que preciso. Surpresa, quando é boa, é bom.

PERGUNTAS INTERATIVAS

Você já fez escondidinho na árvore?

Devolveu?

Nível de beleza prática inspiradora obtida no final:

FEIJÃO SOBREVIVENTE

AUTOR: MIGUELOSO CIGANO / CIGANO NÃO TEM CIDADE, CIGANO TEM HORIZONTE.

Apresentação:

Trata-se de uma receita que já salvou vidas, capaz de preencher os espaços vazios dos estômagos tristes de fome. É a comida preferida dos baianos e foi ela que segurou a minha barra quando estive sem grana em Curitiba (lá é um frio da porra) a trabalho.

Fiz algumas modificações na receita convencional de minha mãe, por conta da escassez de dinheiro e tempo, e isto gerou meu feijão sobrevivente. Não recomendado para aqueles que comem pouco (paulistas, gaúchos e paranaenses), e sim para aqueles que têm estômago potente e faminto (como nordestinos e cariocas).

Um feijão sobrevivente + Uma cachacinha barata poca olho[10] faz o pião dormir feliz, sem pensar no amanhã. E o cara com alguns reais vai comer decentemente por uns 4 dias.

Ingredientes:

1/2 quilo de feijão — Preto ou marrom, ou verde ou branco. Isso fica a critério. No sul eu usava o preto porque era mais barato, aqui na bahêa é o marrom. Não sabe medir meio quilo ? Ah... vai jogando até você ver que saiu a metade; calabresa Fina — uns três pedaços dá; costela de porco — uns pedaços; bacon — se tiver, se não tiver vai sem ele mesmo.

1 caldo — qualquer um; 1 cebola (nunca pode faltar na sua cozinha essa maravilha da agricultura); um Xequimblau de folhas de hortelã (muito saboroso); 1 folha de "lôro" (se o cara quiser, eu não uso porque ela fica me atrapalhando de comer).

E o principal: FARINHA. A gosto. Pode ser de copioba, ou da branca... se não tiver então usa aquelas farinhas de milho mesmo, o importante é não precisar fazer arroz porque o cara tá com pressa.

Modo de preparo:

Essa é a única coisa que sei cozinhar. E eu faço assim:

10 Aguardamos fotos da dita cuja pra não errar ao fazer em casa.

1 — Corte pedaços grandes de bacon e calabresa. Deixe-os de stand by.

2- Corte pedaços da costela de porco e bote na água e deixe ferver.

3 — Após isso, pegue o bacon e jogue na frigideira (sem óleo) e deixe o safado gerar óleo pra nós.

4- Corte a cebola, a hortelã e o caldo (isso, corte o caldo).

5 — Jogue a costela na frigideira junto com o bacon. Em seguida, jogue os itens do item 4 também.

6 — Arremesse lá também a calabresa, treine sua pontaria.

7 — Fique mexendo até ficar um cheiro gostoso e uma cor bonita. (Se o cheiro tiver nauseabundo é porque você deve continuar mexendo até ele melhorar.).

8 — O feijão precisa ter ficado de molho uma hora (esqueci de avisar isso no início da receita).

9 — Joga o feijão numa panela de pressão, com água até a metade. Depois pega tudo o que tá frigideira e joga também dentro da panela de pressão.

10- Joga um tiro de sal na panela de pressão — se você não tiver pressão alta.

Deixe lá na panela, espere até subir um cheiro gostoso e ela ficar apitando. Quando ela apitar, conte 40 minutos.

Depois tire do fogo, bote um garfo para escapar o restante do ar dentro da panela.

Aí é só servir feliz. Eu comia isso no almoço e janta... hehehehe. Recomendo com um pouco de pinga pra esquecer dos problemas.

Abraço.

DIFICULDADE	**DIFÍCIL**
PORÇÕES	**CIGANO NÃO TEM PORÇÃO, CIGANO TEM O QUE TEM**
HORA IDEAL	**TODA HORA É HORA: AO ACORDAR, AO CHEGAR, APÓS TRANSAR, OU OUVINDO "BARRADOS NO BAILE", DE EDSON GOMES.**

• Comentário de Paulo de Oliveira •

Migueloso Cigano, gostei muito do seu nome, também já fui barrado em baile e admirei sua receita porque, além de ser poeta, baiano e passar fome em Curitiba, você desenvolveu uma reflexão interessante sobre as regiões e as respectivas capacidades de comer de seus habitantes, além de resolver de forma admirável o maior problema do guerreiro, a sua própria escassez (e escassez, você já sabe, sempre vem em quantidades). Feijão pra mim é universal — também aprecio muito um marronzinho, da Bahêa — e o fato de você ter montado um esquema impressionante no português livre, desmistificando a porra toda e ensinando qualquer um a fazer, até mesmo eu, isso é Extra Golden Plus. E eu também já passei frio em Curitiba, num Enecom em 1998. Tomava cachaça que nem chá e não adiantava nada. Tive que dormir enrolado no jornal, dentro de um saco de lixo, com o sleeping bag por cima e a barraca em volta. Dormi pouco. O cara da barraca ao lado meteu uma fogueira perto e a barraca lambeu igual uma onomatopéia de Beto Carreiro: SHILUM BIRIBIBLUM FLUM! Não se machucou por um milagre. Parecia desenho do coiote e papa-léguas. Pelo menos aqueceu a sala. Mas voltando aqui, gostei da tua receita, apesar de ser repleta de ingredientes. Sabe que a quantidade de ingredientes é inversamente proporcional à capacidade de consegui-los. Embora conseguir um caviar de baleia beluga albina do mar magro seja um ingrediente praticamente impossível, mesmo sendo um só, o que faz dessa minha máxima uma merda. Esquece isso que eu falei então. Falar em esquecer, você esqueceu de mencionar o deixar de molho do feijão, mas lembrou a tempo. Isso prova que em determinadas situações você é condicionado a achar que esqueceu, mas na verdade você lembrou. Vou fazer amanhã essa receita, pra começar a semana com uma frente de quatro dias, com alguns reais. Isso que é plano Fome Zero. Teu feijão faz dormir e acordar feliz, Cigano. Cortar o caldo também me impressionou, me deixou de stand bye bye. Obrigado, guerreiro. Paz não tem, tem momentos de relativa tranquilidade. Poca esse olho!

PERGUNTAS INTERATIVAS

Tipo de desafio:

____

____

Vidas salvas (em ordem decrescente):

____

____

Toque importante da cachaça poca olho:

____

____

____

SALPICÃO "DO NADA"

AUTOR: FABI / SEATTLE-WASHINGTON (EUA)

Apresentação:

Quando você tem vontade de comer um salpicão, seja pela batata palha ou pelo prazer da saladinha no meio do dia, da noite, do nada, e não sabe se tem os ingredientes necessários... surpresa! Sim, você tem o que precisa pra um salpicão maravilhoso que saiu "do nada", mas que tem o sabor de tudo!

Estava acampando com minha melhor amiga num lugar onde nada existia, e a larica bateu, às seis da manhã, depois de uma noitada maravilhosa. Tínhamos coisas enlatadas e outras coisitas mais em um isopor. Dali nasceu esse salpicão maravilhoso.

Ingredientes:

Frios (fatiados): mortadela, peito de frango, presunto (o melhor!), o que você normalmente coloca fatiado no sanduíche; 2 colheres de sopa cheias de maionese; 1 colher de café (pequena) de mostarda; 1 colher de sopa de milho, ervilha, cenoura, o que tiver semelhante a isso; Queijo parmesão: 1 colher, só pra dar um gostinho...; Orégano!!! Coloca uma porçãozinha na mão e mói com os dedos enquanto joga por cima de tudo; 1 "fio" de azeite: conta até 1... ou 2; Sal e pimenta a gosto; Batata palha a gosto.

Modo de preparo:

Misture todos os ingredientes, com exceção da maionese, da batata palha e do sal e pimenta. Depois de misturar tudo, acrescente a maionese aos poucos e misture. Coloque sal e pimenta a gosto. Espalhe a batata palha por cima e divirta-se!

DIFICULDADE	MUITO FÁCIL
PORÇÕES	2
HORA IDEAL	ANYTIME

• Comentário de Paulo de Oliveira •

Querida Fabi, onde o nada abunda, levemos o salpicão. Porque, pra que o nada exista, basta que nos falte tudo, e de vácuo nosso cotidiano tá cheio! Este ano prosperou em minha colheita a ausência, gata, e criar no vazio é tudo mesmo, a arte do intangível, o tipo do esporte que eu pratico. Imagine compor músicas sendo surdo? Imaginou? Já teve quem o fizesse, e o cabra era bom. A vida é emoção e surfar na periclitose do vazio absoluto é coisa pra monge psicodélico. Eu e você. E um delicioso nada onde a gente se salpique. E salpicão é uma das receitas mais piquenique que tem. E como eu gosto e tenho saudade de um piquenique no Parque da Cidade, preciso fazer isso de novo. Uma coisa que saiu do nada tem a mesma intenção do universo. Vamos espalhar a batata palha por cima de tudo, vamos semeá-la nas lavouras, vamos jogá-la em recém-casados. Vamos tatear esse colorido gostoso, Fabi. Seattle, Washington, *I'm still alive. Oooo, I... I'm still alive.*

PERGUNTAS INTERATIVAS

Quais tipos de nada você usou na sua receita?

E no barato?

Aplicou alguém no nada?

LARICA DE CACHORRO

AUTOR: BEL / NITERÓI (RJ)

Apresentação:

Esse é um petisco que você vai fazer pro seu cachorro, mas como é feito de coisas muito comíveis pelo homem, fica lindo pra você dividir a refeição com o animalzinho. Saindo do forno então, com um molhinho tártaro, é fino. É só uma mistura estranha, não pega nada.

Ingredientes:

1/2 kg de músculo bovino; 1 cenoura grande; 1 maço de agrião; 1 maçã ou pera; 2 xícaras de arroz pronto (pode ser integral, mas aí já é luxo); fubá (o quanto baste); sal (2 mini pitadas, ok).

ATENÇÃO: as medidas são perfeitamente adaptáveis ao que tiver em casa. Só não meta farinha na mistura, que senão o cão sofre.

Modo de preparo:

Raspe a cenoura, corte a carne em pedaços, ponha na panela de pressão com um pouco d'água e cozinhe até apitar, ou não, você conhece sua panela, você vê. Deixe esfriar um bocadinho. Lave o agrião e jogue fora os talos mais duros. Corte a maçã em pedaços. Junte tudo e bata no liquidificador, com um pouco de água pra não engasgar, mas não deixe ficar muito molengo. Junte o arroz, o sal e bata mais. Passe a mistura pra uma tigela e misture com o fubá até ficar possível de fazer bolinhos. Acerte o sal, sabendo que isso pro cachorro pouco importa. Enrole na mão os bolinhos, ou compridinhos, ou se quiser usar forminha de coração também pode. Leve ao forno médio, numa assadeira forrada de papel-alumínio.

DIFICULDADE	**FÁCIL**
PORÇÕES	**5+**
HORA IDEAL	**NA FOME DE CÃO**

• Comentário de Paulo de Oliveira •

Bel, já estou aqui imaginando você e seu cãozinho, a boquinha toda lambuzada dessa delícia, o gosto gostoso passando pela língua, fazendo carinho no céu da boca, rabinho balançando de felicidade. Comer com o cachorrinho eu acho bonito, essa integração com a natureza e nossos irmãozinhos de outras espécies. Eu tinha um tatu quando era criança, tinha outro nome, não, era Tatu mesmo, em homenagem à Ilha da Fantasia. Com tatu não dá pra comer junto, é muito encabulado o bicho, eu gostava dele, me identificava, mas a alimentação interespécies nunca pudemos experimentar. Mas com cachorro é outra história, né? Cachorro é tudo cachorrada, então não tem erro, é só chamar que ele vem, vem, vem, vem, e vamo nessa, meus totós. Beijo, Bel, **Larica de Cachorro**, porque o que é bom, é bom pra todos, não importa os cornos, ou os escórnios, como se diz hoje em dia, importa é o sabor, os aspectos profundamente nutricionais pra corpo e alma e a amizade entre as espécies, espécie eu, espécie você. Beijo, gata.

PERGUNTAS INTERATIVAS

Quem apitou primeiro, você ou a panela?

Qual o ponto alto do fogo médio?

Qual o formato de biscoitinho que você adotou?

DOCE

Ah, o doce. Docinho. Meu docinho. Morro de amores por você, e, de todas as coisas boas que guardo, eu não esquecerei jamais de você.

Você, guerreiro, também, já ia pensando que eu tinha me esquecido do docinho, né? Mas logo dele, o doce, o verdadeiro pai da larica, não o padrasto, mas o pai, o pai de fato, o pai de sangue, o pai biológico-gustativo? Não dá pra esquecer. Porque a larica nasceu mesmo, aquela larica mais descontrolada, mais convulsiva, a tal *fame chimica* (fome química!) em italiano, ela nasceu e é caracterizada, em 99,9% dos casos, numa compulsão por doce. Compulsão maluca.

Açúcar, exagero, volúpia, sedução, suscetibilidade, perigo. Então pega leve. Doce demais enjoa.

Um beijo meu, docinho.

CHOCOBACON

AUTOR: MARI-MARINA / SÃO PAULO (SP)

Apresentação:

Prato de alto teor lipo-erótico, o Chocobacon é uma sobremesa, é um petisco pra acompanhar a cerveja, é ideal para jovens mães que estão amamentando, mas é bom mesmo quando você está com Aquela Larica, a maior de todas.

Ingredientes:

Bacon em fatias finas; uma barra de chocolate ao leite (tentamos com meio amargo, mas ficou exótico demais pra mim); frigideira; uma panela maior com uma panela menor dentro pra fazer banho-maria.

Modo de preparo:

Pique o chocolate bem picado (quanto menor os pedaços, mais rápido vai derreter) e jogue tudo na panela menor. Encha a panela maior com água, coloque a panela do chocolate dentro e tasque no fogo. Muuuuuito cuidado pra não molhar o chocolate, hein?! Senão fica uma merda. Quando a água começar a querer ferver, já desligue o fogo. Se ficar mais quente que isso o chocolate vai queimar, manolo. Vai mexendo até derreter tudo e reserve. Agora é só fritar o bacon. Nem precisa colocar óleo porque o bacon já é quase que um tabletão de gordura só. Tire um pouco da gordura com papel-toalha. Aí é só ir passando o bacon frito no chocolate derretido, fazendo uma cobertura tipo de bombom. Leve à geladeira pra endurecer (rapidinho, uns 5 minutos) e está pronto esse sexo selvagem em forma de petisco.

DIFICULDADE	**MAIS OU MENOS**
PORÇÕES	**3**
HORA IDEAL	**A LARICA SUPREMA, DESEJO DE GRÁVIDA**

• Comentário de Paulo de Oliveira •

Realmente, o **Chocobacon** é o que se pode chamar de um clássico instantâneo. É o triunfo da Larica Vertical, ou Larica Freestyle, só recentemente incluída nas provas oficiais da Larica Mundial devido à insegurança e à temeridade das receitas propostas. E é um porradão de colesterol tão violento, mas tão agressivo, tão audaz, tão inconsequente, tão louco, que só pode servir pra uma coisa: ter certeza de que, acima de tudo, você MERECE estar vivo. Lubrifica as veias com gordura pra que essa hecatombe de prazer avassale teus tubos, preencha tuas papilas gustativas e degenere toda tua linhagem, até que teu último descendente vivo antes do fim do mundo tenha bolsas de gordura saturada abaixo dos olhos, mas a certeza da satisfação garantida. Falei legal.

PERGUNTAS INTERATIVAS

Nível do porradão x tamanho da sua larica:

____

____

____

____

Manolo queimou?

____

____

____

____

Telefone do seu médico:

____

____

____

____

SORVETINHO DE BABY-WAFER DE CHOCOLATINHO

AUTOR: PAULO DE OLIVEIRA / RIO DE JANEIRO (RJ)

Apresentação:

Tem coisas que você só aprende sofrendo, não tem jeito. A solidão, por exemplo, traz ensinamentos preciosos que você só acessa se estiver chorando no frio do canto do chuveiro. Então uma coisa que aprendi com a tristeza é fazer um doce. Não resolve, mas ajuda. E um doce frio, gelado igual o coração daquele cara de pau, ou daquela mina de pedra, esquenta, dá uma emoção positiva. Só pra lembrar que a vida é boa. E se tiver um crocante, você mastiga os cacos do cenário romântico que você criou na sua expectativa e que espatifou na sua frente igual um copo molhado que escorreu da sua mão trêmula, quando a felicidade te deu adeus. Porra, essa foi forte. Mas então, levanta! Levanta, prepara uma glicose pesada, pra dar aquela turbinada, porque alguém vai ser feliz hoje nem que seja na base do açúcar! E se você, na coincidência, tá indo pra um casamento que não é seu, já deixa preparada essa sobremesa pós-festa. Vai servir pra duas coisas: estancar o processo do giro vomitante pré-coma alcoólico; e aquecer seu coração solitário. Se você voltar do casamento acompanhado, ou acompanhada, passe a sobremesa no corpo.

Ingredientes:

1 pote de sorvete de qualquer marca e sabor. Só precisa ser da sua preferência, pra você não cometer o contraditório ato de fazer uma comida que você não gosta. Ou da preferência de outra pessoa, caso você vá presentear alguém com essa sobremesa, usando a mesma reflexão da frase anterior.

1 pacote de baby-wafer de chocolatinho, o famoso "MARCA NÃO PATROCINOU", mas é aquele que você repete, aquele que você pede no final do show de música boa, aquele que é impossível comer um só, embora seja perfeitamente possível. Aquele.

1 lata de leite condensado, qualquer marca.

Modo de preparo:

Cozinhar é igual a aprender a nadar, certo? Você não vai sair nadando borboleta, ou golfinho, mesma coisa. Não vai. Você já viu alguém fugindo de tubarão nadando borboleta? Hein? "Tubarão!", "Vai afundar! Se joga!" e sai nadando borboleta. "Estou vendo o cais do porto, vamos crianças!". Nem o Capitão Marvel, meus queridos! Nem o Capitão Marvel. Então, nunca fuja de um tubarão nadando borboleta. Pintou um tubarão? Vai no crawl. Então hoje é isso, não vamos fazer um pavê de duzentas mil camadas, seis tipos de biscoito, 4 sorvetes, duas semanas na geladeira e um chantilly de manteiga barroca. Não. Hoje vamos fazer uma sobremesa básica, simples, humilde. Não a mais básica do mundo, que seria uma colher de leite condensado direto pra dentro, nós vamos fazer uma receita um pouco menos básica.

Como essa receita é muito fácil, eu vou usar o instrumento DICAS pra dar sugestões de como se comportar no casamento de outra pessoa.

DICA 1: *Vai no casamento? Faça um cartão com seu nome, endereço, telefone e signo. Um amigo fez isso e deu certo.*

Essa receita é basicamente uma montagem alternada, uma lasanha de sorvete com chocolate. Então pega um pote, uma vasilha, uma bandeja, um recipiente qualquer que possa ir ao freezer, e comece a fazer a primeira camada de sorvete. Cobre de sorvete todo o piso do seu recipiente.

DICA 2: *Num casamento, não tenha pena, muito menos vergonha, de encher uma sacola de docinho pra levar pra casa. O docinho na madrugada, ou antes do café da manhã, ele segura, ele anima. Não vai rolar amor? Um docinho substitui.*

Depois da camada de sorvete, você vai colocar uma camada de baby-wafer de chocolatinho triturados. Você pode quebrá-los com as mãos, ou com um martelo, ou picotá-los com uma tesoura. Faz uma camada de biscoito, pode ser fina.

DICA 3: *A comida no casamento só é liberada depois que filmar tudo. Porque tem que registrar, o pai da noiva precisa prestar conta. E quando vier o salgadinho, jamais pegue um salgadinho solitário. Jamais. Não existe isso. Vai sempre na de dois, na de três, escolhe.*

Depois você abre a lata de leite condensado — eu sempre recomendo dar logo uma colherada pra dentro pra entender a finalidade do açúcar no mundo. Você vai pegar com outra colher, não a babada, e vai deixar escorrer um fio de leite condensado. Com esse fio, você vai fazendo desenhos na nossa sobremesa, em cima da camada de chocolatinhos, vai brincando. É uma coisa meio Pollock.

DICA 4: *Na hora de beber no casamento tem que ser igual Fórmula 1, tem que saber dosar gasolina, pneu, freio. Tem que ir devagar. Escolhe a bebida com calma, trace uma estratégia de corrida. Se for migrar, migra pra cima: da cerveja pro gin, do gin pro uísque, do uísque pro absinto.*

Aí faz mais uma camada de sorvete, um segundo colchonete de glicose. Depois mais uma camadinha de baby-wafer de chocolatinho. E de novo uma trama de fios de leite condensado pra finalizar. Aí você pega 4 baby-wafer inteiros e cria uma escultura em cima do sorvete, só pra brincar, só pra exercitar sua criatividade. Pode escrever alguma coisa também, curta, caso você tenha poucos chocolates sobrando. Suas iniciais, sei lá, inventa.

DICA 5: *Num casamento é natural a alimentação não linear: Salgadinho, doce e finalizar com um estrogonofe. Não se reprima por isso.*

Agora é só colocar seu sorvetinho de baby-wafer de chocolatinho no freezer, pra ele retomar a consistência, porque todo esse preparo certamente derreteu a criança. Deixa ele lá pelo menos 2 horas. Mas se você esquecer e for comer no dia seguinte, tudo bem, só é melhor comer com uma colher de sorvete, ou um pé de cabra, pra não entortar o talher. Vai na fé!

IMPERDOÁVEL DE BANANA AU SHOKLAT

AUTOR: MARCOS VP / RIO DE JANEIRO (RJ)

Apresentação:

O mestre do salgado se aventura pela primeira vez na seara dos doces e ganha uma experiência magnífica e um esporro desmoralizante, por isso o nome deste delicioso crepe de banana ao licor de amêndoas, coberto com calda de chocolate quente.

Ingredientes:

1 ovo; 1 copo de farinha de trigo; 1 copo de vinho branco para os crepes.

Para o recheio: Umas bananas; açúcar que chegue; 1 garrafa de Frangelico, aquele que sua mãe guarda para uma ocasião especial. Um copo para a receita, o resto você bebe, e se sobrar descarte na pia para garantir o esporro.

Umas colheres de achocolatado; umas colheres de margarina; açúcar e um pouco de leite para a calda.

Modo de preparo:

Liquidifique as coisas do crepe e faça as panquecas numa frigideira quente, usando uma bola de algodão (limpa) para passar óleo na frigideira. Numa panelinha, derreta o açúcar, coloque o Frangelico e as bananas e mexa até ficar com uma cara feia. Não importa, é recheio. A calda você faz em outra panela, ou então lava a da banana primeiro. Misture o chocolate, o açúcar, a margarina e o leite e deixe ferver até engrossar um bocadinho.

DIFICULDADE	**MAIS OU MENOS**
PORÇÕES	**1**
HORA IDEAL	**À NOITE**

• Comentário de Paulo de Oliveira •

Marquinho VP, grande responsa. A gente não se conhece, não? De alguma festa aqui no Rio? Ali em Botafogo, Copa? Bom, de qualquer forma, um grande abraço e tudo de bom pra você e pra tua família. Vamos lá. Mestre do salgado se aventurando na seara dos doces? Perfeito. Apoio sua atitude de forma incondicional. Essa experiência cross-profissional é uma tendência do guerrilheiro moderno. Vai fundo. Quanto ao esporro desmoralizante, relaxa, deixa passar. A gente que vive na vanguarda sofre esse tipo de cobrança mesmo, é normal. Veja que o esporro que você tomou batizou o prato. Curti isso. Quanto à receita, considerei-a realmente um tanto especial, muitos ingredientes. Vinho branco, chocolate, Frangelico, bola de algodão pra limpar a frigideira? De repente é uma coisa mais pra uma festa. Eu colocaria esta receita numa subcategoria dos Doces para Ocasiões Especiais. Requer pré-produção. O Frangelico, por exemplo, só na casa da mamãe mesmo. Tem que ir lá, correr esse risco, e pegar. E se quiser aumentar a chance de tomar um esporro desmoralizante, pega o Frangelico da casa da mãe da sua esposa, do seu companheiro, enfim, da casa de alguém de quem você não é filho, de alguém que consideraria sua atitude muito mais imperdoável do que a sua mãe consideraria, um abuso passível da punição capital. Mais arriscado é mais gostoso. Agora, sobre esse lance de jogar fora pra garantir o esporro, eu discordo da técnica, não do esporro. Acho que você pode garantir um esporro sem precisar jogar fora o Frangelico, porque, justamente por ele ter sido conquistado, não devemos desperdiçar. Mas, se for pra desperdiçar pra garantir o esporro e fechar o prato com um xingamento de ouro, eu iria para técnica do garçom exibicionista de churrascaria rodízio. Conhece? Funciona mais e desperdiça menos e com muito mais estilo. É o seguinte: para garantir a quantidade exata de Frangelico pra sua receita, você usa um minicopo de cachacinha licor, certo? Aquele de vidro tipo dedal, aquele micro. Bota o copinho na mesa, mas em cima do prato onde você for servir a receita depois. Aí você pega uma escada, sobe com o Frangelico na mão até o último degrau e grita pra sua esposa pra ela largar tudo e vir correndo ver o que você vai fazer. Quando ela chegar, você fala: "Amor, olha o que eu aprendi na boate sexta (já solta essa pulga). Aí você vira aquele fio de Frangelico lá do alto tentando acertar o copinho de vidro dedal lá embaixo. Provavelmente você vai dar umas 15 voltas com o fiapo em torno do copo até acertar dentro do copo, isso se tua mão não começar a tremer muito, antes de acertar qualquer coisa. O esporro é certo, vai por mim. Tem que estar até com bastante crédito pra não perder tudo, casamento, sexo, o escambau. De qualquer forma, o Frangelico que ficou fora do copo já decora o prato da receita, dando um toque de mestre! Assim, você vai tomar um esporro desmoralizante, mas não vai desperdiçar nada! Sacou a manha da formiga? Então. Fiz aqui e ficou muito gostoso. Delícia. Um beijo enorme em todo mundo que te ama além de você.

PERGUNTAS INTERATIVAS

O que você consideraria imperdoável numa sobremesa?

Numa escala de 3 a 12, quanto o desperdício te incomoda e por quê?

Garantiu um belo dum esporro? Como?

Tentou a técnica do garçom exibicionista?

BROWNIE DO LIQUIDIFICADOR DERRETIDO

AUTOR: PAULO DE OLIVEIRA / RIO DE JANEIRO (RJ)

Apresentação:

Essa receita é histórica, porque foi fazendo o brownie que o copo do meu liquidificador derreteu. Ele hoje tem uma bundinha, tem um balanço, tem uma curva estética bem interessante, é minha torre de pisa dos eletrodomésticos e tudo por causa do brownie. Se você ainda não viu, assista ao episódio na internet. O brownie é um doce com swing, é o James Brown da comida, nosso James Brownie. Agora, fica o aviso: não pode ter medo de açúcar pra fazer essa receita. Pessoal mais assustado vai desistir já nos ingredientes. Você que é um guerreiro da culinária da verdade não vai se abater, não desista, essa bomba de açúcar já salvou muitas vidas em pré-coma alcoólico. Às vezes você bebeu demais, tá precisando de um doce pra encaretar, já mete o brownie pra dentro que salva e é bem mais gostoso que glicose na veia. Ou se você estiver na larica total, o brownie vai te salvar também. Ele é feito pra isso.

Ingredientes:

2 tabletes de margarina: serve manteiga também.

14 colheres de achocolatado em pó: sim, é chocolate pra dedéu.

2 copos de açúcar: calma, você não vai comer tudo de uma vez.

1 copo de farinha de trigo: farinha vai em quase tudo.

4 ovos: a galinha chorou pra botar.

Uma colher de sopa de baunilha: só pra dar aquele touch. Pode substituir por nada, por uma imaginação de cheiro de baunilha.

...UUUUHHHH
- daniel og -

Modo de Preparo:

Primeira coisa importante dessa receita é a música. Não existe cozinhar sem música, sempre ligue o som antes de cozinhar, isso transforma o trabalho na cozinha em festa. Pro brownie, eu escolhi o funk americano e a black music, porque eu acho que tem o balanço necessário, vai trazer o suingue, mas você vai cozinhar com a música que você quiser: um forró, um xaxado, um samba bem aplicado. Aumenta o som e segue o baile.

Derreta a margarina em fogo baixo, baixíssimo. O ideal é não deixar ferver nunca essa massa. Como você vai fazer isso? Aí vai da sua estrutura na cozinha, se você tiver um fogão muito velho, já rateando, é só deixar no mais baixo possível que nunca vai ferver; agora, se você tem um fogão legal, você deixa baixinho e quando estiver quase fervendo você desliga um pouco e vai regulando (às vezes sinto que estou explicando para crianças aqui).

Derreteu a manteiga, você vai adicionando os ingredientes um a um: começa com as colheradas de achocolatado, adiciona e mexe pra não empelotar — que palavra linda, né? "Empelotar", tá aí uma palavra que a gente só usa na cozinha. Mexeu legal, adiciona o copo de farinha de trigo, vai nevar na terra dos homens, mistura bem o neném, a farinha tende a empelotar. Fazer massa na cozinha é igual fazer massa de parede na construção civil, o segredo é saber as proporções certas de areia, cimento e água e trabalhar bem na enxada, tem que mexer bem. Vai fazer a sapata da casa e não mexeu legal? Vai dar merda! Na cozinha é a mesma coisa, tenha paciência, porque senão a casa cai. Depois da farinha vêm eles, os dois copos de açúcar — rapaziada da dieta agora chora. Mistura bem, só no remelexo, aqui, se quiser mudar o clima da festa, pode já botar a playlist de lambada e vir no balanço.

Chegou agora o momento dela, da galinha que chorou pra te fazer sorrir: os quatro ovos. Quebre os ovos num copo e cheire pra ver se não tá podre, porque você, que é malandra ou malandro, não vai comprometer toda a massa, a essa altura do campeonato, jogando um ovo podre em cima dela. Tão vivos os ovos? Jogue na massa, mexa bem. Por fim, o xablau de uma colher de baunilha e tá pronta a massa.

Massa pronta, unte o tabuleiro com manteiga e farinha, se você não domina a técnica da untada, procure na internet como untar um tabuleiro que você vai ver que é fácil, dá pra untar até com o pé, cumpadi!

Distribua uniformemente a massa no tabuleiro untado e leve ao forno pré-aquecido em 180 graus por quarenta minutos e é só correr pro abraço. Deixe o brownie esfriar. Essa receita é boa de fazer pré-balada, porque quando você voltar, vai ter um docinho fresco te esperando pra curar sua bebedeira. Um presente de você pra você mesmo.

BOLO GELADO DE FANTA DE FÁTIMA!

AUTOR: FERNANDA VIDAL / SOROCABA (SP)

Apresentação:

Este maravilhoso prazer nasceu de uma tarde injuriada, após acordar e manter o corpo deitado devido ao estado atual de uma pessoa disponível no mercado de trabalho, fazendo entrevistas e mais entrevistas, e nunca contratada! Certo momento me lembrei da minha infância, quando minha querida vizinha Fátima, que faleceu 12 anos atrás, fazia um bolo gelado de fanta, com leite condensado e coco ralado de cobertura, e às vezes eu tinha o prazer de desfrutar dessa delícia de sabor... Ela tinha um livro de receitas, e meu primeiro bolo saiu daquele livro, foi um bolo de chocolate, que mexia na mão, de massa bem escura e maravilhosa, uma massa linda depois de assada... Foi meu primeiro bolo e, pelos poderes do universo conspirando a meu favor, ficou magnífico! Um tempo depois ela faleceu, e nunca mais comi aquele bolo de laranja e também nunca mais vi o livrinho de receitas dela! Grande Fátima! Por todos esses anos eu lembrei daquele bolo e nunca sequer tive a atitude de tentar fazer, até que, voltando ao início, numa tarde cheia de tédio, resolvi praticar a mágica de cozinhar e tentar fazer um bolo de fanta igual o da Fátima. O resultado foi que, na primeira vez, ficou delicioso, apesar de eu ter colocado um pouco a mais de farinha, e na segunda, ficou um espetáculo para se ter dentro da geladeira e abocanhar naquelas horas mais deliciosas, quando ela vem... A larica! rs...

Ingredientes:

Massa: 4 ovos; 1 copo e meio (de 200 ml) de farinha de trigo; 1 copo de açúcar; 1 copo de de leite quente (pode ser uns 250 ml); 1 colher de sopa de margarina; 1 colher de sopa de fermento. Ingredientes finais, pós-massa pronta: 1 lata de fanta laranja; 1 lata ou caixinha de leite condensado; 1 saquinho de coco ralado doce e úmido.

Modo de preparo:

Quebre os ovos e jogue o conteúdo que tem dentro da casca num recipiente de preferência redondo para que você possa mexer com a colher de pau, jogue também o açúcar e a farinha, dá uma mexidinha e jogue o leite quente e a margarina. E sempre mexa, mexa mesmo, com vontade, que massa gosta mesmo é de movimentos, faça como se fosse uma terapia e coloque amor, deseje que ela fique linda, faça com a alma, ciente de que um dos momentos mais bonitos dos seres vivos é quando se pode oferecer o melhor para os outros, no caso, cozinhar é uma forma de dar o seu melhor para alguém... Voltando, unte uma forma redonda pequena e não esqueça de deixar o forno esquentando desde o início do preparo da massa. Depois de untar a forma, continua mexendo a massa e jogue o fermento, e vai mexendo até você sentir a massa no ponto, e o ponto é quando ela não tem bolinhas de farinha ou de margarina, e meio grossa, mas suave, e despeje na forma e coloque no forno. Mas daí coloque numa temperatura de uns 200 graus e pouquinho, não menos que 180 graus e deixe por uns 20 minutos, fure com um palitinho de dente para ver se a massa já está pronta, e se sair limpo o palitinho, é só desligar o forno! Coloca a massa numa travessa que tenha tampa, fure a massa e jogue a fanta para molhar bastante o bolo — pode jogar a lata inteira, depois jogue o leite condensado por cima e finalize com o coco ralado, tampe e deixe na geladeira até ficar geladinho! O bom dessa massa é que, mesmo se a massa não ficar muito bonita na primeira vez, o fato de ser um bolo gelado que vai muito refrigerante para molhar faz com que raramente essa receita não dê certo! É muito bom isso porque serve também como opção quando se erra na massa de bolo e não se tem o que fazer... aí você transforma o que era um nada em uma sobremesa gelada e deliciosa!

DIFICULDADE	**MUITO FÁCIL**
PORÇÕES	**5+**
HORA IDEAL	**HORA QUE VOCÊ QUER COMER UMA COISA FEITA ESPECIALMENTE POR VOCÊ, QUE É MUITO MAIS BONITO QUE COMPRAR UM PRODUTO FINAL INDUSTRIALIZADO! EU FIZ SÁBADO, COMECEI UMAS 17:43 E TIVE SUCESSO!!!**

• Comentário de Paulo de Oliveira •

Fanta Fátima, de onde ela tirou essa ideia de derramar refrigerante no bolo? Foi um acidente? Foi crise de abstinência? Foi de caso pensado? Um mistério que jamais se revelará. Fátima se foi e ficou você, querida Fernanda, a responsável por imortalizar o Bolo de Fanta, esse gigante da memória afetiva, da criança de cada um. Tão importante quanto o prato é a história que ele quer contar pra gente. E o refrigerante, esse mal necessário, esse medicamento glicosado, protagonista de tantas tardes... Bolo de geladeira é larica sofisticada, e a sua reúne, além do refrigerante orangeglicomaster, leite condensado e coco ralado, quer dizer, é festa digna de se comprar guardanapos e chamar os vizinhos mais chegados. Apesar de eu considerar bolo um prato nível 3 (não é para principiantes), você explicou bem demaaais o passo a passo e isso dá uma segurança pra pessoa se jogar na receita com mais confiança, legal. A receita também inclui o esplendor do erro que vira acerto, isso é muito comum na cozinha criativa freestyle, um erro torto que, de repente, transforma a realidade numa delícia cremosa. Agora, Fefê, o bolo de laranja veio no detalhe, pouca gente percebeu. Eu percebi, te percebi. Penso em você todos os dias, às 17:43. Sucesso, é nós.

PERGUNTAS INTERATIVAS

Estado atual do seu corpo no mercado de trabalho X potencial de lembranças da tua infância:

Bolou ou não? Por quê?

Fátima merece uma homenagem. Escreva um recado pra ela:

SORVETE DE GUARANÁ VÍCIO PARA TARDES NUBLADAS

AUTOR: WANDE / CAMPINAS (SP)

Apresentação:

O poeta sabe que nem só de sal vive o homem. Para os momentos em que o guerreiro pede aquela sobremesa sem compromisso, aquele docinho maroto, aquele quitute viciante como tudo que não presta... e ainda com um "q" de nostalgia... para isso foi inventado o Sorvete de Guaraná!

Ingredientes:

1 lata de leite condensado (receita originalmente criada nos tempos em que latas não tinham curvas!); refrigerante de guaraná; 2 ovos; 2 formas de gelo.

Modo de preparo:

Em um liquidificador, coloque o conteúdo de uma lata de leite condensado. Encha a lata vazia com guaraná. Realize o processo lentamente, de modo a permitir que a espuma do guaraná (turbinada pela mistura com o restinho do leite condensado que ficou na lata) se dissipe e a lata seja totalmente preenchida com a parte líquida do famoso refri. Derrame o conteúdo da lata no liquidificador. Repita a operação, de modo a criar uma mistura de 2 partes de guaraná para 1 de leite condensado. Acrescente à mistura a clara de 2 ovos. Bata bem. Deixe descansar por 45 segundos para dissipar a espuma. Pegue 2 formas de gelo vazias e preencha com o batido. Leve ao freezer por um dia.

DIFICULDADE	MUITO FÁCIL
PORÇÕES	+ DE 5
HORA IDEAL	MOMENTOS DE LESEIRA, TARDES COMPULSIVAS E ENTEDIANTES

• Comentário de Paulo de Oliveira •

Wande, esta é uma daquelas receitas que motivam a existência da categoria receita-poema. Não só por causa da palavra poesia presente nela, mas principalmente pela poesia presente na palavra. E nos sabores. Essa também é uma daquelas maravilhas que só o Brasil – e o mundo maravilhoso de *Larica Total* – tem, porque não é qualquer país que tem essa frutinha da energia, o guaraná! E o detalhe, muito usado nas lanchonetes dos postos de gasolina, onde você aprende a servir-se de guaraná direto na máquina, inclinando o copo pra maximizar o refil, é dez. Belíssima lembrança. Outra tática era colocar duas salsichas num único pão de cachorro quente. Tinha funcionário que caía nessa e no final do mês prestava conta. Matéria pra reflexão sobre o caráter do ser humano. Mas voltando, espuma transbordando bonito e guaraná pra dentro, geralmente sem gás, mas tudo bem. Nostalgia é o creme que perfuma o dia a dia, buscando na memória aquelas tardes de guaraná no clube, latas sem curvas, peitinho na mão e picolé na praia — creme de ovos era meu preferido, mas tinha gente que preferia o creme holandês por ser rosa e de gosto indefinido. Hoje a maior parte das latas tem curvas, mas as nuvens continuam inefáveis. Outro ponto pacífico é a possibilidade de usar meu liquidificador Torre de Pisa, pois cada oportunidade é uma vitória. Vai ser um problema esperar o dia. Obrigado, grande Wande. Tem tarde em que eu sou compulsivo e viciante, que nem leite condensado. Mamma mia.

PERGUNTAS INTERATIVAS

Nível do teu vício, numa escalada de distraído a neurótico:

Quanto durou o teu dia?

Você dissipou?

BOLO DE BANA

AUTORA: LUH / (NÃO REVELOU O LOCAL DE SUA MORADA)

Apresentação:

Um bolo muito gostoso, e ótimo para as pessoas que gostam de um bolo mais molhadinho e cremoso, e que também não vai fermento.

Ingredientes:

1 litro de leite; 2 ovos; 5 bananas; 2 xícaras de açúcar; 3 xícaras de farinha de trigo.

Modo de preparo:

Misture em uma bacia grande o açúcar e o trigo. Enquanto isso, bata no liquidificador as banas picadas e o leite. Depois, acrescente na bacia a mistura das banas e o leite, mexa bem, acrescente os ovos e mexa novamente. Enquanto unta a forma, deixa a massa parada por alguns minutos para que saia aquela espuma causada pelo liquidificador, e antes de colocar a massa na forma, mexa novamente, e, durante o cozimento, erga um pouco o fogo e abaixe até ver se ele está realmente bom. O bolo fica pronto entre 1 hora mais ou menos.

DIFICULDADE	FÁCIL
HORA IDEAL	NUM CAFÉ DA TARDE COM A FAMÍLIA

• Comentário de Paulo de Oliveira •

Verdade seja dita, Luhlu, você é uma gênia. Além de ter cunhado essa nova designação pra banana em português livre, agora bana, simplesmente bana, como tua irmãzinha falava na mais tenra pré-primeira infância, a sacada de meter uma vitamina de banana pra assar no forno é Golden Fucking Marvelous Idea. Porra, a velha vitamina de banana, chama de bana a banana, acrescenta uns ovos, põe no papai forno pra assar, fica entre as horas, exatamente no meio delas, e assim que chegar a próxima, voilà, tira o torpedo e deita e rola no molhadinho cremoso. O fato de não precisar de fermento também é lindo, porque, na cozinha da verdade, um ingrediente a menos é mais. O truque do fogo alto e baixo também é bom, exige balanço e atenção, mas isso, Luhzinha, parece que você já tem. **Bolo de Bana**, você merece. Mais fácil que isso, só se estiver de altos. Luh: nota 11 pra você, minha linda, não podia ser melhor. Fiz aqui em casa e levitei, apesar do concreto armado na barriga – e, detalhe, não consegui segurar o balanço das horas, me precipitei, sou ansioso, comi quente mesmo e foi demais! Da próxima vez te convido.

PERGUNTAS INTERATIVAS

Qual tua avaliação sincera deste petardo?

A facilidade te espanta? Sim, não e por quê:

Você costuma inventar palavras? Tipo quais?

PUDIM É MOLE!

AUTOR: PAULO DE OLIVEIRA / RIO DE JANEIRO (RJ)

"A Poesia não é do poeta. A poesia é de quem precisa dela."

Apresentação:

Bem-vindos ao mundo da transformação, da alquimia, dos mistérios! Rapaziada maravilhosa, chegou a hora do meu amor pela minha avó subir aos palcos e brilhar! Com a benção das flautas indígenas, das escaminhas de peixe, das sementes maravilhosas que adornam o tubo sonoro musical amazônico, bora entoar juntos o hino desse episódio tão emocionante, porque eu não sei se vocês lembram, mas eu choro no final com a música "Piranha", de Alipio Martins! E se liga, hein...! Fui eu que lancei essa pérola no sudeste! Sente a balada. Vou contar pra vocês que, quando eu voltei pro Rio, adentrei o aeroporto de Manaus cantando "Piranha" aos berros, todo empoderado de amor e revolta, revolta de estar voltando pra casa. Tava namorando. Tava namorando bonito, era pura leveza, pura chance. Mas é nessa atmosfera linda e musical que apresento a vocês a receita do pudim da minha avó! Com vocês... PUDIM É MOLE!

O momento é de valorizar aquele alimento menosprezado, de transformar aquele metal vagabundo em ouro, família! Segue a nossa dica: já abre um sorriso de quinze segundos e leve tudo e todos à sua volta para um outro patamar de alegria!

Ingredientes:

Leite condensado! Ele já é a própria sobremesa, se liga! Quantas tardes passei na adolescência assistindo Sessão da Tarde caindo de boca em latas de leite condensado sem julgamento nenhum, só na colherzinha de café pra demorar mais. Pra você que gosta, é flau!

Ovos. Ovos, ovos... ovos são ovos, ovos que a galinha chorou! Não esquece de verificar o estado de saúde do ovo antes! Cuidado com a emoção, segura na tática! Beijo pra Táti.

Leite. Leite diretamente da teta da vaca da sua fazenda, da sua garagem, do seu condomínio, do seu apartamento, tanto faz onde ela estiver, vá atrás da sua vaca.

Açúcar pro caramelo! Achou que eu ia esquecer, hein!

Equipamentos:

Forminha Everybody! Forminha everybody é a forminha "todomundo", forminha de bolo que você tem, e se não tiver, desce pra comprar agora, é barato, tem em qualquer lugar. Lembrem-se: é a forminha que vai ditar a quantidade de pudim que vai rolar. Escolhe bem o tamanho do equipamento guerreiro. Aquela que tem um funil invertido no meio, pra quando você virar o pudim ele ficar com aquele buraco.

Liquidificador. Tenha sempre em casa, sempre, sempre um liquidificador guerreiro. O meu aqui é torto. Acelera Liquí!

Abridor de lata. Se não tiver, desce e compra um.

Modo de preparo:

Abre a lata de leite condensado daquela moça bonita que nunca ligou. Despeje toda a lata no liquidificador. Momento história e abraço pros sobreviventes da Segunda Guerra Mundial: leite condensado era distribuído no front pros soldados se manterem sempre em pé atirando, você vê que a origem não era tão doce assim! Açúcar é pra profissional, rapaziada. Mantenha longe do alcance das crianças! Hahaha. Voltando pra receita.... Na própria latinha você coloca a mesma quantidade de leite de vaca, e tem que ser obrigatoriamente a mesma quantidade. Nem discute! Só vai! Colocou o leite? Agora coloca três ovos com amor, não esquece, jogue os ovos um por um num copo antes pra ver se não está podre. Se jogar podre, vai perder o leite condensado, olha a tática.

Liquidifica! Alquimia! Sente a emoção.

Agora o caramelo!

Caramelo:

Pega a forminha. Agora coloca uma colher de sopa de açúcar bem espalhadinho no fundo da forminha guerreira e leve ao fogão. Vai esquentar o metal, então amigas, amigos, amigues peguem a luva ou um alicate dos grandes pra poder segurar a forma em cima do fogo baixo pra médio até o açúcar derreter e virar aquele caramelo gostoso que você ama! Um momento Xablau legítimo! Agora dá uma mexida balanceada na forminha pra espalhar um pouco o caramelo pela lateral interna dela, preparando a parede molhada de caramelo que vai dar aquele verniz de beleza e sabor no seu pudim! Sorria!

Segue a Alquimia! Pegue a jarra do liquidificador com a mistura do leite condensado, leite de vaca e ovos e despeje na forminha até a borda, sem medo.

Banho-maria e direto pro forno.

Pegue a bandeja que você tiver, coloque o equivalente a um dedo e meio de água e, dentro, coloque a forminha bem no meio. Cuidado! Se você for malabarista é mole. Se não, coloque a forminha na bandeja e leve ao forno e só então adicione o dedo e meio de água na bandeja, caso contrário você pode deixar a água cair da bandeja. Beijo pra Maria Judia que inventou o banho-maria!

Leve ao forno em fogo médio por mais ou menos 40 minutos. Vai variar de fogão pra fogão. Fique de olho! Jamais abandone o fogão e a cozinha quando estiver cozinhando. Jamais! A cozinha é a estrada da alquimia, nunca tire o olho da estrada. Também te amo. 40 minutos depois: Coloque por um tempo curto a forminha na geladeira, pouco tempo, só pra dar uma esfriada, um choque, pra em seguida o pudim soltar melhor.

Tira da geladeira e com amor e carinho vá batendo na lateral da forma pra soltar. Também pode passar bem de leve a faca nas bordas do pudim, bem de levinho. E aí... vire no prato! Xablau! Agora chora! É muito lindo! Se tudo der certo, você vai levantar a forma e o pudim vai estar lá, lindo, te esperando, com aquela calda de caramelo escorrendo.

Viva os alquimistas! Viva você! Viva vovó! Viva o pudim de leite!

APROFUNDAMENTOS

TÉCNICAS NINJA DA COZINHA DE GUERRILHA

No dia a dia da culinária verdade, técnicas ninja são desenvolvidas e soluções mirabolantes são tiradas da cartola para superar todo tipo de adversidade. Desde a falta de um ingrediente ou artefato culinárico até a ressuscitação de uma comida morta no perrengue do gás cortado ou na falta de luz elétrica. E quando a necessidade de sobrevivência nos impõe um amadurecimento instantâneo e violento, a gente sempre sente aquela saudade doída da comidinha deliciosa da mamãe. Mas, nessa hora, tu engole o choro e mantém firme a posição de combate. Não tá encontrando a saída? Inventa uma e sai. E depois anota, claro, pra poder sair de novo.

Porque no imenso mundo real da realidade da maioria – o meu, o seu, o de quase todo mundo – a gente cozinha com o mínimo, no máximo da performance. E se esquece disso depois que a fome passa! Mínimo de apetrechos, mínimo de ingredientes, mínimo de conhecimento, mínimo de preparação, mínimo de dignidade com o máximo de criatividade e capacidade de resistência. Então se liberta. Não sabe fazer igual? Faz diferente. Seja o autor de um lance original, sapeca, vanguarda, esse é o método de guerrilha. Assume a precariedade besuntado num charme que é só seu. Depois batiza. A gente fez uma lista de todas as técnicas ninja que paramos pra anotar para te auxiliar nesta árdua tarefa de sobreviver com o que tem.

Se alguma técnica não te servir ou parecer não funcionar, pode ser a hora de colocar a criatividade em dia e criar seu próprio pulo do gato. Pode ser também que você encontre aqui aquela manha que você achava que era só tua, totalmente baseada na rara beleza ogra da sua personalidade rudimentar, mas que, na verdade, é uma técnica amplamente difundida, sofisticada, estilosa e com um nome em francês que você ainda não tinha aprendido. Tudo bem, porque se antes você não podia tirar essa onda, agora pode!

E não é pra se limitar e nem seguir cegamente o que você lê por aqui, porque livro é feito pra ler, não é feito pra seguir. A bússola mostra o norte, mas o caminho quem faz é você. No mundo de Galileu Galilei, pode pegar reto pro sul que você vai chegar no norte, porque a Terra é redonda. Você escolhe. Portanto, aprecie o conhecimento de quem parou pra anotar e veja se você tem alguma lição pra tirar, ou alguma experiência pra botar:

ADQUIRIR OS INGREDIENTES: Saber adquirir os ingredientes de que você precisa é uma arte. Digo adquirir, porque é um termo muito mais amplo do que comprar. Comprar mesmo é apenas uma das formas de adquirir alguma coisa. E como só compra quem tem dinheiro ou crédito na praça, achei que seria exigir demais que você tivesse dinheiro ou crédito na praça. E existe técnica pra adquirir as coisas, porque adquirir uma coisa boa e adquirir uma coisa ruim faz diferença. Só temos que tomar atenção ao adquirir uma coisa que, pela lei dos homens, não é tua, vira roubar, caso esta coisa não seja dada a você como um presente. Portanto, a regra fundamental é sempre conversar com as pessoas que têm as coisas, para ganhá-las de presente, sem precisar tomá-las de repente. Até porque presente é uma questão de intimidade, de afeto. Converse com o verdureiro, com a moça do supermercado, com o tiozinho do açougue, com aquela vizinha generosa, se abre. Começa pedindo para ele, ou pra ela, te explicar como é que escolhe uma abóbora, uma banana (tem muita banana por aí), um coco, uma carne... Nesse estalo, você já cria um vínculo, um coladinho. Volta outro dia, passa e dá tchau. Fala de futebol, comenta da família. Vai estreitando. Quem sabe você não descobre um velho mundo cheio de gente nova querendo te ajudar? Dado não é roubado, quem te deu será recompensado. "Mas essa abóbora é boa mesmo, chefe?" "Leva, meu filho. Pode levar." Tá vendo? Já conseguiu uma abóbora. Levado não é roubado. Casa da mamãe, que naturalmente já nutre por você um afeto gigante, senão o maior afeto de todos, caso você seja uma pessoa boa. Chega humilde. Leva uma bolsa na mochila. Se ela perguntar se você está precisando, responde no futuro: "Pode ser." Deixa ela decidir. E mãe é mãe, não tem erro. Na visão dela, você estará sempre precisando de alguma coisa que ela está oferecendo. Leva. Outra dica é aquele fim de feira, duas da tarde. Encosta no feirante e faz a proposta. Se já conhece o feirante, abre o jogo. "Tô na merda." Leva o que der. Outra coisa é exercitar o olhar atento e adquirir um pouco de conhecimento. Antigamente, fruta nascia em árvore, e ainda nasce, o problema são as árvores, que não nascem mais. Mas se procurar bem, tu ainda acha na rua uma árvore que dá fruta. Se você conhece, você colhe. Balança que ela cai. Coco tem água dentro. Palmeira tem palmito. E tinha colonizador que morria de fome abraçado na palmeira e morria de sede sentado no coco. Não conhecia a fruta. Você tem que conhecer, pra reconhecer quando avistar. E o último toque de mestre: tem promoção no supermercado? Encosta no locutor das promoções. Espia a lista. Já se posiciona. O preço do alho caiu pela metade? Compra o dobro, garante. O locutor engasgou? Sugere um alimento pra ele. Fica amigo. Pede. Ou se o locutor der um mole e deixar o microfone sozinho, tu assume. Vem cantando as promoções e vem recolhendo, você mesmo. Passou na frente do filé mignon, já manda: "Nossa, gente, o preço do mignon tá um absurdo de barato, 5 reais o quilo!". Tu pega um quilo e já encerra a promoção: "Acabou, acabou a promoção... que pena." E vai pra próxima. Conseguiu entender? Então aplica.

CALCULAR QUANTIDADES: Geralmente vem escrito na embalagem das coisas a quantidade. Em peso, em litro, o que for. É fácil. Uma alfabetização básica, numérica e você tá apto. Agora, as coisas que não têm embalagem, ou não vêm escrito, e você não tem uma balança como meu amigo Roberto tem, você vai ter que criar em cima. Tem o método da comparação. Levanta um pacote de um quilo de farinha e sente. Agora pega um pedaço de uma manteiga qualquer e levanta com o outro braço. Compara. Regra de dois: se a farinha na esquerda tem um quilo e eu faço essa força, esse naco de manteiga na mão direita pesa quanto? Use a mente. Uns 200 g? 150 g? 187,5 g? Use a sensibilidade e vai aprimorando sua capacidade de transferência de sensações. Você caberia em quantas garrafas pet? Treina. Coisas que são pela metade é mole. Meia laranja? É fácil. Meia ervilha? Meia ervilha já é mais difícil, mas é fácil também. Um quarto é a metade da metade, quem já mexeu com ácido conhece. E vem dividindo na proporção áurea: a metade da metade da metade da metade. Dá pra medir no relógio também, sabia? Relógio é bom pra medir líquidos: 30 segundos de óleo caindo na panela, 10 segundos de molho de tomate, 5 segundos de vinagre. Crie o método e suas comparações. Use um copo, use seu corpo, use uma colher de sopa, use uma xícara de chá, um DVD, um astrolábio, mas mede, não desequilibra teu prato por preguiça, não. Por preguiça, não!

CORTAR: Existem diversos métodos de cortar alguma coisa, quase tantos quanto o número de pessoas que cortam ou se cortam pelo mundo. Cada cortada é de um jeito e pode variar de acordo com o cortador e com a lâmina, mas o objetivo sempre é o de separar, ferir, furar, abrir ou rachar alguma coisa. E geralmente se usa algum tipo de ferramenta cortante para cortar, como a faca Jedi, a faca Porsche, a faca de pão, a faca de manteiga, a faca estilo canivete, a lâmina de gilete, o cerol fininho, a régua afiada, tá valendo tudo pra cortar. Cada corte trazendo um lance, uma dificuldade, uma facilidade, um ritmo, um visual, uma responsabilidade, uma pena capital. E cada coisa tem sua capacidade de ser cortada, variando entre uma pedra, que tu vai ter que cortar com uma britadeira, até uma manteiga, que você pode cortar com um bilboquê. Quando a ideia é cortar um tamanho bem pequeno é mais problemático. Cortar vira picar, mas cozinha é treino. Então, se ficar meio grosseiro, ficou. Passa uma segunda mão de corte em cima. *Tac, tac, tac, tac*. Mais importante do que a forma é o tamanho, sem dúvida. Cortar fininho também pode ser um problema, até filosófico. A lâmina mais afiada do mundo pode cortar uma fatia mais fina que a própria lâmina? Não sei. Resolvido o problema filosófico. Não tem faca, vai de colher. Não tem colher, vai de garfo. Não tem nada disso, vai na pedra. Vai na porta. Porra, uma porta tira dente, não vai dividir uma batata? Claro que vai. Quina da mesa também: se abre uma fenda na cabeça bêbada, vai cortar mole uma maçã. Compasso pra fazer massa de pastel. Apontador de lápis pra fazer batata frita com ponta. Inventa. Estude a casa. Use os próprios ingredientes. Uma batata crua quebra um alho em vários pedacinhos. *PAU!* Um coco quebra uma batata, já preparando pro purê. O coco jogado do décimo segundo andar se quebra lá embaixo. Só avisa pro porteiro pra não matar ninguém. É isso, pensa que é tudo um amontoado de átomos, ou seja, eles já estão separados, você só precisa trazer o assunto. Crie o seu próprio jeito de cortar as coisas. Corta.

DEGLAÇAR: Eu nem ia botar aqui, mas como achei essa palavra muito louca, decidi colocar. Até porque eu faço isso direto, só não sabia que tinha nome. Deglaçar (que nome é esse?) é simplesmente dar aquela esfregada na frigideira suja do bife, ou no restinho de refogado, ou no queimadinho do engraxado. A comida vai levar com ela todo aquele sítio arqueológico que está agarrado e fossilizado nas paredes históricas da tua panela. É maravilhoso. E você ainda pode acrescentar um líquido pra dissolver aquela laminha maravilhosa e disso sairá um puta molho. O sabor vem daí, daquela espécie de chulé da fritada agarrado no fundo da panela. E se estiver difícil de sair, pegue o alimento que seria banhado nesse molho e esfregue ele nas manchas grudadas. Deglaçar, pra você ver, apesar de parecer meio ogro, é um bagulho sofisticado e chique.

FLAMBAR: É incendiar algum alimento de maneira chique. Você joga uma birita no rango e tasca fogo. Ele pega o gosto evanescente do álcool e dá uma leve tostada gratinosa na rebarba. É sofisticado e impressiona. Só vai com cuidado, senão o fogo lambe tudo.

Cabelos, por exemplo. Eu sou careca, vou perder só a sobrancelha. Mas dizem que você perde muito da expressão facial se perder as sobrancelhas. Melhor evitar. Cozinheiros experientes gostam de tirar essa onda: vou flambar. E *FLAU!*

GRATINAR: Gratinar é dar um ar de profissionalismo a qualquer coisa de comida que você faça. "O que é isso, titio?", "Isso é um blablebliblobIu gratinado", "Oba!" Gratinar é isso, é dar um passo à frente na arte de cozinhar. Gratinar é avançar. Gratinar é simplesmente tostar a superfície superior de algum rango que está coberto com algum creme, molho ou queijo que seja tostável pelo calor de um forno. É o gol da vitória no segundo tempo da prorrogação. Não vai pros pênaltis, é campeão direto. É criatividade pura, é mistério, é resultado, é crédito. Dá aquela cor aos alimentos, aquela cara de almoço de domingo na casa da vovó. Faz diferença. Tá sem graça o seu macarrão? Mete um queijo ralado por cima e bota no forno. Ele volta gratinado, ele volta outro. Experimente.

MARINAR: Marinar é namorar na marina, gostou dessa? Poeta. Marinar é encontrar. É se conhecer. É deixar o tempo misturar os sabores, é curtir um gostoso trocar de sensações. Marinar é colocar os alimentos pra nadar numa piscina de temperos para eles trocarem experiências e saírem de lá transformados uns nos outros. Curtiu? Curtiu. Marinar é como dar um banho num cachorro. Dá uma alegria, não dá? Marinar é uma questão de planejamento, de um dia pro outro os resultados são mais evidentes, os alimentos e temperos saem como se fossem amigos de infância. Já aquela marinada rápida, logo antes de ir pro fogo, tem a intensidade de um beijo roubado. Não se conhecem nem a ponto de saberem o nome um do outro, mas levam uma saudade daquele breve encontro, um perfume revelador, inspirador, pirador, pirado.

MEXER: "Pra quê se mexer?!!", gritou Galvão Bueno para Taffarel nos pênaltis de 1994. Pra que se mexer, Galvão? Pra sair do lugar, pra pegar o pênalti, pra chegar na bola, fato confirmado no pênalti seguinte cobrado por Massaro, que Taffarel foi buscar no canto e eu chorei no outro. Mexer pra sair do lugar. Mexer pra misturar. Mexer pra tocar na comida. Tocar na comida é fundamental. Meter a mão na comida é fundamental. Lava a mão primeiro, claro, mas não se distancie do seu passado animal. Sinta a comida desmanchar na sua mão, isso já alimenta a pele, aquece o coração e aumenta a fome. Se estiver muito quente, não! Senão vai queimar a mão. Mas não deixe de mexer. Só que use alguma coisa que não seja você pra mexer o que está quente. Colher de pau, espeto de churrasco, graveto do chão, vários palitos de fósforo emendados... Cria. E tem prato que tem que mexer muito, e por muito tempo, vale até fazer uma equipe de revezamento. Mas tem que ser uma equipe de gente parecida, porque mão dos outros desanda o prato. E mexer é bom, deixa o braço forte. Para mexidas de velocidade, vale uma batedeira. Mexer é importante pra não queimar, é o que se aprende descalço na areia da praia gigante: pé parado, pé queimado. Vai mexendo pra não queimar. Tá quente, vai pra cá; tá quente, vai pra lá; e vai rodando e vai mexendo. Cozinhar sem queimar aumenta muito o aproveitamento.

PRINCÍPIO TOTAL FLEX: Total flex não é só uma receita ou um molho, mas um princípio. É um jeito de encarar a vida com a flexibilidade de uma vara de bambu. Como geralmente você tem só algumas coisas em casa, o Princípio Total Flex é o que vai dar conta de multiplicá-las. Você não tem todos os ingredientes das receitas, muito menos aquele ingrediente especial mais caro. O que você vai fazer? Você vai aproveitar o que tem e vai misturar, vai improvisar. Você não vai ficar restrito ao que manda a receita. Na sua casa quem manda é você, e quem manda em você é a fome. Então se vira. Total flex é versatilidade, é substituição sem reclamação, é banco, é elenco, é plantel. Não tem lateral direito? Improvisa o zagueiro na posição. Vale tudo. Total flex é a mistura, é o blend, é o encontro de culturas. Não tem cerveja, vai de vinho. Não tem ketchup, vai de mostarda. Faltou açúcar, mete o mel. Acabou o sal, bota gengibre, sei lá, bota shoyu. Mistura agrião com orégano e passa na manteiga. Recolhe todos os sachês de tudo que tem na geladeira, checa a validade e mistura todo mundo que tem condições de jogo. Os ingredientes desconexos formam um incrível e saboroso molho homogêneo chamado “isso tudo”, ou simplesmente “molho total flex”. Esse é o princípio, o começo.

PROVAR: Prove sempre, sempre, sempre, mesmo sabendo que o que você mais queria era provar pra todo mundo que você não precisava provar nada pra ninguém. Valeu, Russo. Mas precisa provar assim, principalmente na cozinha. Provar é o censo da comida. É se informar. Provar é ler o relatório. “Está faltando sal”, se você não tivesse provado, não iria saber. Até porque uma hora alguém vai provar pra você e o veredito pode te machucar, dependendo da sua sensibilidade e da sensibilidade da pessoa que provou. E, claro, depende também, e principalmente, do nível negativo de desequilíbrio do seu prato. Por isso se antecipe, prove e analise. Qualquer coisa, conserta, nega, cancela ou inventa uma desculpa. Outra coisa que importa em relação a provar é criar um parâmetro. Tá sem sal? Em que nível? Muito? Pouco? Qualquer coisa, começa botando só um pouquinho. Tá com muito sal? Fudeu. Joga uma batata dentro e reza. Ou sei lá, começa de novo. Mas se informe! Agora, cuidado máximo, hein? Cuidado máximo, porque geralmente a gente vai provar a comida na hora em que está fazendo a comida. E na hora em que se está fazendo a comida, a comida está fervendo, e aí você vai provar correndo e queima a língua toda, aniquilando inclusive a sua capacidade de provar qualquer outra coisa nos próximos três meses. E essa sensibilidade vai fazer falta, garanto. E vai ficar aquela dor que fica te lembrando a toda hora que está doendo, ainda tem essa. Cuidado. Se liga. Senão sua língua vai ficar com a sensibilidade da sola do seu pé. Já tentou provar alguma coisa com o seu calcanhar? Já, principalmente quem tem cachorro em casa. E não é legal.

RECHEAR: Rechear é amor em cheio, é encher de novo. Tem que ter conteúdo. Pra rechear tem que ter jeito. Tem que ver se cabe primeiro. Mas pra entrar tem que ter buraco, senão não entra. Se tiver difícil rechear, faz o contrário: encapa o recheio. O pastel é recheado ou o recheio é acobertado? Tanto faz. O importante é ter recheio, porque beleza exterior é bom, mas beleza interior é bom demais.

SELAR A CARNE: Selar a carne é como impermeabilizar a laje do seu barraco, só que ao contrário. Isto é, você no seu barraco não quer que água entre, no caso da carne, você não quer que o sangue saia. Talvez o exemplo de uma piscina fosse melhor. Tudo bem. Selar é dar uma fritadinha de leve, na maciota e no amor, em toda a superfície de sua carninha para criar uma camadinha frita que vai impedir que os sucos saiam por aí evaporando à toa. E faça isso numa chapa bem quente, uma frigideira caseira, um braseiro ardente ou um ferro de passar roupa. Tudo é possível.

TEMPERAR: Temperar é facilitar o ato de comer, vamos deixar de riquismos. Foi criado pra disfarçar o cheiro de comida meio podre, ou pra evitar que apodrecesse, mas, depois que a necessidade passou, começou a virar sabor. Feijão sem sal, sem alho, sem cebola, sem linguiça, sem louro, sem nada, só vai descer na energia peristáltica. Já aquele feijãozinho caprichado no tempero bem dosado, perfumado, vai descer cantarolando alegre na sua garganta, fazendo carinho. Tu come até de cabeça pra baixo. Se precisar, ele sobe. E tu vai comer mais de uma dúzia de vezes. Sal? É mágica. É midas. Transforma tudo em comida. Cebola e alho, os alicerces da culinária mundial, a base de tudo. Ervas finas? São tão importantes que os ancestrais faziam expedição marítima pra buscar nas Índias, num tempo em que viajar de barco era tipo ir pra Lua. Quantos marinheiros não morreram no Cabo das Tormentas pra trazer uma pimenta-do-reino? Vários. Hoje é mais fácil. Então valorize isso. Mantenha sempre em casa algum tipo de tempero, guarde os sachês que você recebe nos pratos prontos em sua casa. Tem sachê de tudo hoje em dia, ketchup, mostarda, maionese, shoyu, queijo ralado, açúcar e sal de restaurante. Guarde tudo. Invista numa pimenta-do-reino também, num cominho, num cheiro-verde. Tempero rende, tempero decora. Monte seu mostruário de temperos em cima do fogão, isso impressiona, tempera a relação e tempero não estraga tão fácil. Temperou? Virou comida! É basicamente isso.

UNTAR: Untamo junto? Untamos. Então é isso. Untar é unir para soltar. É que nem separação de bens no casamento. Foi feito pra durar o tempo que for, mas na hora de separar, o que é seu, é seu, e o que é meu, é meu. Sem confusão. Isso aqui é bolo? É. Então vai pra lá. Isso aqui é forma? É. Então fica aqui. Untar é isso. Organizar a união antes, para uma separação pacífica depois. E você pode usar qualquer coisa deslizante pra reger esse contrato. Você pode usar óleo, azeite, manteiga, margarina ou banha de porco. E pode optar também por usar a farinha, que você sabe que divide os melhores amigos. Você pode usar a farinha de trigo por cima do seu besunto preferido, numa manobra batucante, pra ficar naquele clima de Olimpíadas de Inverno. Aquela capa de geada na plantação de alumínio. Funciona mais e causa um efeito pra cima. Se tiver plateia, impressiona. No final da assadura, é bundinha de neném na fralda flocgel com hipoglós. Sequinha e soltinha.

ESPAÇO RESERVADO PRA VOCÊ ANOTAR SUAS PRÓPRIAS TÉCNICAS NINJA:

GLOSSÁRIO

Para que serve um glossário? Para te dizer que o livro acabou. Mas este não acabou. Então atura o glossário. Glossário aqui é gloss, brilho, um novo brilho no seu ário, um novo verbo na sua linguagem, uma nova palavra na sua boca, uma nova ideia na sua mente. Porque a ideia é essa, novas linguagens nas palavras, novas mentes na boca. Liberdade seja dita. Há sempre a sua forma de dizer "eu te amo". E existe aquela. Existe sempre uma forma de dizer e existe sempre o diferente de você. Um novo verbo, o nosso. Então, de uma vez por todas, mas principalmente em homenagem ao recém-nascido português livre e a todos os sentimentos, novos e velhos, que ele nos permite expressar, expressemo-nos!!! Persistência é estrear todo dia com paixão. É isso. O Larica também tem esse espírito. Da boca pra dentro e da boca pra fora. Fala tudo. Expressa. Estreia. E completa esse gloss.

AMORAL – 1. Amoraaaaaaaaal ! 2. Definição da personalidade e das atitudes de Geninho, o Amoraaaaaaaal!

BODU – 1. Vodu de comida. 2. Feitiço alimentar. 3. Boneco de batata raclete.

CEBOLA TRISCANDO – 1. Cebola mostrando a que veio. 2. Cebola escurecida. 3. Cebola com aspecto de carvoaria. 4. Marque a opção correta.

CHORINHO – 1. Um choro pequeno. 2. Um pequeno choro. 3. Uma quantidade lacrimal de algum ingrediente. 4. Um pouco mais.

CHUÁ – na verdade é UM CHUÁ, uma unidade de chuá, que, ao contrário do que a maioria pensa, não é relacionado só à água, marola, banho, ponto de basquete. Chuá é uma medida, minha gente. Mas é subjetiva e autoral. Esse é o tipo de medida em que eu acredito, uma medida pessoal das coisas, afinal é você que tá vendo o mundo. E aí você dá o chuá e sente. Se sentir que tá bom, parou. Se não sentir, continua, acredita. Sensibilidade dá pra desenvolver, mas tem que querer. Exemplos de chuá: um chuá de shoyu, lembrando sempre que o shoyu é espaçoso, invasivo; um chuá de mel, esse é mais aberto. As quantidades de chuá variam ao gosto de cada um, e chega de exemplo porque exemplo também restringe. Imagina seu chuá e vai.

DJÍLICIA – 1. Delícia indiana, ou expresso em indianês profundo de momento, ou algo assim, curtindo. 2. Tá enrolando a língua, cai pro refrigerante e chama o táxi.

ESGUICHADA NÍVEL BAZOOKA – 1. Jorrada descomunal, estonteante. 2. Jato característico, quando tudo dá certo. 3. Uma quantidade generosa de algum ingrediente líquido.

FOGO FIAPO – Essa não é minha (como, aliás, várias outras), é do Alessandro Oliveira, que postou a receita de *Macarrôiz* na época que o Larica tinha um site. Mas eu gostei muito do fogo fiapo e incorporei. Fogo fiapo é aquele fogo baixo, bem baixinho mesmo, esquálido. Um fogo mínimo. E mínimo é antes de desaparecer. Desapareceu, cuidado. Lembra da polêmica do gás.

GLOSS – O meu, o seu, o nosso glossário.

JUMP CUT – 1. Designação do salto criado por Alexander Yurinov, durante as provas de salto ornamental das Olimpíadas de Estocolmo, em 1912, pré-estabaco histórico nunca mais repetido por ninguém. 2. Intervalo poético entre dois momentos. 3. Recurso simples de edição, porém muito mal usado hoje em dia, mas que se meter com classe, entra.

LARICA – Do português arcaico *larica*, que veio do mouro ancestral *lewv-rih-kaa*, que quer dizer fome radical, aguda, violenta, i.e., fome pra caralho. Em tempos modernos, nas reentrâncias das quebradas onde se puxava um fuminho à toa, lá pelos idos de cinquenta e blau, o portuguesinho radicado no Rio de Janeura, Manuelzinho Frias, vulgo Responsa Portugália, sacou a palavrinha Larica pra designar aquela fome mais radical ainda, pitoresca, aquela em que as papilas gustativas estão frondosas, jorrantes, em pleno delírio dado o uso de uma *Indica* dubão que conseguira nosso Manuelzinho no Cais do Porto, na mão de um marinheiro jamaicano, vejam vocês que ironia do destino, chamado Selassie The Last. Pois bem, eis que Responsa Portugália brada pro seu amigo de canto de esquina e marofas mais, num volume meio exagerado dada a introspecção em que Manuelzinho se encontrava, "Gajo, tu sabes que essa diamba deu-me uma larica do cu peludo?", sendo cu peludo uma expressão de origem lusa que graças a Deus não colou, mas poderia ter colado, assim como Larica poderia não ter colado, mas colou. E a partir desse dia, Larica, além de ser a fome da porra em português antigo, passou a ser também a exuberante fome da doidera, por assim dizer.

MASSA CONSOANTE – 1. Nds vncrms. 2. Faltou vogal.

MÃO RASA – 1. Uma mão fina. 2. Um xupliscão aplainado. 3. Mão cujas ranhuras revelam um destino medíocre à cigana que tudo sabe, mas não compreende muito bem.

MÃOZADA – É tipo um punhado, só que é com a mão, porque punhado é com o punho, e eu sempre achei uma coisa muito difícil servir com o punho qualquer coisa que não fosse um soco. Enfim, mãozada é um punhado, só que mais abrangente, tão exagerada quanto desleixada. Mete a mão e acredita, porque a mão é sua.

MOMENTO DIVINO – Momento estratosfericamente bom demais da conta.

MOSTARDA POSSÍVEL – A nossa mostarda.

NACOS – 1. Corte estiloso. 2. Mordida de predador. 3. Forma geométrica 3D de arestas aleatórias. 4. Do verbo nacar: Eu nacos. Tu nacas. O resto naca também.

O CHOQUE ORGANIZA A MASSA – É uma expressão boa, mas causa polêmica também. Se for relativo só à massa de comer, beleza. Mas se estiver falando de gente, fica polêmico. Aí é outro choque e é difícil. Assunto extenso, mas se quiser a gente percorre. Eu falei sobre isso pra mostrar o ponto do macarrão e aí é bom. Choque de esclarecimento não dói. No macarrão. Vai por mim.

PIRICUTICO – 1. Inflexão digna de uma sarapotice. 2. Primo do siricupeco. Ex: Maricotchelli teve um piricutico em casa.

PISCINA DE GELATINA OU MACARRÃO – Frutos da imaginação. Moleza mole.

POLÊMICA DO GÁS – É polêmico, porque ninguém tem coragem de verificar direito, mas essa polêmica diz que, se você torrar o pão, ou qualquer outra coisa, na boca do fogão, você pode morrer envenenado pelas propriedades venenosas do gás. Quem torra geralmente fica quieto. Quem não torra, fala. Quem fala, torra.

POTENCIAL DE CROQUE – 1. Coeficiente de crocância do seu alimento. Ex: Acertou a fritura, é croque. Meteu aquela batata de saquinho pra colorir o ambiente, é croque. Pegou aquele bombom meio mofado, faltou croque. Mordeu um caroço de azeitona, é croque sério. 2. Sinônimo de delícia, prazer intenso. 3. Estudado pela primeira vez na Romênia medieval pelo professor Von Krakassus de Kroc Terceiro, que, segundo rumores, tinha alguma ancestralidade ainda mais ancestral com um primo do Conde Drácula, mas isso aqui não vem ao caso. O que importa é que nosso professor criou a tabela mundial de potencial de croque. A batata inglesa, crua, cortadinha em palitos, antes de frita, tem um croque baixo, mas em seu esplendor, depois daquele choque que é a fritura em altas temperaturas, seu potencial de croque é o máximo, aquele tesão que é uma batata frita realmente crocante. Mas o professor Kroc talvez não saiba disso, pois seus estudos se perderam no tempo, muito antes da invenção da batata frita e, evocando seu potencial, só o sobrenome restou pra contar a história dos croques, o resto não tem porra nenhuma a ver com nada. Estranho, não? A vida é esplendorosa sim, e estranha. E muitas vezes irônica e incompreensível.

TANTOTE – 1. Um pouquinhozinho de nada, um pequeno totó. 2. Um minitote. Um tanto de tote. Totote.

TINTILAR DO CALOR – 1. Pli, pli, pli. 2. Pli, pli, plei.

TOCA NA COMIDA — Eu já falei várias vezes que é pra tocar na comida, vocês sabem disso, e por isso eu acho que essa expressão não é pra explicar, é pra tocar. Toca na expressão. Comida é arte, por isso eu recomendo que você mexa na sua comida, é no bom sentido que eu tô falando. O bom é sentido. Então sente, toca, pega na sua comida. Ela é você e você é ela, é só uma questão de tempo que separa vocês dois. Acredita. Vai. Faz. Eu também tô indo. Vamo. Beijo.

TOTEM BATATA BONECO ou BONECO BATATA TOTEM – 1. Reação religiosa à descoberta da batata cozida. 2. Forma carinhosa de nomear um legume. 3. Tipo de escultura. 4. Alimento para comer em casa. 5. Amigo de Geninho.

UM FLAP DA EMBALAGEM – Um flanco, lacuna, corredor. Serve pra você preservar seu alimento na embalagem original, dentro dos maravilhosos princípios ecológicos que podem, talvez, salvar o nosso planetinha querido. Vai abrir uma embalagem de macarrão, de batatas, de queijo, de inhame, de uísque, de asa-delta, de bandinha de rock? Abre só um flap, vai pelo flanco, retira o necessário e preserva o resto pra larica de logo mais.

UMA NOVA MODA – 1. Uma moda nossa. 2. Uma coisa velha.

XABLABLAU – 1. Movimento repleto de plasticidade, usado para acrescentar uma quantidade interessante de determinado ingrediente. 2. Palavra mágica para afastar qualquer coisa ruim, ou trazer qualquer coisa boa, dependendo do momento. 3. Evocação dionisíaca usada pra dar um charme a mais num lance, qualquer que seja ele, o lance, a jogada, a oportunidade.

XABLAU – 1. Um pedaço de xablablau. 2. Um toque, um touch. 3. Mágica.

XUPLISCÃO – 1. Unidade menor de xablau, o inverso de seu coletivo, digo, do coletivo de xablau; foi mal, não consegui explicação melhor. Com quantos xupliscões se faz um xablau? Há controvérsias. 2. Um tiro brando. 3. Um teco de neném. 4. Uma porradinha de moça.

ZINABRE – 1. Chorume da panela. 2. Chulezinho de caldo. 3. A última colher do caldo culinárico. Palavra que começa com Z, boa pra lançar na adedanha. E se não aceitarem, aceita.

OS FINALMENTES

LIVROS, ÁRVORES, FILHOS

É isso. Acho que terminei. Vou parar por aqui.

É importante saber a hora de parar. Você, jornalista afoito; você, motorista mamado; você, faxineira neurótica; você que está escrevendo uma frase grande, cheia de vírgulas, para. Põe um ponto final. Parou. Sente o nada. Sentiu? Naaadaaaaaa. Esse mistério insondável que é a metade vazia do copo, o antitudo, o X-NADA sem hipocrisia, caprichado na plenitude, que plenitude não é nenhum capricho.

Primeiro faz, mas depois para. Nessa ordem. Pra não desandar. Anda, para. Anda, faz! Parar dá acabamento no fazer. Eles são feitos um pro outro. Este livro, filho, árvore é dedicado a este casal vanguarda do universo – Parar e Fazer –, esses dois verbos lindos (no início eram só eles dois, danadinhos) e a esse eterno molejo do mundo, o ying e o yang da realização. Porque um dia a ideia se precipitou e choveu sobre o seco solo do real; o céu enfim tocou a terra num beijo roubado, incontido, e aqui estamos nós. Vivos!

Este livro foi escrito com a mais sincera pretensão de fazer você parar e depois te ajudar a fazer. Mas não fazer o que eu fiz, ou fazer o que parece que alguém fez, mas fazer o que você tem que fazer. O seu registro, o seu presente na chamada do mundo. Eu? Presente! Taí, eu fiz. Eu, logo eu, que não me organizo direito; logo eu, que às vezes ponho a camisa do avesso; eu, que nem sempre faço; eu, que sou mais de um, que sou vocês, que sou a gente. Eu, que não sou ninguém, eu fiz. Este é o meu presente. Uma bobaginha, uma besteirinha pra alegrar.

Claro, vai ter sempre alguém pra reclamar. Ahhh, não era isso que eu queria... Queria uma calça da Johnny's ou um celular da Wilbor. Queria férias em Itaquaquecepica da Ponta. Queria ser feliz. Mas e aí? Acho difícil que você encontre qualquer uma dessas coisas num livro. Este livro é, por natureza, incompleto, ele é uma fagulha tentando acender uma fogueira bem maior. Ele quer queimar a lenha úmida da prostração por motivos óbvios. O não fazer por não se saber fazer. Faz, depois aprende. Aprende enquanto faz, aprende enquanto eu faço, se você preferir. Ou faz enquanto eu aprendo, tanto faz. Mas tenta com alegria e não deixa que a aparência das coisas se torne um obstáculo tão grande no caminho de conhecê-las.

Coloquei aqui receitas que recebi durante esse tempo, receitas que eu fiz, que gostaria de fazer, que vocês fizeram, algumas que eu nunca vou fazer porque não vai dar tempo, enfim, os mapas das minas das alegrias. As nossas experiências compartilhadas. Elas estão aqui. Impressas em manchas de tinta sobre árvores mortas pra provar que elas não são mais ideias voando por aí. Uma florestinha poética do faz. Elas foram realizadas, porque alguém um dia teve a coragem de peitar o desconhecido. Muitos guerreiros espalhados pelo mundo se encontrando pra falar das suas batalhas, vitórias e derrotas nos mares que agora podemos todos conhecer. Isso é bonito. A vocês, a minha eterna gratidão e o desejo de muitas outras aventuras e muitos outros encontros.

Sei lá, tô meio que muito emocionado. Queria dividir com vocês a alegria de fazer. E se você veio até aqui comigo, a gente conseguiu. E quero ver alguém dizer que não.

Faz!!!

E curte tudo, porque é tudo muito curto.

GENINHO?

Olá, amigos do *Larica Total*, eu sou o Geninho, o Amoraaaaal, amigo de Paulo de longa data e irresponsável, entre outras coisas, pela escolha das receitas que compuseram este inacreditável e agora vivo e eterno *Receitas do Mundo Maravilhoso de Larica Total*, do qual eu faço parte de maneira integral e transcendente.

Na verdade, eu conheço o Paulo há mais tempo do que ele mesmo se conhece. Eu vi o Paulo nascer e já vi o Paulo morrer, e resolvi me meter no meio desse rio pra surfar redemoinhos invertidos e respingar delírios desconcertantes. Nesta geração, fui resgatado depois de quinze anos de exílio atrás do sofá, onde construí, a duras penas, o meu caráter como gnomo, através do cultivo laborioso do alho filosofal e da experimentação poética de fungos psicodélicos, que me deram a longevidade corporal, a clarividência emocional futura e a escrita longa virgular. E como eu vi o mundo futuro lá na frente, eu já sei onde tudo isso vai estourar. Só não vou dizer pra vocês como é, e que barulho faz, porque seria contar o final do filme e estragar a piada. Mas garanto que o final é uma coisa bonita. Muito bonita.

Enfim, depois do resgate passei a integrar a vida de Paulo, sempre de forma discreta, como é da natureza do meu povo gnomo, mas com brilhante participação nos campos floridos das ideias e trazendo a luz protetora para a travessia de meu amigo pelos temas mais obscuros e profundos da fome de viver, questão primordial do *Larica Total*, de seus seguidores e deste livro.

As ideias e as questões fundamentais transferidas aqui podem ser vividas mais intensamente por você e por todos nós, claro, porque estamos aqui pra isso. Para viver a vida intensamente.

Eu ando pelo mundo prestando atenção em cores que eu não sei o nome, mas procuro saber rapidinho e depois experimentá-las. Assim, posso passar pra vocês as coisas que eu sinto ao viver. Quem sabe minha experiência não sirva para você como um ensinamento bonito, ou pelo menos lhe faça relembrar de uma letra de música que você havia esquecido? Não é legal? É.

Então é isso. Nos vemos por aí, amigos.

Paz e loucura.

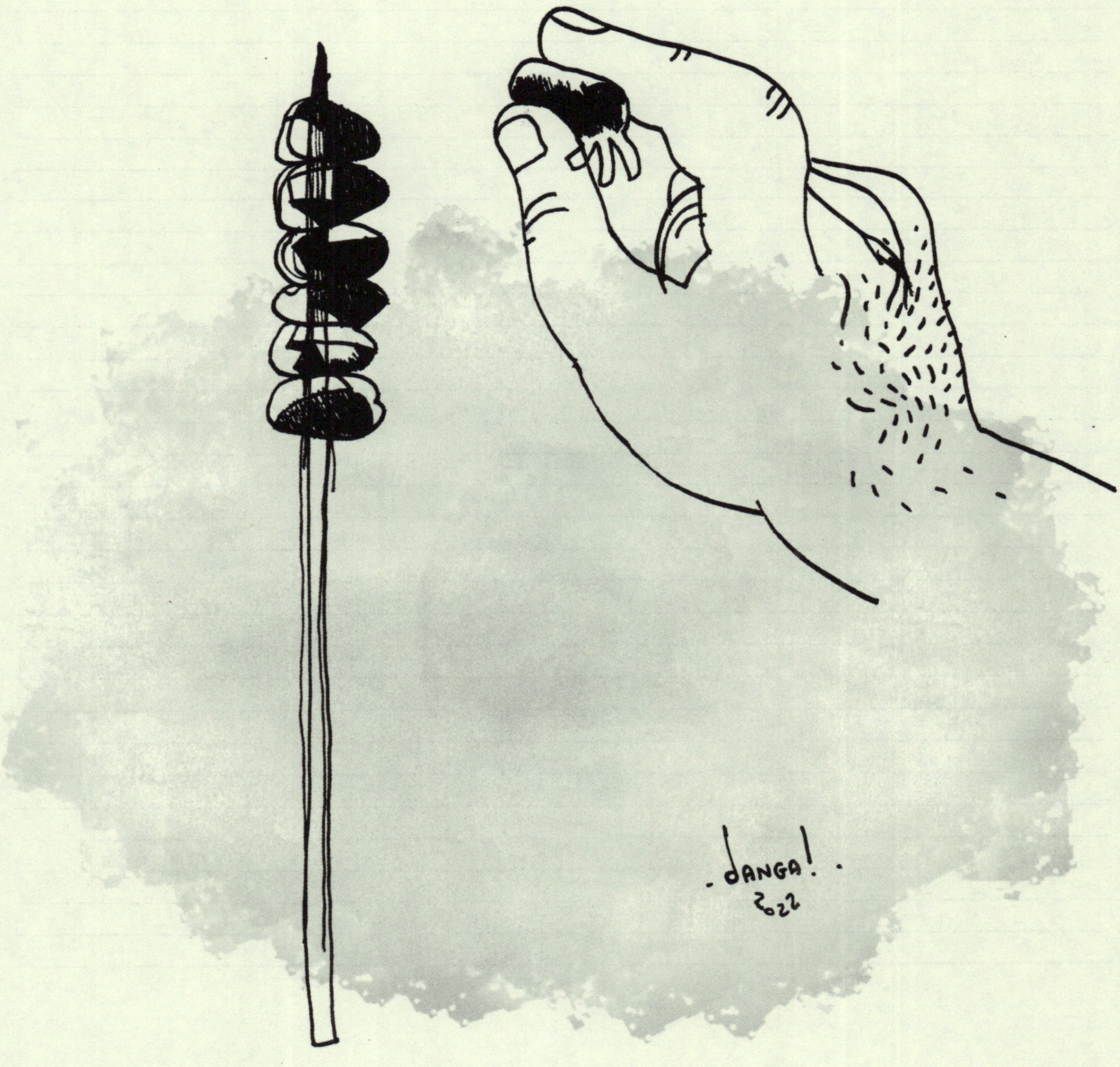

CADERNO DE NOTAS ALEATÓRIAS

AGRADECIMENTOS

Abner Ferreira | Adriana Couto | Adriana Csaszar | Adriana Nolasco | Adriana Santos | Adriana Stela Bassini Edral | Adriana Triantafilllidis | Adriano Avello | Adriano da Silva Nunes | Adriano Pinto de Aguiar | Adriano Teixeira Sanches | Adriano Zaniboni De Pellegrin | Adrina Poubel Lemos | Adson Henrique | Ageu Bomfim | Agnaldo Jardim | Agnis Grefenhagen | Águida Santana | Akira Suguinoshita | Alan Dias Fernandes | Alan Oliveira | Alaor Resende | Alberto Ignacio | Aldene Rocha | Alessandro Massitelli | Alex Cavalheiro Sottero | Alex Corsini | Alex Muniz | Alexander Arbieto | Alexandre Baltazar | Alexandre Barreira Alves | Alexandre Batista | Alexandre Biagi Sleiman | Alexandre da Silva Fornel | Alexandre Guedes | Alexandre Guido Santos Costa | Alexandre Intoxic | Alexandre Lins Staudinger | Alexandre Luiz Pereira Briso Filho | Alexandre Minoru | Alexandre Monteiro | Alexandre Peres | Alexandre Petillo | Alexandre Spinola | Alexandre Zanatta | Alexia Shellard | Alexsandra Gonzaga | Aline Almeida | Aline Britto da Silva | Aline Macedo | Aline Neves | Aline S. de Medeiros | Aline Salcedo Wertman | Aline Violante | Alison Bruno Ferreira Toledo | Alisson Coutinho | Alisson Rosa | Allan Schechter | Alma Monges | Aloysio Ribeiro | Alvaro Guimaraes | Álvaro Martins Azeredo | Amanda Pereira Souza Diniz | Amanda Taraciuk | Amyr Taranteli Humphreys | Ana Carolina Portela Costa | Ana Carolina Senna | Ana Kabbach | Ana Laura Chioca Vieira | Ana Paula Guimarães | Ana Lima | Ana Rita Cunha | Anah Grizotto | Ananias Garcia de Souza Junior | Anderson Cursino | Anderson de Mello Muniz | Anderson Fernandes | Anderson Niada Marcelo | Anderson Nicolau | Anderson Rodrigo Piram | André Araújo Da Luz Moreira | Andre Barossi Veroneze | André Bludeni | Andre Botelho | André Cerqueira | André de Oliveira | Andre Felipe Santos | André Felipe Schlindwein | Andre Iung Torbey | Andre Jayme Procopio | Andre Korenchendler | Andre Krull Arnaldo da Silva | Andre Kumow | Andre Loureiro | André Luis Pavesi | Andre Luiz Esteves de Castro | André Luiz Vicentim | André Medeiros Teixeira | André Oliveira | André Paisano | André Pugliesi | André Rocha Franco | André Rodrigues | André Rosa de Oliveira | Andre Russo Moreira | André Santos | André Seregni Sanchez Stábile | Andreas Duva | Andréia Okuyama | Andreolle Dantas | Andressa Monteiro | Andrew Amorim | Andrey Luan Gomes Contel | Angélica Arakaki | Aniger Lorena Ribeiro de Oliveira | Antônio Bernardo Guimarães Neto | Antonio de Barros | Antonio Enrique Sayão Sanjinés | Antonio José de Carvalho Gomes | Antônio Marcos Machado Bernardes | Antonio Marques | Antonio Pedro de Araujo Guimaraes Sette Pinheiro | Ariel Kessel Akerman | Aristides Rudnick Jr | Arthur Brum | Arthur Câmara | Arthur Eduardo Sá de Melo Cavalcanti | Arthur Franco | Arthur Guimarães | Arthur Luna | Arthur Monteiro Vashev Mazai | Arthur Oliveira Freitas | Arthur Paim | Arthur Verinaud | Artur Baker de Carvalho | Athos Rios | Átila Peixoto | Augusto Baudelaire dos Anjos Pereira de Oliveira | Augusto Carrijo | Augusto Franco | Augusto Frantz Uberti | Augusto M. Moretto | Augusto Ricardo Verginelli Mazzo | bandeirajir | Bárbara Araujo | Bárbara Duarte Camilotti | Barbara Lau | Beatriz Demboski Búrigo | Beatriz Fiorotto | Beatriz Hildebrand Comin Alves de Oliveira | Beatriz Machado Lima | Beatriz Monteiro | Beatriz Pôssa | Berna von Flach | Bernard Gandelman | Bernardo Brandão Donnard | Bernardo Britto | Bernardo Duarte | Bernardo Dutra Rodrigues | Bernardo Gobbo Tuma | Bernardo Hallack Hollanda | Bernardo Leitão | Bernardo Rafael Minozzo Carneiro | Bernardo Righi de Almeida | Beto Cataldi | Bianca | Bianca Ferreira de Carvalho | Bianca Martins | Bianca Starling | Bianca Stracquadanio | Brauner Cruz Junior | Brenno Oliveira | Breno Freitas Ferreira | Breno Magalhães | Breno Marques | Breno Nessrala | Breno Palhares | Breno Pereira | Breno Vieira Arosa | Breyner Kramatschek | Bruna da Matta Sarubo | Bruna Lís | Bruno Alvares de Siqueira | Bruno Barcellos Mazzardo | Bruno Brunelli | Bruno Cardoso Real Martins | Bruno Cruz Pinotti | Bruno de Paula e Silva | Bruno Esteves | Bruno Fernandes | Bruno Fernandes Dos Santos | Bruno Garcia | Bruno Gomes | Bruno

Gomes Fernandes | Bruno Inácio da Silva | Bruno Ishikawa | Bruno JP | Bruno Leonardo Franzini | Bruno Lins da Costa Borges | Bruno Malta | Bruno Martins | Bruno Martins dos Santos | Bruno Mathias | Bruno Mendes | Bruno Mibielli | Bruno Millano | Bruno Moraes Guimarães | Bruno Nahu | Bruno Oliveira | Bruno Ramos | Bruno Rolim Mansur | Bruno Ruchiga | Bruno Sant'Ana | Bruno Tamburro | Bruno Taranto | Bruno Tourinho | Bruno Xavier | Carol Medina | Cacá Verdolin | Cainan Willy da Silva | Caio Araujo | Caio Cagliani | Caio Gomides | Caio Henrique Petean Mathias | Caio Leão | Caio Magalhães | Caio Mousinho | Caio Santos Erhardt | Cally Bartolomeu Sobrinho | Camila Cardoso de Souza | Camila Costa | Camila Teo da Silva | Camilla Belatto | Carina Barreto Pinto | Carla e Emerson Moreira Neves | Carla Maia | Carlos Barros Barreto Martins de Freitas | Carlos Eduardo Ardigo | Carlos Eduardo Lessa Mainier | Carlos Eduardo Peredne Leonel | Carlos H. Machado | Carlos Henrique de Lima | Carlos J. Souza | Carlos Joaquim Einloft | Carlos Mauricio Butalo Junior | Carlos Soares | Carlos Sousa | Carlos Tadeu Panato Junior | Carlos Tosta | Carol Carlini | Carolina Abrame | Carolina Alves Costa | Carolina Daffara Ferreira | Carolina de Lamare | Carolina Lucas de Paula | Carolina Macagnan | Carolina Neves Correia | Carolina Ribeiro de Miranda | Caroline da Silveira | Caroline Pereira dos Santos | Caroline Quintanilha | Caroline Speglic | Cassiano Lobo | Cassiano Pinho de Souza | Cassiano Vaz de Melo | Cássio Godinho | Cassio Ribeiro | Cassio Vinicius | Catia Akisino | Cauê Felipe Garrido | Caue Moura | Cecília Nunes do Lago Oliveira | Célia Regina Moreira Pimentel | Celso Haruo Yodono | Celso Zanchetta Junior | César Augusto | César Ferreira | Cesar Nobre | Cintia Kemeicik da Silva | Ciro Duarte | Cláudia Fusco Ferraz de Oliveira | Claudio Antônio Nunes Brighenti | Claudio Klein | Cláudio Machado | Cláudio Rocha Leal | Claudio Savio de Andrade Cruz Azevedo | Cleber Carvalho | Cleber Lisboa Chaves | Cleiton Pinheiro | Cristiana Oliveira Santos | Cristiano Leite | Cristina Lemos | Damazio Campos de Souza | Dan Cargnin Faust | Dan Dayan | Dan Hassan | Daniel Barradas | Daniel Barros Garcia | Daniel Bastos | Daniel Breves Ferreira | Daniel Cariello | Daniel Casas Leite | Daniel Correia | Daniel da Silva | Daniel Dalmas de Oliveira | Daniel Diniz Carneiro | Daniel Fernandes da Silva | Daniel Figueiredo | Daniel Franca | Daniel Iriarte | Daniel Klein | Daniel Lucena de Athayde Guimarães | Daniel Machado | Daniel Miranda Marques | Daniel Moitas | Daniel Nazar Kengerski | Daniel Omote | Daniel Perez Areias | Daniel Ribeiro | Daniel Sevidanes Alves | Daniel Sousa | Daniel Teixeira | Daniel Vides Veras | Daniela Melo | Daniela Pequini | Danilo Alves | Danilo Hashimoto | Danilo Ribeiro de Andrade | Danilo Schleder | Danilo Vilaça | Darclê José Fredrez | Dario José Borges | Davi Alves | Davi Chaparro | Davi Dias Carneiro | Davi Madureira Victral | Davi Malheiros | Davi Souza | David Brito | David de Sousa Alves Raposo | David Ernando da Silva | Debora Leonardo De Oliveira Antoniazzi | Deive Pazos Gerpe | Dellius Billy Fernandes | Demetrius Ferreira e Cruz | Denilson Limoeiro Junior | Denis Luis Drago | Denis Vini | Denise Renno | Denise S F Godoy | Derley Menezes Alves | Diana Carolina Duque Castano | Diego Balduini | Diego Caldas Pires | Diego de Souza Abreu | Diego Felipe Cezar Esteves | Diego Gobeti Delgado | Diego Guimarães Alencar | Diego Monnerat Cruz Chaves | Diego Tonussi Vieira | Diogo Celestrini | Diogo Gazaniga Pinheiro | Diogo Martins | Diogo Meurer de Souza Castro | Diogo Rampinelli | Diogo Sales | Diogo Santos | Dioniso Araujo | Dirceu Guerra Martins | DJ Juan Skywalker | Douglas Augusto Pimenta Siqueira | Douglas Bianchezzi | Douglas E. L. de Oliveira | Douglas Guedes Ferreira Ferracini | Douglas Palaoro | Douglas Rodrigues | Dudu Alvarenga Barros | Edgar Carvalho de Araujo | Edilson de Moraes | Edilson Teixeira | Edilton Ernani Karas | Edimar Phelipe Silveira | Edson Augusto Caffe Araujo | Edson Burg | Eduardo Alves Magalhães | Eduardo Araujo | Eduardo Carvalho | Eduardo Cruz | Eduardo Devigilli | Eduardo Koiti Tanaka | Eduardo Machado | Eduardo Maciel Ribeiro | Eduardo Magno de Carvalho Rebelo | Eduardo Martin | Eduardo Mendanha Mendes | Eduardo Pena Pessini | Eduardo Pimentel | Eduardo Rossler | Eduardo Saback | Eduardo Vaz de Melo Espeschit | Eduardo Zucki | Edymar Neto | Eliane Batista de Almeida | Elisa Ril | Elison Arruda

Ramos | Elle Oliver | Eloiza Botelho | Elton De Castro | Elton dos Santos Nogueira | Emanuella Gomes Ribeiro | Emilio Fuba | Emmanuel Passos | Eneias Santos | Enio de Matos Vermelho Junior | Enzio Buarque | Enzo Hofmann | Erica Casado Rodrigues | Erich Fernando Rodrigues de Souza | Erich Gonçalves da Silva | Erick Lascalla | Érika Bruna Agripino | Erika Durigon da Mata | Erika Figueiredo Aguiar Toledo Martins | Erikson Lima | Ernande Cardoso | Ernani França | Eslei Paladin | Estéfano Souza | Eurico Ruivo | Evandro Fernandes Faina | Eveline Lys | Evelyn Barranqueiro | Everton Costa Soares Santos | Everton Ricardo Pereira | Evie Guiot | Ewerton Ferreira | F64 Produções Audiovisuais | Fabiana Maria Baptista | Fabiano Clementino Alves de Souza | Fábio de Oliveira Serrão | Fabio Deri | Fábio Felice | Fabio Mauro de Carvalho Leite | Fabio Oliveira | Fábio Perecin Foltram | Fabio Rosa | Fabio Silva | Fábio Siqueira | Fabricio Busto Moreno | Fabricio Santos Martini | Fabricio Santos Roncarati | Fabrício Secafen Mingati | Fabrizio Bastos Pereira Serra | Felipe Almeida Lima | Felipe Alonso Lazaro | Felipe Alves de Araújo | Felipe Assumpção Soares | Felipe Augusto | Felipe Augusto Medeiros Batista | Felipe Augusto Torres | Felipe Blumen | Felipe Bordalo | Felipe Cavenaghi | Felipe Conter | Felipe Corazza | Felipe Corrêa Arantes | Felipe Cunha | Felipe de Assis Alves | Felipe de Carvalho Silva | Felipe de Drummond Alves | Felipe De Marco | Felipe dos Santos Ramos | Felipe Franco Bueno | Felipe Fuzisaki | Felipe Geraldi Carrela | Felipe Guedes | Felipe Martins | Felipe Matsuzaki | Felipe Mello Cavalcante | Felipe Milach | Felipe Nobre de Moraes Cruz | Felipe Osório | Felipe Pires Nogueira | Felipe Porto | Felipe Regino | Felipe Ribeiro Duarte | Felipe Rocha | Felipe Serrão Mendes de Souza | Felipe Tadeu Ribeiro Monteiro | Felipe Vianna Rodrigues | Felipe Vieira Alcantara dos Anjos | Felipe Yurgel | Felipe Zamana | Felippe Calazans Thomaz | Felippe Diniz | Felix Grivot | Fernanda Aiub | Fernanda Almeida | Fernanda Gomides | Fernanda Lessa Mainier Hack | Fernanda Matsuoka | Fernanda Moreira Braga | Fernanda Nascimento | Fernanda Pontes | Fernando Aparecido dos Santos | Fernando Arrienti | Fernando Bastos de Souza | Fernando Carvalho Junior | Fernando Ceratti | Fernando Chantal | Fernando Coelho Gomes | Fernando Cordeiro | Fernando Cruchaki de Andrade | Fernando Cunha | Fernando de Moraes Simões | Fernando Del Rio | Fernando Goulart | Fernando Hazzan | Fernando Lisboa | Fernando Maturana da Rosa | Fernando Modenesi | Fernando Peixoto Frutuoso | Fernando Pereira | Fernando Pinho | Fernando Rocha | Fernando Scoczynski Filho | Fernando Tokarz | Fernando Valls | Fernando Xavier Ferreira Lopes | Filipe Andrade | Filipe Matzembacher | Filipe Ramos de Aguiar | Filipi Cunha | Filipi Folster Froufe | Flávia e Sérgio Elillo | Flávia Hagen | Flavia Maria Alvim | Flávia Santos Cachos | Flavio Bandeira Ciffoni | Flavio Furtado | Flavio Renato Barbará Silva | Flavio Teixeira Maciel Leite | Flávio Thees Rodrigues | Fran de Oliveira | Francisco C N Freire | Francisco De Andrea Vianna | Francisco Knebel | Francisco Marcos Mendes do Vale | Francisco Ruger Mussnich | Francisco Trope da Silva Porto | Francisko de Moraes Rezende | Fred Caramori | Frederico Barão Callamari | Frederico do Amaral Pinto | Frederico Esquef Machado | Frederico Feio Fontana | Frederico Flister | Frederico Spaniol | Gabriel Almeida | Gabriel Areal | Gabriel Batagin | Gabriel Cerdeira | Gabriel Coelho Ferreira | Gabriel Costa | Gabriel de Azevedo Câmara | Gabriel de Jesus Santos Andrade | Gabriel Dias | Gabriel Franco Rodrigues | Gabriel Lago | Gabriel Lindohl Gonçalves | Gabriel Lira Bezerra Silva | Gabriel Louzada Rascovit | Gabriel Obelar dos Santos | Gabriel Pereira de Oliveira | Gabriel Pinheiro | Gabriel Prado | Gabriel Prestes | Gabriel Rodrigues | Gabriel Rodrigues Cabral | Gabriel Sant'Anna Coutinho | Gabriel Simões | Gabriel Siqueira | Gabriel Strobel | Gabriel Teixeira | Gabriel Vianna | Gabriel Villalba Nunes | Gabriel Webler | Gabriela de Barros Cerqueira | Gabriela Javier | Galileu Andrade Souza | Geider Melo | Genival Souza | Gerson Lhul | Gian Pery Alves | Gilberto Maia | Gilmar Maciel Costa | Gilson Bezerra | Gino Matos | Giovana Maria Tadaieski Arruda | Giovani Marques Groff | Giovanni Orso | Giselle Cortes Galdi de Villemor Salgado | Giuliano Neves da Silva Mendonça | Giulliano Pires Gianelli | Giuseppe Maciel Bernardini | Giuseppe Roman Giugliano | Glauber

Coelho Anadão | Guilherme | Guilherme Alves | Guilherme Alzamora | Guilherme Antonio | Guilherme Augusto de Souza | Guilherme Baptista Schwartsmann | Guilherme Bona | Guilherme Broering | Guilherme Bueno Silveira | Guilherme Christovam | Guilherme Couto Silva Blatt | Guilherme Cruz | Guilherme Eiji Verdelli Hanai | Guilherme Faria | Guilherme Godoy Coutinho Corino Nascimento | Guilherme Hofmann Ternouski | Guilherme Infante | Guilherme Macedo Silva | Guilherme Machado Nunes | Guilherme Machry | Guilherme Marcon | Guilherme Medici | Guilherme Monção Silva | Guilherme Munhoz Lima | Guilherme Noguchi | Guilherme Renzo Rocha Brito | Guilherme Resende | Guilherme Romano | Guilherme Scharinger | Guilherme Selles | Guilherme Severo | Guilherme Turassi | Guilherme Vieira Honorato | Guilherme Wilke | Guilherme Yuri Bermêo Costa | Gustavo Amora | Gustavo Baldissera Cemin | Gustavo Barbosa Ivo | Gustavo Caetano de Mattos Mano | Gustavo Catalan Ruza | Gustavo Correa | Gustavo Dani de Vasconcellos | Gustavo de Almeida | Gustavo de Oliveira Cavalheiro | Gustavo Durigon Bordignon | Gustavo Felipe Scheneider | Gustavo Foschini | Gustavo Franceschini | Gustavo Gonçalves | Gustavo Gracia | Gustavo Lopes | Gustavo Lopes Silveira | Gustavo Lucio Rosa | Gustavo Luis Minks | Gustavo Messias Trindade da Silva | Gustavo Moura | Gustavo Oliveira | Gustavo Pinheiro Cardozo Tereza | Gustavo Pinheiro Machado | Gustavo Pinheiro Montani de Souza Diniz | Gustavo Purcides | Gustavo Simoes Libardi | Gustavo Sousa | Gustavo Tassara Pamplona | Hadolpho Correa | Hadrian Araújo | Hafiz Nogueira Choudhhury | Heigor Simões de Freitas | Helder Alves de Lima | Helena Duarte da Silva Guerra | Henrique Baldissera Cemin | Henrique Bulhões de Carvalho | Henrique Camargo Cardoso | Henrique Capanema | Henrique Cardone | Henrique Castro | Henrique Comba | Henrique Cunha | Henrique Curci | Henrique de Oliveira Rezende | Henrique Faiolli | Henrique Fernandes | Henrique Freitas | Henrique Garcia | Henrique Jun Yoshida | Henrique Lima | Henrique Mota | Henrique Prieto Herman Reinehr | Henrique Rocha | Henrique Trimidi | Henry Emanuel Leal Cagnini | Higor Ribeiro | Hugo Martins Medeiros | Hugo Naves Coelho Santos | Hugo Prates de Sousa | Hugo R G Broetto Brisolla | Hugo Vinicius Nicolau Reis | Humberto Willians Lourenço | Iago Marques | Iam Estebanez Chebar | Ícaro Aleksei de Sousa Pinto | Icaro Barbosa dos Reis | Icaro Miranda | Igor | Igor Casal da Conceição | Igor Coelho | Igor Domingues | Igor Eduardo Freitas de Aquino | Igor Luchini Baptista | Igor Luiz | Igor Marçal Do Amorim | Igor Miranda | Igor Noronha | Igor Polatto Frederico | Igor Rodrigues | Igor Tedesco da Costa | Igor Ventura | Ilo Gusmão | Ingrid Sorensen | Isabela de Freitas Correa | Isabela Strano | Isabella Farias | Isadora Aguiar | Isadora Magosso da Costa | Isadora Mendes | Isadora Watanabe | Israel Centeno Hofman | Italo Guardieiro | Iuri de Mendonça Cruz | Iury Batista de Andrade Santos | Ivan Cabral Contiero | Ivan Ervolino | Ivan Struchiner | Ivan Watanabe | Izabela Bonzanini | Jackson Soares Silva | Jana de Paula | Janailson Menezes | Janaina Calado | Janaina Ramos | Janaína Silva da Rosa | Jean de Queiroz Ferreira Junior | Jean Fracasso da Silva | Jean Gabriel Coli | Jean Lisboa | Jean Michel de Souza Silva | Jean Rezendes | Jean Roberto Paschoalini | Jeferson Giovenardi | Jeferson Rodrigues Ferreira | Jefferson Claudino | Jeniffer Leocadio | Jessica do Vale | Jessica Ghiraldelli | Jessica Motta Guimarães | Jessica Tamara dos Santos Silva | Jéssika Lopes | João Braune | João Ferraz Fernandes de Mello | João Francisco Gonçalves Hein | João Freitas | João Gabriel Ferrazza Dias | João Gabriel Lima | João Guilherme Patrocínio | João Henrique | João Henrique Ferreira de Castro | João Luiz Vieira Salomão | João Marcos Dal Ri Papini | João Neto | João Paulo Alves | João Paulo Araújo | João Paulo Costa Lourenço | João Paulo Poffo | João Paulo Vital | João Pedro | João Pedro de França Neto | João Pedro de Mello | João Pedro Faria | João Pedro Gesser | João Pedro Luczinski da Rocha | João Pedro Mangolin | João Pedro Peres | João Pedro Profitti | João Pedro Prospero Ruivo | João Pereira | João Renato Faria | João Ricardo Fontes Vasconcelos | João Saraiva | João Vicente Gaidzinski Coutinho do Nascimento | João Vieira | João Vieira Ferreira | João Vitor Magalhaes | João Zica | Jonas Blauth Corrêa |

Jonas G Souza | Jonatha Zimmer | Jonathan Pinto | Jônathas Souza | Jorge Fernando da Rocha | Jorge Gomes de Araujo Junior | Jorge Wilson | Joay | José Alexandre de Lima Ignácio | José Alexandre Di Bella | Jose Antonio Gouvea Galhardo | José Danilo Maciel Pereira | José Enio Benício de Paiva | José Francisco Paluch Jr. | José Luiz Brandão Albuquerque | José Paulo da Silva Jr | José Renato Silva | José Serapião Neto | José Vital Jr. | José Wilson de Oliveira Júnior | Joselito Francisco Nascimento | Joshua Rodrigues de Sá | Jubba Oliveira | Julia | Julia Batista Correa Gomes | Julia Galvez Bulhoes Pedreira | Julia Prado De Araujo | Julia Valente | Juliana Bailly | Juliana da Silva Pinho Santiago | Juliana de Oliveira Alvim | Juliana Freitas Verlangieri | Juliana Maimone | Juliana Mitie Monteiro de Souza | Juliana Trujillo | Juliana Vieira | Julianna Marinho | Juliano Cesar dos Santos Braz | Juliano Luz de Lima | Juliano Nugent da Silva | Júlio César Zanotto Dóro | Julio J. Piccinini Jr. | Julio Simões | Kadu Ribeiro | Kaio Bezerra | Kamila | Kamilla Manduca do Prado | Karina Leyser Cordeiro | Karine Martins Alves | Kariny Akemi Terada Corticeiro | Kauê Batista F L Scarim | Kaue Lima | Kaynã Aguirre | Keith Rodrigues | Kellisson Felipe Silva Freire | Kevin Mariano | Kleber Souto | Krainski | Laís Bezerra | Larissa Emiliana | Larissa Moreno | Larissa Peres do Amaral | Laura Baracuhy | Laura Rodrigues | Lázaro Henrique dos Santos Pereira | Leandro Coletto Biazon | Leandro Garcia de Oliveira | Leandro Godinho Rocha | Leandro Moraes | Leandro Paz Ramalho | Leandro Souto | Leon Jóia | Leon Miranda Campbell | Leon Silva Zoccaratto | Leonardo Alves da Silva | Leonardo Antonio Barbosa | Leonardo Barbosa Barreto de Brito | Leonardo Barcelos | Leonardo Barrionuevo | Leonardo Carvalho | Leonardo Charlois Marques | Leonardo Fernandes Augusto | Leonardo Ferrari Cestari | Leonardo Lima | Leonardo Lisbôa Motta | Leonardo Lucas Silva da Silva | Leonardo Silveira | Leonardo Steffen | Leonardo Yoshihara Miano | Leonardo Yvens Schwarzstein | Leozilio Ferreira Franca | Letícia do Aido Machado | Leticia Lacerda Amaral Pinto | Letícia Soares | Levi Emanuel | Ligia Fonseca | Lígia Furlan | Lili Zanotto | Lilian Medeiros | Lincoln Araujo | Liv Brandão | Livia Moraes | Lu Brandão | Lu Pimentel | Luan Henrique Pessoa | Luan Pestana dos Santos | Luan Ximenes Rodrigues | Lucas Aguiar | Lucas Aires de Carvalho | Lucas Almeida | Lucas Assunção | Lucas Ataíde | Lucas Biffi | Lucas Borlina | Lucas Botoni de Souza | Lucas Cezar Pinheiro | Lucas Cottica Silveira | Lucas da Costa | Lucas David | Lucas de Alencar Felix Vilela | Lucas de Andrade Rosa da Cunha | Lucas de Mattos | Lucas de Melo Camargo | Lucas de Paula Salgado | Lucas de Souza Figueiredo | Lucas Degi | Lucas Diniz Domingos | Lucas do Nascimento Agostinho | Lucas Dória | Lucas Eduardo Guimarães | Lucas Faria | Lucas Fernando | Lucas França | Lucas Freitas | Lucas Froes | Lucas Furtini Veado | Lucas Guerrero | Lucas Hermano | Lucas Karam | Lucas Lourenço | Lucas Maestrelli | Lucas Martim | Lucas Matheus Grizotto Custódio | Lucas Mazin Lia | Lucas Meireles | Lucas Nascimento Leite | Lucas Novello Moraes | Lucas Olini | Lucas Peçanha Martins Goes | Lucas Ricardo Rodelo Fontes dos Santos | Lucas Rodrigues | Lucas Ryoiti Maruo | Lucas Sanchez | Lucas Santos da Silveira | Lucas Sassmannshausen Moretto Kodaira | Lucas Silva Almeida | Lucas Silva Dias | Lucas Souza Pizani | Lucas Steckelberg | Lucas Tanus Poletto | Lucas Zanin | Lucca Arantes | Lucca Lima | Lucca Souto Machado | Luciana Capuani Masini | Luciana Liscano Rech | Luciana Moutinho del Estal | Luciana Sampaio | Luciano Bicalho | Luciano Cantinelli Gobitta | Luciano Pereira Monteiro | Luciano Vairoletti | Luciene das Graças de Andrade Fontoura | Lucio Monnerat | Lucio R. Tokutake | Luigi Paolo | Luis Adriano Pimentel Gomes | Luís Augusto Barreto de Sousa Filho | Luís Eduardo Alves Lopes | Luís Eduardo Andrade Benitez | Luis Eduardo Custódio Bortotti | Luis Felipe Belgini | Luis Francisco | Luís Gustavo Bergamo Camargo | Luís Lotito | Luís Loureiro | Luís Otávio Felipe Ribeiro | Luis Paulo Pacheco | Luiz Armando de Moura | Luiz Armando Fiamoncini | Luiz Claudio Rodrigues Vilela Lima | Luiz Eduardo Albaneze | Luiz Eduardo Doria | Luiz Felipe Rodrigues | Luiz Felipe Tauyl | Luiz Fernando Jardim Bento | Luiz Guilherme Loivos de Azevedo | Luiz Gustavo Araujo | Luiz Henrique | Luiz Henrique de Campos Veloso Souza | Luiz

Henrique Sewaybricker | Luiz José Duarte Filho | Luiz Manoel Aguiar | Luiz Mauricio França Machado | Luiz Renato Steola | Luiz Ricardo Silveira | Luiz Vicente Soares | Luiza Amoroso | Luiza Sposito Vilela | Maíra Martins | Maisa Fonseca | Manuela da Silva Soares | Marcel Pinto | Marceli Mengarda | Marcello Cavalcanti | Marcello Halfeld | Marcello Traballi Bozzi Pinto de Castro | Marcelo Abreu | Marcelo Bouhid | Marcelo Campos da Paixão | Marcelo Canovas | Marcelo Cezar Pinto | Marcelo Costa da Silva | Marcelo Cristino Gama | Marcelo de Mello Vieira | Marcelo Di Bonifacio Filho | Marcelo dos Santos Vaz | Marcelo Gattass | Marcelo Lobato | Marcelo Mendes de Haro | Marcelo Montenegro Guimarães | Marcelo Muzzi | Marcelo Paiva | Marcelo Paiva da Motta | Marcelo Pires | Marcelo Sobral Pinto | Marcelo Vieira Migliorini | Marcelo Zanoni Camargo | Márcia Campos | Marcio Augusto Farias Formiga | Márcio Clayton da Silva Costa | Marcio Hinerich Zamperetti | Marcio José de Souza Aguiar | Marcio Lopes Pereira | Marcio Maciel de Souza | Marcio R F Martinez | Márcio Veronesi Fukuda | Marco Aurélio Barbieri | Marco Aurélio Ludwig Moraes | Marcos Antonio de Oliveira | Marcos Bergamaschi | Marcos Cleber Rangel da Silva | Marcos Fidry Muniz | Marcos Henrique Ribeiro de Oliveira | Marcos Martinho Viana de Alecrim | Marcos Paulo de Lima Cury | Marcos Paulo Januário de Sousa | Marcos Rafael | Marcos Teixeira | Marcos Zanelatto | Marcus Antonio Schifino Wittmann | Marcus Christino Ramos Bartelli | Marcus Nascimento | Maria Carolina Gomes Zardo | Maria Carolina Oliveira | Maria Cristina Vignoli Rodrigues de Moraes | Maria Eugênia Dela Rosa | Maria Luiza Costa Nery | Mariana | Mariana Almeida | Mariana Andrade | Mariana Colosso | Mariana Gazinhato | Mariana Palezi | Mariana Rolier | Mariana Siqueira | Mariane LM | Marília Rotili | Marina Gante da Silva Garcia | Marina Greco | Marina Lima | Marina Pereira | Marina Travassos | Marjorie Amy Yamada | Marlons Fintelman | Marta Brod | Marta Maia | Martina Quezado Vargas Valle | Maryane Colombo | Mateus Cabral | Mateus Castro | Mateus Dani | Mateus Melo | Mateus Pereira Gonzatto | Mateus Rabelo | Mateus Salmeron do Amaral | Matheus Almeida | Matheus Alves Souza e Sousa | Matheus Arid | Matheus Braga Cordeiro Caetano | Matheus Canute | Matheus Carmellini | Matheus Chagas Lamarca | Matheus Ciccotti | Matheus Freire Costa | Matheus Gaseta | Matheus Guizelini Nastari | Matheus Kumm C. Oliveira | Matheus Loretti | Matheus Luiz Cabral de Oliveira | Matheus Luz | Matheus Marques | Matheus Martins de Oliveira | Matheus Oliveira | Matheus Prola | Matheus Rodrigues | Mathias Sallit | Mauricio Andre Pereira da Silva | Mauricio Gardini | Mauricio Gomes | Mauricio L. Conceição | Mauricio Vieira da Silva | Mauro Souza | Mauro Werneck | Maxima Marques | Maycon Mizuhira Endo | Mayke Araujo | Mayrla Stayce | Melina Carvalho | Michael Galdino | Michael Prudencio | Michele Umezu | Mick Lennon Machado | Miguel Azaldegui | Miguel Barros | Miguel Cantanhede Sette e Camara | Miguel Castro Gomes | Miguel Péres | Miguel Saadi de Aquino | Mila Coutelo | Milina Lopes | Mitian Barbosa | Mônica de Paula Baptista | Murilo Lopes Brum Chagas | Murilo Lopes da Rosa | Murilo Reis | Natália Baraldi | Natalia Barzilai | Natália Fenelon Jodas | Natália Travagin | Natan Nunes | Natan Souza | Nathalia Arisa Watanabe | Nathalia de Lima Catao | Nathalia Nicolau | Neilson Maia de Sousa | Nelsom Damico Junior | Nelson Antonialli Neto | Nelson Brito Moreira | Nelson Rodrigues São Bento Júnior | Nicolas Pedrosa | Nícolas Toledo | Nicolle Laforgia de Bari | Nicoly Donati | Nildo Gabriel Rodrigues Costa | Norton Tavares | Octavio Pereira da Silva Neto | Octávio Schwenck Amorelli | Olegario da Selva | Onório Neto | Orlando Borges Botelho | Osias Soares Nunes | Osmar Guerra | Otavio Augusto Oliveira | Otavio Wieczorek | Paloma de Sousa Bezerra | Patrícia Nóbrega Barbosa | Patricia Pereira Barbosa | Patricia Rodrigues | Patricia Sarquez | Patrick Henri Seixas | Patrick Magalhães Chaia | Patrick Ridovics | Patrick Simões Dias | Patty Souza | Paula Adornelas | Paula Almeida | Paula Gasparetto Uchaki | Paula Mariano | Paula Ribeiro | Paulo Abraão de Almeida Pinto | Paulo Afonso Ladeira de Lima | Paulo Antunes | Paulo Arruda Costa de Andrade | Paulo Cesar de Almeida Guimarães | Paulo Eduardo Dall'Acqua | Paulo Ferreira Da Costa Heméritas | Paulo Gustavo Homem Passos | Paulo

Handeri Araújo Baratta | Paulo Marcio Soares de Carvalho Filho | Paulo Roberto Mello Cunha Junior | Paulo Santiago | Paulo Scopacasa | Paulo Souto Maior Serrano | Paulo Torres da Fonseca | Paulo Victor Viana da Silva | Paulo Vitor | Pedro Abrunhosa Pessoa | Pedro Antonio Paes | Pedro Aragon | Pedro C W Nunes | Pedro Carvalho Diniz | Pedro Coimbra | Pedro Couto | Pedro Crepaldi | Pedro de Faria Martins | Pedro Dorighello Foltran | Pedro Faber | Pedro Faria – Pimpão | Pedro Ferreira | Pedro Fonseca | Pedro Gatto Leme | Pedro Gomes | Pedro Guedes | Pedro Henrique Cavalcanti Garcia de Castro | Pedro Henrique de Araujo Lopes | Pedro Henrique Duarte Pires | Pedro Henrique Moreira de Sousa Pinna | Pedro Henrique Oliveira | Pedro Henrique Reis Cabral | Pedro Kuchpil | Pedro Lacerda | Pedro Leitin | Pedro Lima | Pedro Lino Falcão | Pedro Luiz Lanziani Palmieri | Pedro Maccalli | Pedro Marcelo | Pedro Monteiro de Souza | Pedro Monteiro Luna | Pedro Nuernberg | Pedro Oksman | Pedro Otávio Rodrigues Nunes de Oliveira | Pedro Palmier | Pedro Paulo de Mello Betez Sae | Pedro Paulo Durães de Almeida Gomes | Pedro Paulo Yuji Takayassu | Pedro Ramos | Pedro Rocha Colzani | Pedro Santini Vieira | Pedro Torres | Pedro Vieira da Silva Junior | Petras Butkevicius | Piero Silva Morais | Plabo Ribeiro Lopes | Plinio Caetano | Priscila Farias Carvalho | Priscila Kaufmann Corrêa | Priscila Marques | Priscila Melo | Priscila Moreira | Priscila Zoghbi | Pui Van Chan | Radaés Fronchetti Picoli | Rafael Alencastro Vandame | Rafael Amaro | Rafael Caldo | Rafael Costa | Rafael D'Arrigo | Rafael de Almeida Paulillo | Rafael de Gouveia | Rafael de Oliveira Rezende Roque | Rafael Delphino | Rafael Foltram | Rafael Garske | Rafael Gonçalves Barreira | Rafael Guerra | Rafael Guilherme Cruz | Rafael Guimarães Protzner | Rafael Hazure | Rafael Henrique Favero | Rafael Moreno Faria Mendes | Rafael Moura | Rafael Neres | Rafael Pompilio | Rafael Ribeiro Nogueira | Rafael Rigon | Rafael Rodrigues de Souza | Rafael Ruiz Uchelli | Rafael Salzedas Arbach | Rafael Sanchez | Rafael Senedese | Rafael Silva | Rafael Silva Cadena | Rafael Tavares | Rafael Tédde | Rafael Weber | Rafaela Decarli | Rafaela Narciso Guimarães | Raissa Boaro | Ramom Alexandre Soares Junior | Ramon Castro | Ramon Monteiro | Raphael Frederico Acioli Moreira da Silva | Raphael Freitas | Raphael Marques Faustino da Silva | Raphael Melo | Raphael Missiatto | Raphael Resende de Lacerda | Raphaella N. | Raquel Santos | Raul Evangelista Silva | Raul Fernandes | Raul Flávio D'Elia Barbosa | Raul Pinheiro Souza | Rebeca do Nascimento Oliveira | Rebecca Bittencourt | Rebecca Feijó | Rebecca Monteiro de Barros | Reginaldo Carmo Jr | Régis Batista Perez | Rejane Miranda Campos | Renan Araujo | Renan Galvão Silva | Renan Guilherme Lebre Ramos | Renan Magalhães | Renan Martins Armiliato | Renan Oliveira | Renan Paiva | Renan Porto | Renata Castro Baeta | Renata Cybelle Soares de Souza | Renata de Freitas Barros | Renata Ferreira | Renata Polli | Renata Toninha Rodrigues | Renato Abreu Maia | Renato Cuestas | Renato da Silva Benevenuto | Renato Davini | Renato Dolabella Melo | Renato Gonçalves Pires | Renato Guarilha Gomes | Renato Poianas | Renato Rodrigues Ruschi | Renato Seixas | Ricardo Basilio Donoso | Ricardo Dente de Araujo | Ricardo Dias Cavalcante | Ricardo dos Santos Matos | Ricardo Heidegger Rodrigues | Ricardo Luiz Souza Lima | Ricardo Macedo | Ricardo Pacheco Rezende | Ricardo Pitanga | Ricardo Starling | Richard Silva | Rita Torres Sobral | Roberto César Neno Corrêa | Roberto Faria | Roberto Hugo Martins | Roberval Machado Christino | Robson Bravo | Robson Candido | Robson Smesh | Rodolfo Moura | Rodolfo Nogueira | Rodolfo Vicentin | Rodrigo Appel | Rodrigo Barbosa Oliveira | Rodrigo Bosio | Rodrigo Castro Pereira Marques | Rodrigo Cesar Lopes Martins | Rodrigo Coelho | Rodrigo de Alvarez Lima da Cunha | Rodrigo Edimar | Rodrigo Fernandes | Rodrigo Fernandes | Rodrigo Flores | Rodrigo Fonseca | Rodrigo Machado Maia | Rodrigo Meireles Caldas | Rodrigo Mendonça Caram Assemany | Rodrigo O. Farias | Rodrigo Ortiz Vinholo | Rodrigo Pillotto | Rodrigo Reis Arrais | Rodrigo Rodrigues | Rodrigo Silveira | Rodrigo Souza | Rodrigo Souza Alexandre | Rodrigo Touso | Rodrigo Vieira | rodrigosal | Roger Cruz | Rogério Arantes Luis | Rogerio Cunha Dias | Rogerio Luiz Nunes Guedes | Rogério Santos | Romina Pecora | Rômulo Medina | Romulo Pinheiro | Ronaldo9393 | Roney

Firme Faria | Rosana Cristina da Costa Barbosa | Rosaria Penz Pacheco | Rose Machado | Rosemeire Goncalves | Ruan Biank | Rubens Caposse | Rubens Eduardo Hauser Novicki | Rubens Rodrigues | Rui John Miranda de Moraes | Ruth Aparecida Marques | Salvio Neto | Samir Perrone de Miranda | Samuel Doné de Queiroz | Samuel Falci El-Katib | Samuel Vellasco | Samyr Costa | Sandoval de Souza Barros Neto | Sanmya Vitoria Bernardino | Saul Quintans | Saymon Candido Lobo | Sergio Barros | Sérgio Henrique Coelho Rocha Filho | Sergio Luiz | Sergio Pacheco Ornellas | Sete Sete de Arrabéus | Sheila Rabassa Flores | Shirley Soares da Silva | Sidnei Santos Martins Júnior | Silvana da Silva Machado Pinheiro | Silvio Luiz de Carvalho | Stefano Hernandez Bellote | Suzanne Costa Prieto Coelho | Tacyana Dezerê Felício Oliveira | Tadashi Yamashita Jr. | Tales Carvalho Pereira | Tálita Bitencourt | Talita Maciel Borges | Tamara Lopes Queiroz | Tania Cinquini | Tarcilo Conz | Tarcio Teixeira | Tarcísio Gonçalves | Tarsis Figueredo Azevedo | Tatiane de Fatima Maciel de Nantes | Tatianna Salles | Taynah Pinheiro | Thaiguara Covizze | Thaís Barros | Thais de Carvalho Carreiro | Thais Guimarães Junqueira | Thaís Wounnsoscky de Campos | Thales Amorim | Thales de Abreu Gomes Lima | Thalita Lima | Theo Abreu | Theo Chacon | Thiago Almeida | Thiago Araujo | Thiago Bento dos Santos | Thiago Chaves Lopes | Thiago Chequer Coelho | Thiago de Freitas Mileski | Thiago de Souza Lepre | Thiago de Souza Martins | Thiago Dias Delfino Cabral | Thiago Henrique | Thiago Lima | Thiago Machado Maia | Thiago Moreira | Thiago Moura Rogenski | Thiago Nascimento de Melo | Thiago Petinari Silva Cordeiro | Thiago Quaglio | Thiago Roberti | Thiago Salles | Thiago Santana | Thiago Silva Caetano | Thiago Vidal | Thomaz de Molina | Tiago Aroeira Marliere | Tiago Arroyo | Tiago de Lima Rangel Pinto | Tiago Essashika | Tiago Ferreira | Tiago Henrique da Cruz Pereira | Tiago Martins | Tiago Venturella Both | Tomaz Maieron Zasso | Tuko LVFR | Túlio | Túlio Costa | Ulisses Fiorini Arruda | Uriel Miranda | Valéria Makiyama | Vanessa Camargo Rocha | Vanessa Thaine Fontana | Vânia Passaroti Maciel | Varlen Pavani Neto | Verônica Gubert Ehrensperger | Verônica Silva de Lima | Vicente Fasciotti | Vicente Monteiro | Vicenzo Abichequer | Victor Aparecido Ribeiro | Victor Azevedo | Victor Caldas | Victor Carlos Vianna Siqueira | Victor Cavalcanti Campos Gouveia | Victor Escobar | Victor F. | Victor Fabricio | Victor Faria | Victor Gonçalves Duarte | Victor Hernandes | Victor Hugo Loyola da Silva | Victor Hugo Rocha | Victor Juan Benites | Victor Macambira | Victor Maffei | Victor Nantes | Victor Siqueira | Victor Thadeu Souza Rodrigues | Victória Molgado | Vincenzo Alberice | Vinícius Chavão | Vinicius Correa | Vinicius Costa | Vinicius Dalmolin | Vinicius Farias de Souza | Vinicius Ghizoni da Silva | Vinícius Juberte | Vinicius Lage de Oliveira | Vinicius Leal do Forte | Vinicius Lima Campestrini | Vinicius Lucas Martins | Vinicius Luciano Moreli | Vinicius Melo | Vinícius Mendes | Vinicius Milanez Couto | Vinícius Oliveira Martins | Vinícius Prieto Herman Reinehr | Vinicius Rodrigues | Vinicius Santanna Castiglio | Vinicius Silva | Vinicius Souza | Vinícius Tirapani | Vinicius V. Rodrigues | Virginia Papee de Oliveira | Vitor Breda Bezerra Rêgo | Vitor Carvalho Rebello | Vitor dos Santos Ribeiro | Vitor Haruo Towata | Vitor Maia | Vitor Martinho Schneider | Vitor Prado | Vlademir Luiz Brasil Junior | Vladimir Ricardo Rocha Kubik | Wagner Almeida Moreira Braga Lamounier | Wagner Cardoso | Washington Rayk | Wellington Soares da Silva | Welton Fernandes | Wesley Firmino Osorio | Wesley Pavan | Wesley Souza | Wesley Zarôr | Willi Schults Borelli | William Morais Santos | Willian de Oliveira Santos | Willian Monteiro | Willian Velasco | Wilson Silva | Wladimir Barbosa Reis | Wladimir Barroso Guedes de Araujo Neto | Yago Pontes Tavares | Yuri Bitencourt | Yuri Lima | Yuri Lobato Santos de Jesus | Yuri Matos

Esta obra foi produzida pela mapa lab no inverno de 2022.
O miolo foi impresso em papel polen bold 75 g/m2 usando as fontes Chronicle Text, Avallon e Swung Note.